O Castelo de Vidro

CB012609

Jeannette Walls

O Castelo de Vidro

Memórias

Tradução: Alexandre Martins

GLOBOLIVROS

Copyright © 2017 Editora Globo S. A. para a presente edição
Copyright © 2005 Jeannette Walls

Todos os direitos reservados. Nenhuma parte desta edição pode ser utilizada ou reproduzida — em qualquer meio ou forma, seja mecânico ou eletrônico, fotocópia, gravação etc. — nem apropriada ou estocada em sistema de banco de dados sem a expressa autorização da editora.

Texto fixado conforme as regras do Acordo Ortográfico da Língua Portuguesa
(Decreto Legislativo nº 54, de 1995).

Título original: *The Glass Castle*

Editora responsável: Amanda Orlando
Editora assistente: Elisa Martins
Preparação de texto: Laila Guilherme
Revisão: Ana Tereza Clemente, Maria A. Medeiros,
Ana Maria Barbosa e Carmen T. S. Costa
Adaptação de capa e diagramação: Gisele Baptista de Oliveira
Capa: Divulgação/Paris Filmes

1ª edição, 2014
2ª edição, 2017 — 1ª reimpressão, 2023

CIP-BRASIL. CATALOGAÇÃO-NA-FONTE
SINDICATO NACIONAL DOS EDITORES DE LIVROS, RJ

W187c
Walls, Jeannette, 1960-
O Castelo de Vidro / Jeannette Walls ; tradução Alexandre Martins. - [2. ed.]. - São Paulo : Globo, 2017.

Tradução de: The Glass Castle
ISBN 978-85-250-6498-1

1. Walls, Jeannette, 1960-. 2. Filhos de alcoólatras - Estados Unidos - Biografia. 3. Famílias com problemas - Estados Unidos. 4. Pobres - Estados Unidos. 5. Pessoas desabrigadas - Estados Unidos. I. Martins, Alexandre. II. Título.

17-42712 CDD: 920.936282
CDU: 929:364.29

Direitos de edição em língua portuguesa para o Brasil
adquiridos por Editora Globo S. A.
Rua Marques de Pombal, 25
20230-240 — Rio de Janeiro — RJ
www.globolivros.com.br

A John, por me convencer
de que todas as pessoas
interessantes têm um passado

Escuro é um caminho, e luz é um lugar
Um céu que nunca foi
Nem nunca será é sempre verdade

Dylan Thomas, “Poem on his birthday”

Meus pais, Rose Mary e Rex Walls, no dia de seu casamento, em 1956

1. Uma mulher na rua

Eu estava sentada em um táxi, pensando se teria me arrumado demais para a noite, quando olhei pela janela e vi minha mãe revirando uma caçamba de lixo. Acabara de escurecer. Um tempestuoso vento de março açoitava o vapor que saía dos respiradouros, e as pessoas andavam apressadas pelas calçadas com as golas levantadas. Eu estava presa no congestionamento a dois quarteirões da festa para a qual seguia.

Mamãe se encontrava a menos de cinco metros. Tinha trapos amarrados sobre os ombros para protegê-los do frio da primavera e revirava o lixo enquanto seu cachorro, um mestiço terrier preto e branco, brincava a seus pés. Os gestos de mamãe eram muito familiares — o modo como inclinava a cabeça e projetava o lábio inferior ao estudar itens de valor potencial que tirava da caçamba, o jeito como seus olhos se arregalavam com um brilho infantil quando encontrava algo de que gostava. Seus cabelos compridos tinham faixas grisalhas e estavam emaranhados e desgrenhados, e os olhos eram fundos nas órbitas, mas ela ainda lembrava a mãe que havia sido quando eu era criança, saltando de penhascos, pintando no deserto e lendo Shakespeare em voz alta. As maçãs do rosto ainda eram altas e fortes, porém a pele estava manchada e vermelha de todos aqueles invernos e verões exposta ao sol e à neve. Para as pessoas que passavam por ali, ela provavelmente parecia um dos milhares de sem-teto de Nova York.

Meses haviam se passado desde que eu colocara os olhos em mamãe, e quando ela levantou os olhos fui tomada de pânico de que ela me visse e chamasse meu nome, e que alguém a caminho da mesma festa nos visse juntas, que mamãe se apresentasse e meu segredo fosse revelado.

Afundei no assento e pedi ao motorista que desse a volta e me levasse para casa, na Park Avenue.

O táxi parou na frente do meu prédio, o porteiro abriu a porta, e o ascensorista me levou ao meu andar. Meu marido trabalhava até tarde, como na maioria das noites, e o apartamento estava silencioso, a não ser pelo barulho dos meus saltos no assoalho encerado. Continuava abalada por ver mamãe, o inesperado de me deparar com ela, a imagem dela revirando alegremente a caçamba. Coloquei um Vivaldi, esperando que a música me acalmasse.

Olhei ao redor da sala. Lá estavam os vasos de bronze e prata da virada do século e os livros antigos com lombadas de couro gastas que encontrara em mercados de pulga. Lá estavam os mapas antigos que eu emoldurara, os tapetes persas, a poltrona de couro estofada na qual gostava de afundar ao final do dia. Tentara criar uma casa para mim ali, transformar o apartamento no tipo de lugar onde viveria a pessoa que eu queria ser. No entanto, nunca conseguia desfrutar a sala sem me preocupar com mamãe e papai encolhidos sobre uma grade na calçada de algum lugar. Eu me preocupava com eles, e também ficava constrangida e envergonhada de mim mesma por usar pérolas e morar na Park Avenue enquanto meus pais estavam ocupados se aquecendo e achando algo para comer.

O que eu podia fazer? Tentara ajudá-los inúmeras vezes, mas papai insistia que não precisavam de nada, e mamãe pedia algo bobo, como um vaporizador de perfume ou uma inscrição em uma academia. Diziam que viviam como queriam.

Depois de me encolher no táxi para que mamãe não me visse, eu me odiei — odiei minhas antiguidades, minhas roupas e meu apartamento. Eu tinha de fazer algo, então telefonei para uma amiga de mamãe e deixei um recado. Era nosso sistema de manter contato. Mamãe sempre demorava alguns dias para ligar de volta, porém quando ouvi sua voz, ela, como sempre, soou animada e relaxada, como se tivéssemos almoçado juntas no dia anterior. Disse que queria vê-la e sugeri que passasse em meu apartamento, mas ela queria ir a um restaurante. Ela adorava comer fora, por isso combinamos almoçar em seu restaurante chinês preferido.

Quando cheguei, mamãe estava sentada em um reservado, estudando o cardápio. Fizera um esforço para se arrumar. Vestia um suéter cinza volumoso com poucas manchas claras e sapatos masculinos de couro preto. Lavara o rosto, mas o pescoço e as têmporas ainda estavam escuros de sujeira.

Acenou entusiasmada ao me ver.

— Essa é a minha menininha! — gritou.

Beijei-a na bochecha. Mamãe colocara na bolsa todos os sachês de molho de soja, de molho agridoce e de mostarda picante. Depois esvaziou uma tigela de madeira com macarrão seco.

— Uma coisinha para depois — explicou.

Pedimos. Mamãe escolheu Delícia de Frutos do Mar.

— Você sabe que adoro frutos do mar — disse.

Começou a falar sobre Picasso. Tinha visto uma retrospectiva de sua obra e decidira que ele era demasiadamente valorizado. Toda a fase cubista era enganação, no que lhe dizia respeito. Ele não fizera nada de bom depois da fase rosa.

— Estou preocupada com a senhora — falei. — Diga-me o que posso fazer para ajudar.

O sorriso dela murchou.

— O que a faz pensar que preciso de sua ajuda?

— Não sou rica — disse. — Mas tenho algum dinheiro. Diga-me do que precisa.

Ela pensou por um momento.

— Gostaria de um tratamento eletrolítico.

— Fale sério.

— Estou falando sério. Se uma mulher parece bem, sente-se bem.

— Vamos lá, mãe — disse, sentindo meus ombros se contraírem, como sempre acontecia durante essas conversas. — Estou falando de algo que possa ajudá-la a mudar de vida, torná-la melhor.

— Você quer me ajudar a mudar de vida? — perguntou mamãe. — Estou bem. É você quem precisa de ajuda. Seus valores são confusos.

— Mamãe, eu a vi revirando lixo em East Village há alguns dias.

— As pessoas neste país desperdiçam demais. É minha forma de reciclar — disse, comendo um pouco de sua Delícia de Frutos do Mar. — Por que não disse "olá"?

— Fiquei envergonhada demais, mãe. Eu me escondi.

Mamãe apontou os hashis para mim.

— Está vendo? É bem isso. Exatamente o que eu estava dizendo. Você se constrange com muita facilidade. Seu pai e eu somos quem somos. Aceite isso.

— E o que devo dizer às pessoas sobre meus pais?

— Apenas a verdade. Simples assim — disse mamãe.

II. O DESERTO

Eu estava em chamas.

É minha lembrança mais antiga. Eu tinha três anos de idade, e vivíamos em um estacionamento de trailers em uma cidade do sul do Arizona cujo nome nunca soube. Estava de pé em uma cadeira diante do fogão, usando um vestido rosa que minha avó havia comprado para mim. Rosa era minha cor preferida. A saia do vestido se projetava para fora como um tutu, e eu gostava de girar em frente ao espelho, pensando que parecia uma bailarina. Mas naquele momento usava o vestido para preparar cachorros--quentes, olhando as salsichas incharem e girarem na água fervente enquanto a luz do sol do final da manhã penetrava pela janela da pequena cozinha do trailer.

Podia ouvir mamãe cantando na sala ao lado enquanto trabalhava em uma de suas pinturas. Juju, nosso vira-lata preto, me observava. Finquei uma das salsichas com um garfo, curvei-me e a ofereci a ele. A salsicha estava quente, e Juju a mordiscou com cuidado, porém quando me virei e voltei a mexer as salsichas, senti um calor no lado direito do corpo. Virei para ver de onde vinha e percebi que meu vestido estava pegando fogo. Paralisada de medo, vi as chamas branco-amareladas desenharem uma linha marrom irregular pelo tecido rosa da saia e chegarem à minha barriga. As chamas deram um pulo e atingiram meu rosto.

Dei um berro. Senti a queimadura e ouvi estalos horríveis enquanto o fogo queimava meus cabelos e cílios. Juju latia. Berrei de novo. Mamãe chegou correndo.

— Mamãe, me ajude! — gritei. Ainda estava em pé na cadeira, batendo no fogo com o garfo que usara para mexer as salsichas.

Mamãe saiu correndo e voltou com um dos cobertores excedentes do exército que eu odiava, porque a lã dava coceira. Jogou o cobertor sobre mim para apagar as chamas. Papai havia saído de carro, então minha mãe agarrou a mim e a meu irmão mais novo, Brian, e correu até o trailer ao lado do nosso. A mulher que morava lá estava pendurando roupas no varal. Tinha prendedores na boca. Mamãe, em uma voz estranhamente calma, explicou o que havia acontecido e perguntou se conseguiríamos uma carona até o hospital. A mulher largou os prendedores e a roupa lavada ali mesmo na terra e, sem dizer nada, correu até seu carro.

Quando chegamos ao hospital, as enfermeiras me puseram em uma maca. Murmuravam preocupadas, enquanto cortavam o que restava do meu belo vestido rosa com tesouras brilhantes. Depois me levantaram, me colocaram em uma grande cama de metal cheia de cubos de gelo e espalharam um pouco do gelo sobre o meu corpo. Um médico de cabelos prateados e óculos com armação escura levou minha mãe para fora da sala. Enquanto saíam, ouvi o médico lhe contar que era muito grave. As enfermeiras ficaram para trás, cuidando de mim. Era óbvio que eu estava causando uma grande confusão, então fiquei quieta. Uma delas apertou minha mão e disse que eu ficaria bem.

— Eu sei — disse. — Mas se não ficar, tudo certo também.

A enfermeira apertou minha mão de novo e mordeu o lábio inferior.

A sala era pequena e branca, com luzes brilhantes e armários metálicos. Fiquei algum tempo olhando para as filas de pontinhos nos painéis do teto. Cubos de gelo cobriam minha barriga e minhas costelas e pressionavam minhas bochechas. Vi com o canto dos olhos uma pequena mão suja chegar a alguns centímetros de meu rosto e agarrar um punhado de cubos. Ouvi um barulho alto de mastigação e olhei para baixo. Era Brian, comendo o gelo.

* * *

Os médicos disseram que eu tinha sorte de estar viva. Tiraram pedaços de pele do alto da coxa e os colocaram nas partes mais queimadas da barriga, das costelas e do peito. Disseram que se chamava enxerto de pele. Quando terminaram, embrulharam todo o meu lado direito em bandagens.

— Olhe, sou meia-múmia — disse a uma das enfermeiras. Ela sorriu, colocou meu braço direito em uma tipoia e a prendeu à cabeceira, para que eu não movesse o braço.

As enfermeiras e os médicos continuavam a me fazer perguntas: como você se queimou? Seus pais já a machucaram? Por que tem todos esses hematomas e cortes? Meus pais nunca me machucaram, eu disse. Cortei e me machuquei brincando do lado de fora, e as queimaduras são de fazer cachorro-quente. Perguntaram por que estava fazendo cachorro-quente sozinha aos três anos. Era fácil, respondi. Era só colocar as salsichas na água fervente e cozinhar. Não era como algumas receitas complicadas que é preciso ser velha o bastante para seguir. A panela era pesada demais para levantar quando estava cheia de água, por isso eu colocava uma cadeira ao lado da pia, subia nela, enchia um copo, ficava em pé em outra cadeira junto ao fogão e derramava a água na panela. Fazia isso até a panela ter água suficiente. Depois acendia o fogão, e quando a água estava fervendo eu colocava as salsichas.

— Minha mãe diz que sou madura para a minha idade e muitas vezes me deixa cozinhar sozinha — expliquei a eles.

Duas enfermeiras se entreolharam, e uma delas escreveu algo em uma prancheta. Perguntei o que estava errado. Nada, disseram, nada.

A cada dois dias as enfermeiras trocavam os curativos. Tiravam os curativos usados da lateral, enrolados e cobertos de manchas de sangue, coisas amarelas e pedacinhos de pele queimada. Depois colocavam outro curativo, uma gaze grande, nas queimaduras. À noite, eu passava a mão esquerda sobre a superfície grossa e com cascas de pele que não era coberta pelo curativo. Às vezes arrancava as cascas. As enfermeiras diziam para não fazer isso, mas eu não conseguia resistir a arrancá-las bem devagar, para ver a casca grande se soltar. Assim que duas delas estavam descoladas da pele, eu fingia que conversavam uma com a outra em voz aguda.

O hospital era limpo e brilhante. Tudo era branco — as paredes, os lençóis e o uniforme das enfermeiras — ou prata — as camas, as bandejas e os instrumentos médicos. Todos falavam com voz educada e calma. Era tudo tão quieto que se podiam ouvir os sapatos de sola de borracha das enfermeiras rangendo pelo corredor. Eu não estava acostumada a silêncio e organização, e gostei daquilo.

Gostei também de ter meu próprio quarto, já que no trailer eu dividia um com meu irmão e minha irmã. Meu quarto de hospital tinha sua própria televisão instalada na parede. Não tínhamos tevê em casa, e eu aproveitava para assistir a vários programas. Os de Red Buttons e Lucille Ball eram meus preferidos.

As enfermeiras e os médicos sempre perguntavam como estava me sentindo, se tinha fome ou precisava de alguma coisa. As enfermeiras me traziam refeições deliciosas três vezes por dia, com coquetel de frutas e gelatina de sobremesa, e trocavam os lençóis, mesmo que ainda estivessem limpos. Às vezes, eu lia para elas, que me diziam que eu era muito inteligente e lia tão bem quanto uma menina de seis anos.

Um dia, uma enfermeira de cabelos louros cacheados e delineador azul estava mastigando algo. Perguntei o que era, e ela explicou que era goma de mascar. Nunca tinha ouvido falar em goma de mascar, então ela saiu e me trouxe um pacote inteiro. Puxei uma fita, tirei o papel branco e o prateado brilhante embaixo dele e estudei a goma amarelada. Coloquei-a na boca e fiquei chocada com a marcante doçura.

— É realmente bom! — disse.

— Mastigue, mas não engula — disse a enfermeira com uma risada. Ela deu um grande sorriso e levou outras enfermeiras para me ver mascar meu primeiro chiclete. Quando me levou o almoço, disse que eu teria de jogar o chiclete fora, porém não precisava me preocupar, porque podia pegar outro depois de comer. Se o pacote terminasse, ela compraria outro. Essa era a coisa legal do hospital. Nós não precisávamos nos preocupar com falta de comida, gelo ou mesmo goma de mascar. Eu seria feliz se ficasse naquele hospital para sempre.

* * *

Quando minha família ia me visitar, suas discussões, seus risos, cantos e gritos ecoavam pelos corredores silenciosos. Quando as enfermeiras pediam silêncio, mamãe, papai, Lori e Brian baixavam a voz por alguns minutos, depois iam aos poucos levantando de novo. Todos sempre se viravam e olhavam para papai. Eu não conseguia saber se era por ele ser tão bonito ou por chamar as pessoas de "parceiro" e "camarada" e jogar a cabeça para trás ao dar risada.

Certo dia, papai se curvou sobre a minha cama e perguntou se enfermeiras e médicos estavam me tratando bem. Falou que se não estivessem iria chutar o traseiro deles. Eu lhe contei como todos eram legais e amigáveis.

— Claro que são. Eles sabem que você é filha de Rex Walls.

Quando minha mãe quis saber o que médicos e enfermeiras faziam de tão legal, contei sobre a goma de mascar.

— Eca! — exclamou ela.

Ela disse que desaprovava goma de mascar. Era um hábito revoltante da classe baixa, e a enfermeira deveria tê-la consultado antes de me encorajar a um comportamento tão vulgar. Disse que iria passar uma descompostura na mulher, por Deus.

— Afinal, eu sou sua mãe e deveria decidir como você é criada.

— Vocês estão sentindo minha falta? — perguntei à minha irmã mais velha, Lori, em uma visita.

— Na verdade, não — respondeu. — Muita coisa tem acontecido.

— Tipo o quê?

— Só as coisas normais.

— Lori pode não sentir sua falta, favo de mel, mas eu certamente sinto — disse papai. — Você não devia estar neste lugar asséptico.

Ele se sentou em minha cama e começou a me contar a história de quando Lori foi picada por um escorpião venenoso. Eu a ouvira uma dúzia de vezes, contudo ainda gostava do modo como papai a contava. Mamãe e papai estavam explorando o deserto quando Lori, que tinha quatro anos, virou uma pedra e o escorpião escondido debaixo dela ferroou sua perna.

Ela tivera convulsões, e seu corpo ficara rígido e coberto de suor. Mas papai não confiava em hospitais, então a levou a um médico navajo que cortou o ferimento, passou uma pasta marrom-escura sobre ele, entoou uns cânticos, e logo Lori estava nova em folha.

— Sua mãe deveria ter levado você naquele médico feiticeiro no dia em que se queimou, não em charlatães ignorantes da escola de medicina — disse papai.

Na visita seguinte, a cabeça de Brian estava enrolada em uma bandagem branca, suja de sangue seco. Mamãe disse que ele havia caído do encosto do sofá e batido a cabeça no chão, porém ela e papai haviam decidido não levá-lo ao hospital.

— Havia sangue por toda parte, mas uma criança no hospital por vez é o suficiente — disse mamãe.

— Além disso, a cabeça de Brian é tão dura que acho que o chão sofreu mais do que ele — acrescentou papai.

Brian achou aquilo hilariante e caiu na gargalhada.

Mamãe me contou que inscrevera meu nome num sorteio em uma feira e eu ganhara um passeio de helicóptero. Fiquei excitada. Nunca estivera em um helicóptero ou avião.

— Quando vou dar o passeio? — perguntei.

— Ah, nós já fizemos isso — respondeu mamãe. — Foi divertido.

Depois papai teve uma discussão com o médico. Começou porque papai achava que eu não deveria estar com curativos.

— Queimaduras precisam respirar — disse ele ao médico.

O médico explicou que os curativos eram necessários para evitar infecções. Papai o encarou.

— Ao inferno com a infecção! — bradou.

Disse ao médico que eu iria ter cicatrizes pelo resto da vida por causa dele, mas, por Deus, não seria a única a sair dali com cicatrizes.

Papai levantou o punho como se fosse socar o médico, que ergueu as mãos e recuou. Antes que algo pudesse acontecer, um guarda uniformizado apareceu dizendo a mamãe, papai, Lori e Brian que teriam de ir embora.

Depois uma enfermeira me perguntou se eu estava bem.

— Claro — respondi. Disse-lhe que não ligava de ter uma velha cicatriz boba. Ela falou que isso era bom, pois pelo visto eu tinha outras coisas com que me preocupar.

Passados alguns dias, quando estava no hospital havia umas seis semanas, papai apareceu sozinho junto à porta do meu quarto. Contou que íamos embora, ao estilo Rex Walls.

— Tem certeza de que não faz mal? — perguntei.

— Apenas confie no seu velho — respondeu papai.

Ele soltou meu braço direito da tipoia acima de minha cabeça. Enquanto me segurava, senti seu cheiro conhecido de Vitalis, uísque e fumaça de cigarro, que me fez lembrar de casa.

Papai desceu o corredor apressado comigo no colo. Uma enfermeira gritou para que parássemos, mas papai começou a correr. Abriu uma porta de emergência, disparou escada abaixo e saiu para a rua. Nosso carro, um Plymouth batido que chamávamos de Ganso Azul, estava estacionado na esquina, o motor ligado. Mamãe estava na frente, Lori e Brian no banco de trás com Juju. Papai me deslizou pelo banco até mamãe e assumiu o volante.

— Não precisa mais se preocupar, querida — disse papai. — Está segura agora.

Alguns dias depois de mamãe e papai me levarem para casa, preparei sozinha cachorros-quentes. Estava com fome, mamãe trabalhava em uma pintura, e não havia mais ninguém para fazê-los por mim.

— Bom para você — disse mamãe quando me viu cozinhando. — Você tem que voltar à rotina. Não pode viver com medo de uma coisa tão básica quanto o fogo.

Não vivi. Ao contrário, fiquei fascinada por ele. Papai também achava que eu tinha de derrotar meu inimigo e me mostrou como passar o dedo pela chama de uma vela. Fiz isso repetidamente, mais devagar a cada vez, vendo o modo como o dedo parecia cortar a chama pela metade, testando para descobrir quanto meu dedo conseguia suportar sem ficar queimado. Estava sempre procurando fogos maiores. Sempre que vizinhos queimavam lixo, eu corria e ficava olhando a chama, tentando fugir da lata de lixo. Eu me aproximava devagar, sentindo o calor sobre o rosto até estar tão perto que se tornava insuportável, e recuava apenas o suficiente para conseguir aguentar.

A vizinha que me levara ao hospital ficou surpresa por eu não correr na direção oposta de qualquer fogo que visse.

— Por que diabos deveria? — berrou papai com um sorriso orgulhoso. — Ela já lutou contra o fogo uma vez e venceu.

Comecei a roubar fósforos de papai. Eu ia para trás do trailer e os acendia. Adorava o som áspero do fósforo sobre a tira de lixa marrom quando o riscava, e o modo como a chama pulava da ponta coberta de vermelho com um estalo e um chiado. Sentia o calor perto da ponta dos dedos, depois o sacudia para apagar, triunfante. Acendia pedaços de papel e pequenas pilhas de arbustos e prendia a respiração até o momento em que pareciam estar descontrolados. Pisava nas chamas e dizia os xingamentos que papai usava, como "Filho da puta idiota!" e "Otário!".

Uma vez fui lá para trás com meu brinquedo preferido, a boneca de plástico Sininho. Tinha cinco centímetros de altura, cabelos louros presos em um rabo de cavalo alto e as mãos no quadril de um modo confiante e arrogante que eu admirava. Acendi um fósforo e o segurei junto ao rosto de Sininho para mostrar a ela como era. Ela pareceu ainda mais bonita ao brilho da chama. Quando aquele fósforo apagou, acendi outro, e dessa vez o segurei bem perto do rosto de Sininho. De repente, os olhos dela se arregalaram, como que de medo; percebi, horrorizada, que o rosto dela estava começando a derreter. Apaguei o fósforo, mas era tarde demais. O narizinho antes perfeito de Sininho desaparecera totalmente, e seus lábios vermelhos impertinentes haviam sido substituídos por uma feia mancha distorcida. Tentei alisar seus traços do jeito que eram, porém os deixei ainda piores. Quase imediatamente o rosto esfriou e endureceu novamente. Coloquei curativos nele. Desejei fazer um enxerto de pele em Sininho, mas isso significaria cortá-la em pedaços. Embora seu rosto estivesse derretido, ela ainda era meu brinquedo preferido.

ALGUNS MESES DEPOIS, papai chegou em casa no meio da noite e tirou todos nós da cama.

— Hora de levantar acampamento e deixar este buraco para trás! — berrou.

Ele nos deu quinze minutos para reunir o que precisássemos e entrar no carro.

— Está tudo bem, papai? — perguntei. — Tem alguém atrás de nós?

— Não se preocupe — disse papai. — Deixe isso comigo. Eu não cuidei de você sempre?

— Claro que sim — falei.

— Essa é a minha garota! — disse papai com um abraço, depois rosnou ordens para que todos nos apressássemos.

Ele pegou o essencial — uma grande frigideira preta de ferro fundido e a panela de refogado, alguns pratos de lata excedentes do exército, algumas facas, sua pistola e o arco e flecha de mamãe — e colocou tudo na mala do Ganso Azul. Disse que não deveríamos levar muito mais, só o necessário para sobreviver. Mamãe correu para o quintal e começou a cavar buracos à luz do luar, procurando nosso pote de dinheiro. Esquecera onde o havia enterrado.

Uma hora se passou até que finalmente amarramos as pinturas de mamãe no teto do carro, jogamos no porta-malas o que cabia e empilhamos o restante no banco de trás e no chão do carro. Papai saiu com o Ganso Azul na escuridão, dirigindo lentamente para não alertar ninguém no estacionamento de trailers de que estávamos dando no pé, como papai gostava de dizer. Ele resmungava que não conseguia entender por que diabos demorávamos tanto para apanhar o que precisávamos e arrastar nosso traseiro para o carro.

— Papai! — chamei. — Esqueci Sininho!

— Sininho pode cuidar de si mesma — disse papai. — Ela é como minha garotinha corajosa. Você *é* corajosa e está pronta para aventuras, certo?

— Acho que sim — respondi. Esperei que quem encontrasse Sininho a amasse, apesar do rosto derretido. Para me consolar, tentei abraçar Quixote, nosso gato cinza e branco sem uma orelha, mas ele rosnou e arranhou meu rosto. — Quieto, Quixote! — falei.

— Gatos não gostam de viajar — mamãe explicou.

Qualquer um que não gostasse de viajar não estava convidado para nossa aventura, disse papai. Ele parou o carro, agarrou Quixote pelo pescoço e o jogou pela janela. Quixote pousou com um miado agudo e um baque, papai acelerou pela estrada, e eu caí em lágrimas.

— Não seja tão sentimental — disse mamãe. Ela falou que sempre podíamos conseguir outro gato e que agora Quixote seria um gato selvagem, o que era muito mais divertido do que ser um gato doméstico. Brian, com medo de papai jogar também Juju pela janela, apertou o cachorro com força.

Para tentar nos distrair, mamãe nos fez cantar canções como "Don't fence me in" e "This land is your land", e papai nos conduziu por interpretações empolgadas de "Old man river" e sua preferida, "Swing low, sweet chariot". Depois de um tempo, eu me esqueci de Quixote, Sininho e dos amigos que deixara para trás no estacionamento de trailers. Papai começou a nos contar sobre todas as coisas excitantes que iríamos fazer e como ficaríamos ricos assim que chegássemos ao novo lugar onde iríamos morar.

— Para onde estamos indo, papai? — perguntei.

— Qualquer lugar aonde chegarmos — respondeu.

Mais tarde, naquela noite, papai parou o carro no meio do deserto, e dormimos sob as estrelas. Não tínhamos travesseiros, porém papai disse que isso era parte do plano. Estava nos ensinando a ter uma boa postura. Explicou que os índios também não usavam travesseiros e ficavam empertigados. Tínhamos nossos cobertores esfarrapados do exército, e os estendemos e deitamos lá, olhando para o campo de estrelas. Comentei com Lori como tínhamos sorte de dormir sob o céu como índios.

— Eu poderia viver assim para sempre — falei.

— Acho que é o que vamos fazer — respondeu ela.

Estávamos sempre dando no pé, normalmente no meio da noite. Algumas vezes ouvia mamãe e papai discutindo sobre as pessoas que estavam atrás de nós. Papai os chamava de capangas, sanguessugas e gestapo. Algumas vezes fazia referências misteriosas a executivos da Standard Oil que tentavam roubar as terras da família de mamãe no Texas, e a agentes do FBI atrás de papai por algum episódio soturno sobre o qual nunca nos contou por não querer nos colocar em perigo.

Papai estava tão certo de que um pelotão de investigadores federais estava em nosso encalço que fumava seus cigarros sem filtro pelo lado errado. Dessa forma, explicou, ele queimava a marca, e se as pessoas que nos rastreavam examinassem seu cinzeiro, encontrariam guimbas não identificadas em vez da marca Pall Mall que pudesse ser ligada a ele. Mamãe, porém, nos contou que o FBI não estava realmente atrás de papai; ele só gostava de dizer isso porque era mais divertido ter o FBI na sua cola do que cobradores.

Nós nos mudávamos como nômades. Vivemos em pequenas cidades mineiras empoeiradas em Nevada, Arizona e Califórnia. Normalmente não passavam de um minúsculo conjunto de tristes barracos dilapidados, um posto de gasolina, uma mercearia e um ou dois bares. Tinham nomes como Needles, Bouse, Pie, Goofs e Why, e ficavam perto de lugares como as montanhas da Superstição, o seco lago de Álcali e a montanha da Velha. Quanto mais desolado e isolado era um lugar, mais mamãe e papai gostavam dele.

Papai arranjava um emprego de eletricista ou empreiteiro em uma mina de gesso ou cobre. Mamãe gostava de dizer que papai era capaz de falar sem parar contando histórias de empregos que nunca teve ou títulos universitários que nunca obteve. Ele conseguia qualquer emprego que quisesse, apenas não gostava de permanecer nele por muito tempo. Algumas vezes ganhava dinheiro no jogo ou fazendo biscates. Quando ficava entediado, era demitido, as contas atrasadas formavam uma pilha alta demais, ou o funcionário da companhia elétrica descobria que ele havia feito um gato para o nosso trailer — ou o FBI estava chegando perto —, então fazíamos as malas no meio da noite e partíamos, dirigindo até que mamãe e papai encontrassem outra cidadezinha que os atraísse. Depois circulávamos procurando casas com placas de "aluga-se" no jardim da frente.

De vez em quando ficávamos com vovó Smith, mãe de mamãe, que morava em uma grande casa branca em Phoenix. Vovó Smith era uma mulher liberal do oeste do Texas que adorava dançar e xingar, e gostava também de cavalos. Era conhecida por ser capaz de domar os cavalos mais selvagens e ajudara vovô a cuidar da fazenda perto do cânion Córrego dos Peixes, no Arizona, a oeste de Bullhead City, não longe do Grand Canyon. Eu achava vovó Smith ótima. Depois de algumas semanas, no entanto, ela e papai acabavam sempre em uma horrenda disputa de berros. Podia começar com mamãe mencionando como estavam com pouco dinheiro. Vovó fazia um comentário malicioso sobre papai ser preguiçoso. Papai dizia algo sobre megeras egoístas com mais dinheiro do que algo a fazer, e logo estariam cara a cara no que era uma disputa aberta de xingamentos.

— Seu bêbado pulguento! — berrava vovó.

— Sua maldita bruxa fria! — berrava papai de volta.

— Seu desgraçado imprestável insignificante!

— Sua bruxa escamosa castradora!

Papai tinha o vocabulário mais inventivo, mas vovó Smith gritava mais que ele; ademais, tinha a vantagem de estar em casa. Chegava um momento em que papai ficava farto e mandava as crianças para o carro. Vovó gritava com mamãe para não deixar o jumento inútil levar seus netos. Mamãe dava de ombros e dizia que não podia fazer nada, pois ele era seu marido. Partíamos pelo deserto em busca de outra casa para alugar em outra cidadezinha mineira.

Algumas das pessoas que viviam nessas cidades estavam lá havia anos. Outras não tinham raízes, como nós — estavam apenas de passagem. Eram jogadores, ex-presidiários, veteranos de guerra, ou o que mamãe chamava de mulheres perdidas. Havia velhos mineiros, rostos enrugados e queimados de sol, como uvas-passas. As crianças eram magras e duras, com calos nas mãos e nos pés. Fazíamos amizade com elas, mas não grandes amizades, pois sabíamos que mais cedo ou mais tarde iríamos nos mudar.

Às vezes éramos matriculados na escola, porém nem sempre. Mamãe e papai cuidavam da maior parte de nossa educação. Mamãe nos fez ler livros sem ilustrações quando tínhamos cinco anos, e papai nos ensinou matemática. Ensinou também coisas que eram realmente importantes e úteis, como escrever em código Morse e nunca comer o fígado de um urso polar, porque toda a vitamina A que existia nele iria nos matar. Ele nos mostrou como apontar e disparar sua arma, como atirar com o arco e flecha de mamãe e como lançar uma faca pela lâmina para que terminasse no meio de um alvo com um golpe satisfatório. Aos quatro anos, eu era muito boa com o revólver de papai, um preto de seis tiros, e podia acertar cinco de seis garrafas de cerveja a trinta passos. Segurava a arma com as duas mãos, apontando o cano, e apertava o gatilho lenta e suavemente até que, com um estalo alto, a arma sacudia e a garrafa explodia. Era engraçado. Papai dizia que minha mira seria útil se um dia os federais nos cercassem.

Mamãe havia crescido no deserto. Adorava o calor seco de rachar, o modo como o céu ao pôr do sol parecia uma lâmina de fogo, a vastidão e a austeridade devastadoras de todo aquele espaço aberto que um dia fora o enorme leito de um oceano. A maioria das pessoas tinha dificuldade de sobreviver no deserto, mas mamãe florescia ali. Sabia como se virar com quase nada. Ela nos mostrou quais plantas eram comestíveis e quais eram tóxicas. Conseguia encontrar água quando ninguém mais podia, e sabia o pouco que realmente precisávamos. Ensinou-nos que era possível nos lavar e ficarmos bastante limpos com apenas um copo de água. Dizia que era bom tomar água não tratada, até mesmo água de vala, desde que animais bebessem dela. A água clorada da cidade era para frouxos, dizia ela. Na hora de dormir, colocávamos um pouco de bicarbonato de sódio na palma da mão, misturávamos um pingo de água oxigenada e usávamos os dedos para limpar os dentes com a pasta borbulhante.

Eu também adorava o deserto. Quando o sol estava no céu, a areia era tão quente que queimaria os pés de qualquer criança que usasse sapatos, mas como estávamos sempre descalços, nossas solas eram duras e grossas como couro de vaca. Pegávamos escorpiões, cobras e lagartos chifrudos. Procurávamos ouro e, quando não conseguíamos encontrar, coletávamos outras pedras preciosas, como turquesa e granada. Havia um momento fresco quando o sol se punha, e mosquitos voavam em nuvens tão densas que o ar ficava escuro, depois a noite era tão fria que costumávamos usar cobertores.

Havia tempestades de areia violentas. Algumas vezes chegavam sem avisar, em outros momentos sabíamos quando uma delas se aproximava ao vermos redemoinhos girando e dançando pelo deserto. Tão logo o vento começava a levantar areia, víamos somente trinta centímetros à frente do nariz. Se não conseguíssemos encontrar uma casa, um carro ou um barracão onde nos esconder quando a tempestade de areia começasse, tínhamos de nos agachar, fechar os olhos e a boca com força, cobrir as orelhas e enfiar o rosto no colo até que passasse, ou de outro modo as cavidades do corpo se encheriam de areia. Bolas de galhos podiam nos acertar, porém elas eram leves, quicavam e não machucavam. Se a tempestade de areia viesse com muita força, poderia nos derrubar e nos fazer sair rolando como uma bola de galhos.

Quando finalmente chegavam as chuvas, o céu escurecia e o ar ficava pesado. Gotas de chuva do tamanho de bolas de gude despencavam do céu. Alguns pais tinham medo de que os filhos fossem atingidos por um raio, mas não mamãe e papai, que nos deixavam sair e brincar na água quente que caía. Pulávamos nas poças, cantávamos e dançávamos. Grandes raios estalavam das nuvens baixas e trovões sacudiam o chão. Engasgávamos com os raios mais espetaculares, como se estivéssemos vendo um espetáculo de fogos de artifício. No dia seguinte, os cactos saguaro e opúncia estavam gordos de beber o máximo que podiam, porque talvez transcorresse muito tempo até a próxima chuva.

Éramos mais ou menos como os cactos. Comíamos de modo irregular e, quando isso acontecia, nos fartávamos. Uma vez, quando morávamos em Nevada, um trem cheio de melões rumo ao leste descarrilou. Eu nunca havia comido melão, mas papai levou para casa caixas e mais caixas deles. Tivemos melão fresco, melão refogado, até melão frito. Uma vez, na Califórnia, os colhedores de uvas fizeram greve. Os donos de parreirais deixaram as pessoas colher suas próprias uvas por dez centavos o quilo. Viajamos uns cento e sessenta quilômetros até os parreirais, onde as uvas estavam tão maduras que pareciam prestes a explodir em cachos maiores que a minha cabeça. Enchemos o carro de uvas verdes — no porta-malas e até mesmo no porta-luvas —, e papai fez pilhas tão altas em nosso colo que mal conseguíamos ver por cima delas. Durante semanas, comemos uvas verdes no café, no almoço e no jantar.

Toda aquela correria e também as mudanças eram temporárias, papai explicou. Ele tinha um plano. Ia encontrar ouro.

Todos diziam que papai era um gênio. Conseguia construir ou consertar qualquer coisa. Uma vez, quando o aparelho de TV de um vizinho quebrou, papai abriu a parte de trás e usou um macarrão para isolar alguns fios em curto. O vizinho ficou chocado. Contou a todo mundo na cidade que papai soube usar a cabeça com destreza. Papai era especialista em matemática, física e eletricidade. Lia livros sobre cálculo e álgebra logarítmica, e adorava o que chamava de poesia e simetria da matemática. Ele nos contou sobre as qualidades mágicas de todos os números, e como os números liberam os segredos do Universo. Mas o principal interesse de papai era a energia, energia de toda espécie: térmica, nuclear, solar, elétrica e dos ventos. Disse que havia tantas fontes de energia inexploradas no mundo que era ridículo queimar todo aquele combustível fóssil.

Papai estava sempre inventando coisas. Uma de suas invenções mais importantes era um equipamento complicado chamado Prospector. Ele iria nos ajudar a achar ouro. O Prospector tinha uma grande superfície plana de cerca de um metro e vinte de altura e um metro e oitenta de largura e se erguia no ar em ângulo. A superfície era coberta de tiras horizontais de madeira separadas por espaços. O aparelho recolhia terra e pedras e as passava pelo labirinto de tiras de madeira. Podia descobrir se uma pedra era ouro pelo peso. Jogava fora as coisas inúteis e depositava as pepitas de ouro em uma pilha, e sempre que precisássemos fazer compras, iríamos até os fundos e pegaríamos uma pepita. Ou pelo menos era o que poderíamos fazer assim que papai acabasse de construí-lo.

Papai deixou que Brian e eu ajudássemos a trabalhar no Prospector. Fomos para trás da casa, e segurei os pregos enquanto papai os martelava. Algumas vezes ele me deixava começar com os pregos, depois os enfiava com um golpe forte de martelo. O ar ficava cheio de serragem e cheiro de madeira recém-cortada, além do som de marteladas e assobios, pois papai sempre assobiava ao trabalhar.

Na minha cabeça papai era perfeito, embora ele tivesse o que mamãe chamava de "uma pequena questão com a bebida". Era o que mamãe chamava de "fase da cerveja" de papai. Todos podíamos lidar com isso. Papai dirigia rápido e cantava realmente alto, cachos de seus cabelos caíam sobre o rosto, e a vida era um pouco assustadora, porém ainda assim muito divertida. Mas quando papai pegava uma garrafa do que mamãe chamava de "a coisa forte", ela ficava meio perturbada, porque, depois de passar algum tempo com a garrafa, papai se transformava em um estranho de olhos raivosos que jogava móveis e ameaçava bater em mamãe ou em qualquer um que entrasse em seu caminho. Quando se cansava de xingar, berrar e quebrar coisas, desmaiava. Mas papai só bebia álcool forte quando tínhamos dinheiro, o que não era sempre, e a vida era basicamente boa naquele tempo.

Toda noite, quando Lori, Brian e eu íamos dormir, papai nos contava histórias. Eram sempre sobre ele. Nós nos enfiávamos na cama ou deitávamos sobre cobertores no deserto, o mundo era escuro, a não ser pelo brilho laranja do cigarro dele. Quando dava uma tragada funda, acendia apenas o suficiente para que víssemos seu rosto.

— Conte uma história sobre você, papai! — pedíamos.

— Aah. Vocês não querem ouvir outra história sobre mim — dizia.

— Sim, queremos! Queremos! — insistíamos.

— Está certo — dizia, fazendo uma pausa e rindo de alguma lembrança. — Há muitas malditas coisas arriscadas que seu velho fez, mas esta foi idiota até mesmo para um cretino maluco como Rex Walls.

E nos contou, quando estava na Força Aérea e o motor de seu avião morreu de repente, como fez um pouso de emergência em um pasto e salvou a si e à sua tripulação. Ou sobre quando lutou contra uma matilha de cães selvagens que haviam cercado um cavalo manco. E houve a vez em que consertou a comporta de um canal da represa Hoover e salvou a vida de milhares de pessoas que teriam se afogado caso a represa se rompesse. Teve também a vez em que saiu da base da Força Aérea sem licença para tomar uma cerveja e, quando estava no bar, apanhou um lunático que planejava explodir a base, o que servia para mostrar que podia ser compensador quebrar as regras.

Papai era um grande contador de histórias. Ele sempre começava devagar, com muitas pausas. "Continue! O que aconteceu depois?" — pedíamos, mesmo que já tivéssemos ouvido a história. Mamãe dava risinhos e revirava os olhos quando papai contava suas histórias, e ele olhava feio para ela. Se alguém interrompia sua história, ele ficava louco, e tínhamos de suplicar para que continuasse e prometer que ninguém iria interromper de novo.

Papai sempre lutava mais bravamente, voava mais rápido, e era o jogador mais esperto que qualquer outro em suas histórias. Enquanto isso, resgatava mulheres e crianças e mesmo homens que não eram tão fortes ou inteligentes. Papai nos ensinou os segredos de seus atos heroicos — mostrou como montar em um cão selvagem e quebrar seu pescoço, e onde acertar um homem na garganta para matá-lo com um único golpe poderoso. Mas nos garantiu que enquanto estivesse por perto não precisaríamos nos defender, porque, por Deus, qualquer um que colocasse um dedo em um dos filhos de Rex Walls levaria um chute tão forte no traseiro que seria possível ler o número do sapato de papai nas nádegas dele.

Quando papai não estava nos contando todas as coisas impressionantes que já havia feito, contava sobre as coisas maravilhosas que iria fazer. Como construir o Castelo de Vidro. Todas as habilidades de engenharia e o brilhantismo matemático de papai se reuniam em um projeto especial: uma grande casa que iria construir para nós no deserto. Teria um teto de vidro, grossas paredes de vidro e uma escadaria de vidro. O Castelo de Vidro teria na cumeeira células solares que captariam os raios do sol e os converteriam em eletricidade para aquecimento, refrigeração e alimentação de todos os aparelhos. Teria até mesmo seu próprio sistema de purificação de água. Papai solucionara a arquitetura, fizera plantas dos andares e a maioria dos cálculos matemáticos. Levava as plantas do Castelo de Vidro para toda parte aonde íamos e, algumas vezes, pegava-as e deixava que trabalhássemos no projeto de nossos quartos.

Só precisávamos encontrar ouro, disse papai, e estávamos prestes a conseguir isso. Assim que ele concluísse o Prospector e ficássemos ricos, começaria a trabalhar em nosso Castelo de Vidro.

Por mais que papai gostasse de contar histórias sobre si mesmo, era quase impossível fazê-lo falar sobre seus pais ou onde havia nascido. Sabíamos que ele vinha de uma cidade chamada Welch, na Virgínia Ocidental, onde extraíam muito carvão, e que o pai dele trabalhara como funcionário da ferrovia, passando o dia inteiro sentado em uma pequena estação, escrevendo mensagens em pedaços de papel que erguia em uma vara para os condutores dos trens que passavam. Papai não tinha nenhum interesse em uma vida como aquela, e deixou Welch aos dezessete anos para ingressar na Força Aérea e se tornar piloto.

Uma de suas histórias preferidas, que ele deve ter nos contado umas cem vezes, era sobre como conhecera e se apaixonara por mamãe. Papai era da Força Aérea, e mamãe, de uma organização de apoio aos militares, porém, quando se conheceram, ela tirara uma licença para visitar os pais em sua fazenda de gado perto do cânion Córrego dos Peixes.

Papai e alguns de seus colegas da Força Aérea estavam em um penhasco do cânion tentando reunir coragem para mergulhar no lago doze metros abaixo quando mamãe chegou com uma amiga. Vestia um traje de banho branco que destacava suas formas e sua pele, escura do sol do Arizona. Tinha cabelos castanho-claros, que ficavam louros no verão, e nunca usou maquiagem além de batom vermelho-escuro. Parecia uma estrela de cinema, papai sempre dizia, mas, que diabos, ele conhecera muitas mulheres bonitas, e nenhuma delas o deixara de pernas bambas. Mamãe foi diferente. Ele viu imediatamente que tinha algo mais. Apaixonou-se no instante em que colocou os olhos nela.

Mamãe caminhou até os homens da Força Aérea e lhes disse que pular do penhasco não era nada de mais, que fazia isso desde pequena. Os homens não acreditaram, então ela foi à beirada do penhasco e deu um mergulho perfeito água abaixo.

Papai pulou logo em seguida. Que diabos, disse, de modo algum deixaria uma garota como aquela escapar.

— Que tipo de salto você deu, papai? — eu perguntava sempre que ele contava a história.

— Um salto de paraquedas. Sem paraquedas — ele sempre respondia.

Papai nadou atrás de mamãe e, ali mesmo na água, disse que ia se casar com ela. Mamãe disse a papai que vinte e três homens já a haviam pedido em casamento e ela rejeitara todos eles.

— O que o leva a crer que eu aceitaria seu pedido? — perguntou.

— Eu não a pedi em casamento — falou papai. — Disse que ia me casar com você.

Seis meses depois eles se casaram. Sempre achei a história mais romântica que já havia escutado, mas mamãe não gostava dela. Não a achava nada romântica.

— Eu tive de dizer "sim" — mamãe disse. — Seu pai não aceitava um "não" como resposta.

Ademais, explicou, ela tinha de se libertar da mãe, que não a deixava tomar sozinha nem mesmo a decisão mais simples.

— Não tinha ideia de que seu pai seria ainda pior.

Papai saiu da Força Aérea depois de se casar porque queria ganhar uma fortuna para sua família, e isso não era possível nas Forças Armadas. Em alguns meses mamãe estava grávida. Quando Lori nasceu, permaneceu muda e careca como um ovo pelos primeiros três anos de vida. De repente, brotaram cabelos cacheados cor de bronze, e ela começou a falar sem parar. Mas pareciam coisas sem sentido, e todos achavam que Lori tinha problemas, a não ser mamãe, que a entendia perfeitamente e dizia que tinha um vocabulário excelente.

Um ano depois de Lori nascer, mamãe e papai tiveram uma segunda filha, de cabelos negros como carvão e olhos cor de chocolate, exatamente como papai. Mas Mary Charlene morreu, certa noite, aos nove meses. Morte súbita, mamãe sempre dizia. Dois anos depois, eu nasci.

— Você veio substituir Mary Charlene — disse mamãe. Ela me contou que havia encomendado uma segunda garota ruiva para que Lori não se achasse estranha. — Você era um bebê magricela. A coisa mais comprida e ossuda que as enfermeiras já tinham visto.

Brian chegou quando eu tinha um ano. Era um bebê azul, mamãe dizia. Quando nasceu, ele não conseguia respirar, e veio ao mundo com convulsões. Sempre que mamãe contava a história, deixava os braços rígidos, trincava os dentes e arregalava os olhos para mostrar como Brian parecia. Mamãe disse que, quando o viu daquele jeito, pensou: huumm, parece que este também vai embora. Mas Brian sobreviveu. No primeiro ano de vida, ele continuou a ter convulsões, até que um dia elas pararam. Ele se tornou um carinha forte que nunca gemia nem chorava, nem mesmo quando eu acidentalmente o empurrei da cama de cima e ele quebrou o nariz.

Mamãe sempre dizia que as pessoas se preocupavam demais com os filhos. Sofrer na juventude era bom para você, ela dizia. Imunizava seu corpo e sua alma, e por isso ela nos ignorava quando chorávamos. Preocupar-se demais com crianças que choram apenas as encoraja, ela nos dizia. É reforço positivo de comportamento negativo.

Mamãe nunca pareceu chateada com a morte de Mary Charlene.

— Deus sabe o que está fazendo. Ele me deu algumas crianças perfeitas e também me deu uma que não era tão perfeita, então Ele disse: "Opa, melhor pegar esta de volta".

Papai, porém, não falava sobre Mary Charlene. Se o nome dela surgia, seu rosto se enrijecia e ele saía da sala. Fora ele quem encontrara o corpo no berço, e mamãe não conseguia acreditar em como aquilo o abalara.

— Quando ele a encontrou, ficou parado ali como se estivesse em choque ou algo assim, embalando seu corpinho rígido nos braços, e depois berrou como um animal ferido — ela nos contou. — Eu nunca ouvi um som tão horrível.

Mamãe disse que papai nunca mais foi o mesmo depois que Mary Charlene morreu. Começou a ficar soturno, permanecendo fora até tarde, vindo para casa bêbado e perdendo empregos. Um dia, logo depois de Brian ter nascido, estávamos sem dinheiro, então papai empenhou a grande aliança de diamante de mamãe, que a mãe dela havia comprado, e isso aborreceu mamãe. Depois disso, sempre que mamãe e papai tinham uma briga, mamãe falava da aliança, e papai lhe pedia que parasse de resmungar. Ele dizia que iria dar a ela uma aliança ainda mais bonita que aquela que empenhara. Por isso, tinha de encontrar ouro. Para dar a mamãe uma aliança nova. Por isso e para podermos construir o Castelo de Vidro.

— Você gosta de estar sempre se mudando? — Lori me perguntou.

— Claro que sim! — respondi. — Você, não?

— Claro — falou.

Era final de tarde, e estávamos estacionados diante de um bar no deserto de Nevada. Chamava-se Bar de Ninguém. Eu tinha quatro anos, e Lori, sete. Estávamos a caminho de Las Vegas. Papai decidira que seria mais fácil, como disse, acumular o capital necessário para financiar o Prospector se fosse aos cassinos por algum tempo. Estávamos dirigindo havia horas quando ele viu o Bar de Ninguém, estacionou o Vagão Verde — o Ganso Azul morrera, e tínhamos outro carro, uma perua que papai batizara de Vagão Verde — e anunciou que ia entrar e beber alguma coisa. Mamãe passou batom vermelho e se juntou a ele, embora não bebesse nada mais forte que chá. Estavam lá dentro havia horas. O sol estava alto no céu, e não havia o menor sinal de brisa. Nada se movia além de uns abutres ao lado da estrada, bicando uma carcaça irreconhecível. Brian lia uma revista em quadrinhos amassada.

— Em quantos lugares nós já moramos? — perguntei a Lori.

— Isso depende do que você quer dizer com "morar" — respondeu. — Se você passa uma noite em uma cidade, você morou nela? E quanto a duas noites? Ou uma semana inteira?

Eu pensei.

— Se você desembala todas as suas coisas — respondi.

Nós contamos onze lugares onde tínhamos morado, depois nos perdemos. Não conseguíamos lembrar os nomes de algumas das cidades ou como eram as casas onde havíamos morado. Eu me lembrava principalmente do interior dos carros.

— O que você acha que aconteceria se não estivéssemos sempre nos mudando? — perguntei.

— Seríamos apanhados — respondeu Lori.

Quando mamãe e papai saíram do Bar de Ninguém trouxeram, para cada um de nós, um pedaço comprido de carne-seca e uma barra de chocolate. Eu comi primeiro a carne e, quando desembrulhei meu Mounds, ele derretera e se tornara uma gosma marrom grudenta, e decidi guardar para a noite, quando o frio do deserto o endureceria novamente.

Nesse momento, havíamos passado pela cidadezinha depois do Bar de Ninguém. Papai dirigia e fumava com uma das mãos e segurava uma garrafa marrom de cerveja com a outra. Lori estava no banco da frente entre ele e mamãe, e Brian, que estava atrás comigo, tentava trocar metade do seu chocolate 3 Musketeers por metade do meu Mounds. No momento em que fizemos uma curva fechada sobre trilhos de trem, a porta se abriu e eu caí do carro.

Rolei muitos metros pela elevação e, quando parei, estava chocada demais para chorar, sem fôlego e com terra e cascalho nos olhos e na boca. Levantei a cabeça a tempo de ver o Vagão Verde ficar cada vez menor e depois desaparecer em uma curva.

Sangue escorria pela minha testa e do meu nariz. Meus joelhos e cotovelos estavam esfolados e cobertos de areia. Eu ainda segurava a barra de Mounds, mas a esmagara na queda, rasgando o embrulho e espremendo para fora o recheio branco de coco, que também estava coberto de terra.

Assim que recuperei o fôlego, engatinhei pela elevação dos trilhos até a estrada e me sentei para esperar a volta de mamãe e papai. Meu corpo todo parecia doer. O sol, parecendo pequeno e branco, queimava. Começara um vento, e ele empurrava a poeira na estrada. Esperei pelo que pareceu um longo tempo antes de decidir que era possível que mamãe e papai não voltassem para me buscar. Poderiam não perceber que eu sumira. Poderiam decidir que não valia a pena a viagem de volta para me resgatar; que, como o gato Quixote, eu era uma chateação e um fardo de que não precisavam.

A cidadezinha atrás de mim estava silenciosa, e não havia outros carros na estrada. Comecei a chorar, mas isso só me fez sentir mais dor. Levantei e comecei a caminhar de volta às casas, depois decidi que se mamãe e papai voltassem para me pegar não conseguiriam me encontrar, então voltei aos trilhos da estrada de ferro e me sentei novamente.

Estava arrancando sangue seco das pernas quando ergui os olhos e vi o Vagão Verde voltar pela curva. Ele vinha em disparada na minha direção, ficando cada vez maior, até parar cantando pneus bem na minha frente. Papai saltou do carro, ajoelhou e tentou me abraçar.

Eu me afastei dele.

— Achei que iam me deixar para trás — disse.

— Ah, eu nunca faria isso — falou. — Seu irmão tentou nos contar que você tinha caído, mas soluçava tanto que não conseguíamos entender uma palavra do que dizia.

Papai começou a tirar as pedrinhas do meu rosto. Algumas haviam cravado fundo na minha pele, e ele pegou no porta-luvas um alicate de ponta. Quando havia arrancado todas as pedrinhas das bochechas e da testa, apanhou o lenço e tentou fazer meu nariz parar de sangrar. Ele pingava como uma torneira quebrada.

— Maldição, querida — disse. — Você quebrou direitinho sua trava de meleca.

Eu comecei a rir. "Trava de meleca" era o nome mais engraçado que eu já ouvira para um nariz. Depois que papai me limpou e voltei para o carro, contei a Brian, Lori e mamãe sobre a palavra, e todos começaram a rir como eu. Trava de meleca. Era hilariante.

Moramos em Las Vegas por mais ou menos um mês, em um quarto de motel com paredes vermelhas e duas camas estreitas. Nós, crianças, dormíamos em uma, mamãe e papai na outra. Durante o dia íamos aos cassinos, onde papai dizia ter um sistema infalível para derrotar a casa. Brian e eu brincávamos de esconde-esconde entre os caça-níqueis que estalavam, procurando moedas esquecidas nas bandejas, enquanto papai ganhava dinheiro na mesa de vinte e um. Eu olhava para as coristas de pernas compridas enquanto deslizavam pelo piso, com penas enormes na cabeça e no traseiro, lantejoulas cintilando pelo corpo e brilho ao redor dos olhos. Quando tentei imitar o passo delas, Brian disse que eu parecia um avestruz.

No final do dia papai foi até nós com os bolsos cheios de dinheiro. Deu-nos chapéus de caubói e coletes de franjas, e comemos filés de frango em restaurantes com ar-condicionado gelado e uma *jukebox* em miniatura em cada mesa. Certa noite, quando papai ganhara uma bolada especialmente grande, disse que era hora de começar a viver como os ganhadores que havíamos nos tornado. Ele nos levou a um restaurante com portas de vaivém como um *saloon*. Dentro, as paredes eram decoradas com ferramentas de garimpo de verdade. Um homem com ligas nos braços tocava piano, e uma mulher com luvas acima dos cotovelos não parava de correr para acender os cigarros de papai.

Papai disse que teríamos algo especial de sobremesa — um bolo de sorvete em chamas. O garçom empurrou um carrinho com o bolo, e a mulher de luvas o acendeu com um pavio comprido. Todos pararam de comer para assistir àquilo. As chamas tinham um lento movimento aquoso, subindo no ar como se fossem fitas. Todos começaram a aplaudir, e papai deu um pulo e levantou a mão do garçom acima da cabeça, como se ele tivesse ganhado o primeiro prêmio.

Alguns dias depois mamãe e papai saíram da mesa de vinte e um e quase imediatamente foram procurar por nós. Papai disse que um dos crupiês descobrira que ele tinha um sistema e o denunciara. Disse que era hora de dar no pé.

Tínhamos de ficar bem longe de Las Vegas, papai disse, porque a máfia, que era dona dos cassinos, estava atrás dele. Fomos para o oeste, pelo deserto e pelas montanhas. Mamãe disse que todos devíamos morar pelo menos uma vez na vida perto do oceano Pacífico, e continuamos seguindo até San Francisco.

Mamãe não queria que ficássemos em um daqueles hotéis que eram armadilhas para turistas perto do cais, considerados falsos e isolados da vida real da cidade, então encontramos um que tinha muita personalidade, em um lugar chamado Tenderloin District. Marinheiros e mulheres com muita maquiagem também ficavam ali. Papai o chamou de cortiço, porém mamãe disse que era uma CDC, e quando perguntei o que significava ela me disse que o hotel era para convidados de classe.

Enquanto mamãe e papai procuravam investimento para o Prospector, brincávamos no hotel. Um dia encontrei uma caixa de fósforos pela metade. Fiquei fascinada, porque preferia muito mais os fósforos firmes de madeira que vinham em caixas aos moles das cartelas de papelão. Eu os levei para cima e me tranquei no banheiro. Peguei papel higiênico, acendi, e quando começou a queimar joguei no vaso. Eu estava torturando o fogo, dando-lhe vida e tomando-a. De repente, tive uma ideia melhor. Fiz uma pilha de papel higiênico no vaso, acendi, e quando começou a queimar, a chama disparando silenciosamente para fora do vaso, dei descarga.

Certa noite, alguns dias depois, acordei de repente. O ar estava quente e abafado. Senti cheiro de fumaça e depois vi chamas se movendo na janela aberta. No início não sabia se o fogo era dentro ou fora do quarto, mas vi que uma das cortinas, a pouca distância da cama, queimava.

Mamãe e papai não estavam no quarto, e Lori e Brian ainda dormiam. Tentei gritar para avisar, mas não saiu nenhum som da minha garganta. Queria esticar o braço e sacudi-los, porém não consegui me mover. O fogo estava ficando maior, mais forte e mais furioso.

Naquele instante a porta se abriu. Alguém chamava nosso nome. Era papai. Lori e Brian acordaram e correram para ele, tossindo por causa da fumaça. Eu continuava sem conseguir me mover. Fiquei vendo o fogo, esperando que a qualquer momento meu cobertor se cobrisse de chamas. Papai enrolou o cobertor ao redor do meu corpo e me pegou, depois desceu a escada correndo, guiando Lori e Brian com um braço e me segurando com o outro.

Papai nos levou para um bar do outro lado da rua, depois voltou para ajudar a combater o incêndio. Uma garçonete de unhas vermelhas e cabelos tingidos perguntou se queríamos uma Coca-Cola ou, caramba, uma cerveja, porque havíamos passado por muita coisa naquela noite. Brian e Lori disseram sim, por favor, duas Cocas. Perguntei se poderia tomar um Shirley Temple, que papai comprava para mim sempre que me levava a um bar. Por alguma razão a garçonete riu.

As pessoas no bar faziam piadas sobre mulheres que fugiram nuas do hotel em chamas. Tudo o que eu vestia era minha roupa íntima, e apertei o cobertor enrolado sobre mim. Depois de beber meu Shirley Temple, tentei atravessar a rua para ver o incêndio, mas a garçonete me manteve no bar, então subi em um tamborete para ver através da janela. Os caminhões dos bombeiros haviam chegado. Havia luzes piscando e homens de casaco de borracha preto segurando mangueiras de lona com grandes jatos de água saindo delas.

Fiquei pensando se o fogo havia tentado me pegar. Fiquei pensando se todos os fogos eram parentes, como papai dissera que todos os homens eram parentes, se o fogo que me queimara naquele dia enquanto eu preparava cachorros-quentes de algum modo estava ligado ao fogo que jogara pelo vaso e o fogo que queimava o hotel. Não tinha respostas para essas perguntas, mas o que eu sabia era que vivia em um mundo que a qualquer momento podia explodir em chamas. Era o tipo de conhecimento que nos mantém alerta.

Depois que o hotel foi destruído, moramos alguns dias na praia. Quando baixávamos o banco traseiro do Vagão Verde havia espaço para todos dormirem, embora algumas vezes os pés de alguém grudassem no meu rosto. Certa noite um policial bateu na janela e disse que teríamos de ir embora; era proibido dormir na praia. Ele foi legal e continuou nos chamando de "pessoal", e até mesmo desenhou um mapa de um lugar onde poderíamos dormir sem ser presos.

Mas depois que ele foi embora papai o chamou de maldito gestapo e disse que pessoas assim se divertiam perturbando pessoas como nós. Papai estava farto da civilização. Ele e mamãe decidiram que voltaríamos para o deserto e retomaríamos nossa busca por ouro sem o dinheiro inicial.

— Essas cidades vão matar vocês — sentenciou.

Depois de desmontar acampamento em San Francisco, seguimos para o deserto de Mojave. Perto das montanhas da Águia, mamãe fez papai parar o carro. Ela vira uma árvore ao lado da estrada que chamara sua atenção. Não era uma árvore qualquer. Era uma antiga iúca. Estava em um trecho de terreno onde o deserto terminava e a montanha começava, criando um túnel de vento. Desde que era uma muda pequena, ela havia sido tão açoitada pelo vento que, em vez de tentar crescer na direção do céu, crescera na direção que o vento a empurrava. Ela existia em um estado de sopro permanente, tão curvada que parecia prestes a tombar, embora suas raízes estivessem bem fincadas.

Achei a iúca feia. Parecia desmazelada e bizarra, permanentemente presa em sua posição retorcida e torturada, e me fazia pensar em alguns adultos me dizendo que eu não devia fazer caretas porque meus traços poderiam congelar. Mamãe, porém, achava que era uma das árvores mais bonitas que já vira. Disse que precisava pintá-la. Enquanto ela pegava seu cavalete, papai seguiu pela estrada para ver o que havia à frente. Achou casinhas ressecadas espalhadas, trailers enterrados na areia e barracos com telhado de zinco enferrujado. Chamava-se Midland. Uma das casinhas tinha uma placa de aluga-se.

— Que diabos, este lugar é tão bom quanto qualquer outro — disse papai.

* * *

A casa que alugamos havia sido construída por uma mineradora. Era branca, com dois aposentos e um telhado torto. Não havia árvores, e a areia do deserto chegava à porta dos fundos. À noite era possível ouvir coiotes uivando.

Quando chegamos a Midland, aqueles coiotes me mantinham acordada, e, deitada na cama, eu ouvia outros sons — monstros-de-gila nos arbustos, mariposas batendo nas telas e o chaparreiro estalando ao vento. Certa noite, quando as luzes estavam apagadas e eu conseguia ver um pedaço de lua pela janela, ouvi um barulho de algo deslizando pelo chão.

— Acho que há algo debaixo da nossa cama — disse a Lori.

— É um mero capricho da sua imaginação — comentou Lori. Ela falava como adulto quando aborrecida.

Tentei ser corajosa, mas tinha ouvido algo. À luz da lua, pensei ter visto movimento.

— Tem algo ali — sussurrei.

— Vá dormir — disse Lori.

Segurando o travesseiro sobre a cabeça para me proteger, corri até a sala, onde papai estava lendo.

— O que há, Cabra-Montesa? — perguntou ele.

Ele me chamava assim porque eu jamais caía quando estávamos escalando montanhas — firme como uma cabra-montesa, dizia sempre.

— Provavelmente nada — falei. — Só acho que talvez tenha visto algo no quarto. — Papai ergueu as sobrancelhas. — Mas provavelmente foi apenas um capricho de minha imaginação hiperativa.

— Deu uma boa olhada? — perguntou.

— Na verdade, não.

— Você deve ter visto. Era um grande e velho peludo com dentes e garras de aparência medonha?

— É isso!

— E tinha orelhas pontudas e olhos malvados de fogo? E ainda a encarou de forma malévola?

— Sim! Sim! O senhor também viu?

— É bom acreditar que sim. É aquele velho desgraçado traiçoeiro do Demônio.

Papai disse que caçava o Demônio havia anos. Àquela altura, aquele velho Demônio aprendera que era melhor não se meter com Rex Walls. Mas se aquele desgraçado furtivo achava que ia aterrorizar a garotinha de Rex Walls, por Deus, era melhor pensar duas vezes.

— Vá pegar minha faca de caça — pediu papai.

Peguei a faca de caça de papai com o punho de osso esculpido e a lâmina de aço alemão azul, ele me deu uma chave de grifo, e fomos procurar o Demônio. Olhamos embaixo da minha cama, onde eu o vira, mas ele havia sumido. Procuramos por toda a casa — debaixo da mesa, nos cantos escuros dos armários, na caixa de ferramentas, e até mesmo nas latas de lixo do lado de fora da casa.

— Vamos lá, seu Demônio lamentável! — papai gritou na noite do deserto. — Apareça e mostre sua cara feia de bunda, seu monstro de barriga amarela!

— É, venha, seu velho Demônio mau! — eu disse, sacudindo a chave de grifo no ar. — Não temos medo de você!

Só havia o som de coiotes a distância.

— É a cara daquele Demônio de merda — disse papai.

Ele se sentou no degrau da frente e acendeu um cigarro, depois me contou a história de quando o Demônio estava aterrorizando uma cidade inteira e papai travou com ele um combate sem armas, mordendo suas orelhas e enfiando os dedos nos olhos dele. O velho Demônio ficou aterrorizado, pois era a primeira vez que encontrava alguém que não o temia.

— O maldito velho Demônio não sabia o que pensar — disse papai, balançando a cabeça com um risinho. Essa era a coisa a lembrar sobre todos os monstros, segundo papai: eles adoram assustar as pessoas, mas no minuto em que os encaramos, eles dão as costas e fogem. — Tudo o que você precisa fazer, Cabra-Montesa, é mostrar ao velho Demônio que não tem medo.

Não crescia muita coisa ao redor de Midland além de iúca, cactos e arbustos retorcidos que papai dizia ser uma das plantas mais velhas do planeta. Os tetravós daqueles arbustos tinham milhares de anos. Quando chovia, soltavam um cheiro de mofo repulsivo para que os animais não os comessem. Só caíam dez centímetros de chuva por ano perto de Midland — quase o mesmo que no norte do Saara —, e a água para os humanos vinha de trem uma vez por dia em recipientes especiais. Os únicos animais que conseguiam sobreviver em Midland eram criaturas escamosas sem lábios, como monstros-de-gila e escorpiões, além de pessoas como nós.

Um mês depois de termos mudado para Midland, Juju foi mordido por uma cascavel e morreu. Nós o enterramos perto da iúca. Foi praticamente a única vez em que vi Brian chorar. Mas tínhamos muitos gatos para nos fazer companhia. Gatos demais, na verdade. Havíamos resgatado muitos gatos desde que jogamos Quixote pela janela, e a maioria deles tivera filhotes, e chegou ao ponto em que tivemos de nos livrar de alguns deles. Não tínhamos muitos vizinhos para dar os gatos, por isso papai os colocou em um saco de lona e levou-o até um lago feito pela mineradora para resfriar equipamento. Eu o observei carregar a traseira do carro com sacos que se remexiam e miavam.

— Isso não parece certo — eu disse a mamãe. — Nós os resgatamos. Agora vamos matá-los.

— Nós demos a eles um pouco mais de tempo no planeta — disse mamãe. — Eles deveriam ser gratos por isso.

Papai finalmente conseguiu um emprego na mina de gesso, cavando as pedras brancas que eram moídas e transformadas em pó usado em divisórias e massa. Quando voltava para casa estava coberto de pó de gesso branco, e algumas vezes brincávamos de fantasma e ele nos perseguia. Ele também levava sacos de gesso, e mamãe o misturava com água para fazer esculturas da Vênus de Milo a partir de um molde de borracha que encomendara pelo correio. Mamãe ficava triste pelo fato de a mina estar destruindo tanta pedra branca — dizia que era mármore de verdade e merecia melhor destino, e que ao fazer as esculturas, pelo menos, imortalizava uma parte.

Mamãe estava grávida. Todos esperavam que fosse um garoto, para que Brian tivesse alguém com quem brincar além de mim. Quando chegasse o momento de mamãe dar à luz, o plano de papai era que nos mudássemos para Blythe, a trinta e cinco quilômetros ao sul, uma cidade tão grande que tinha dois cinemas e duas prisões estaduais.

Nesse meio-tempo, mamãe se dedicava à sua arte. Passava o dia todo trabalhando em pinturas a óleo, aquarelas, desenhos a carvão, esboços a nanquim, esculturas de arame e argila, serigrafias e xilogravuras. Ela não tinha nenhum estilo específico; algumas de suas pinturas eram o que chamava de primitivas, algumas eram impressionistas e abstratas; outras, realistas. "Não quero ser classificada", gostava de dizer. Mamãe também era escritora e estava sempre datilografando romances, contos, peças, poesia, fábulas e livros infantis, que ela mesma ilustrava. A escrita de mamãe era muito criativa. Assim como a ortografia. Ela precisava de um revisor, e quando Lori tinha apenas sete anos lia os originais de mamãe, procurando erros.

Enquanto estávamos em Midland, mamãe pintou dezenas de variações e estudos da iúca. Íamos com ela, que nos dava aulas de arte. Uma vez vi uma pequena muda de iúca crescendo não longe da árvore velha. Eu queria cavá-la e replantá-la perto da nossa casa. Disse a mamãe que iria protegê-la do vento e regá-la todo dia para que pudesse ficar bonita, alta e reta.

Mamãe franziu o cenho para mim.

— Você estaria destruindo o que a torna especial. É a luta da iúca que dá a ela sua beleza.

Jamais acreditei em Papai Noel.

Nenhum de nós acreditou. Mamãe e papai não permitiam isso. Eles não podiam dar presentes caros e não queriam que pensássemos que não éramos tão bons quanto outras crianças que, na manhã de Natal, encontravam debaixo da árvore todo tipo de brinquedos finos, supostamente deixados por Papai Noel. Contaram-nos tudo sobre como outras crianças eram enganadas pelos pais, como os brinquedos que os adultos alegavam ser feitos por pequenos elfos com gorros de sino em sua oficina no Polo Norte traziam etiquetas estampando Made in Japan.

"Tentem não desprezar essas outras crianças", dizia mamãe. "Não é culpa delas terem sofrido lavagem cerebral para acreditar em mitos bobos."

Festejávamos o Natal, porém cerca de uma semana depois de 25 de dezembro, quando era possível encontrar arcos e papel de presente perfeitos que pessoas haviam jogado fora e árvores de Natal descartadas na rua ainda em grande medida verdes e até com decoração prateada pendurada. Mamãe e papai nos davam um saco de bolas de gude, uma boneca ou um estilingue oferecidos com descontos em uma venda pós-Natal.

Papai perdeu o emprego na mina de gesso depois de uma discussão com o capataz e, quando chegou o Natal daquele ano, não tínhamos dinheiro nenhum. Na véspera de Natal papai levou cada um de nós para a noite do deserto, um por vez. Eu estava enrolada em um cobertor e, quando chegou minha vez, me ofereci para dividi-lo com papai, mas ele disse que não, obrigado. O frio nunca o incomodou. Eu estava com cinco anos, me sentei ao lado de papai, e olhamos para o céu. Papai adorava falar sobre as estrelas. Ele nos explicou como giravam pelo céu da noite enquanto a Terra rodava. Ele nos ensinou a identificar as constelações e como nos orientar pela Estrela do Norte. Gostava de dizer que aquelas estrelas brilhantes eram uma das vantagens especiais de pessoas como nós, que vivíamos no deserto. Pessoas ricas da cidade, dizia, viviam em apartamentos elegantes, mas seu ar era tão poluído que não conseguiam sequer ver as estrelas. Teríamos de estar malucos para querer trocar de lugar com qualquer um deles.

— Escolha sua estrela preferida — disse papai naquela noite. Falou que eu poderia ficar com ela para sempre. Disse que era meu presente de Natal.

— Você não pode me dar uma estrela! — falei. — Ninguém é dono das estrelas.

— Isso mesmo. Ninguém é dono delas. Você só precisa reivindicá-la antes que mais alguém faça isso, como aquele velho latino Colombo reivindicou a América para a rainha Isabel. Reivindicar uma estrela como sendo sua segue exatamente a mesma lógica.

Pensei naquilo e me dei conta de que papai estava certo. Ele estava sempre descobrindo coisas como aquela.

Papai disse que eu poderia ter qualquer estrela que quisesse, exceto Betelgeuse e Rígel, porque Lori e Brian já as haviam reivindicado.

Olhei para as estrelas e tentei descobrir qual era a melhor. Era possível ver centenas, talvez milhares ou mesmo milhões cintilando no céu claro do deserto. Quanto mais olhávamos, e mais os olhos se ajustavam à escuridão, mais estrelas víamos, camada após camada delas tornando-se gradualmente visível. Havia uma em particular, a oeste acima das montanhas, mas baixa no céu, que brilhava mais que o restante.

— Eu quero aquela — falei.

Papai sorriu.

— Aquela é Vênus — disse.

Ele continuou, dizendo que Vênus era somente um planeta, bastante insignificante em comparação com estrelas de verdade. Parecia maior e mais brilhante porque estava muito mais perto que as estrelas. O velho planeta Vênus nem sequer produzia sua própria luz, disse papai. Brilhava apenas pela luz refletida. Ele me explicou que os planetas brilhavam porque a luz refletida era constante e que as estrelas cintilavam porque sua luz pulsava.

— Eu gosto mesmo assim — falei.

Eu admirava Vênus antes mesmo daquele Natal. Era possível vê-lo no começo da noite, brilhando no horizonte a oeste, e se levantássemos cedo ainda poderíamos vê-lo pela manhã, depois de todas as estrelas terem desaparecido.

— Que diabos! — exclamou papai. — É Natal. Você pode ter um planeta se é o que quer.

Ele me deu Vênus.

Naquela noite, no jantar de Natal, todos discutimos o espaço sideral. Papai explicou sobre anos-luz, buracos negros e quasares e nos contou a respeito das qualidades especiais de Betelgeuse, Rígel e Vênus.

Betelgeuse era uma estrela vermelha no ombro da constelação de Órion. Era uma das maiores estrelas que se podiam ver no céu, centenas de vezes maior que o Sol. Queimava brilhante havia milhões de anos e logo iria se tornar uma supernova e se extinguir. Fiquei chateada por Lori ter escolhido uma estrela inferior, mas papai explicou que "logo" significava centenas de milhares de anos quando se tratava de estrelas.

Rígel era uma estrela azul, menor que Betelgeuse, papai disse, mas ainda mais brilhante. Também ficava em Órion — era seu pé esquerdo, o que pareceu adequado, já que Brian era um corredor muito rápido.

Vênus não tinha luas nem satélites, nem mesmo um campo magnético, mas uma atmosfera meio similar à da Terra, exceto por ser superquente — cerca de quinhentos graus ou mais.

— Quando o Sol começar a se esgotar e a Terra ficar fria, todos aqui poderão querer se mudar para Vênus para se aquecer. E antes terão de conseguir a permissão de seus descendentes.

Nós rimos de todas aquelas crianças que acreditavam no mito do Papai Noel e não ganhavam no Natal nada além de um punhado de brinquedos de plástico baratos.

— Daqui a anos, quando todo aquele lixo que elas ganharam estiver quebrado e esquecido, vocês ainda terão suas estrelas — disse papai.

No crepúsculo, tão logo o sol deslizava para trás das montanhas Pálidas, os morcegos saíam e rodopiavam pelo céu acima dos barracos de Midland. A velha que morava ao nosso lado nos avisou que mantivéssemos distância dos morcegos. Ela os chamava de ratos voadores e dizia que um se prendera em seus cabelos certa vez, enlouquecera e enfiara as garras em seu couro cabeludo. Mas eu adorava aqueles morceguinhos feios, o modo como passavam em disparada, as asas, um borrão furioso. Papai explicou que tinham sonares, como aqueles dos submarinos nucleares. Brian e eu jogávamos pedrinhas, esperando que os morcegos achassem que fossem insetos e as comessem, e que o peso das pedras os empurrasse para baixo e pudéssemos ficar com eles como animais de estimação, amarrando um barbante comprido à garra para que ainda conseguissem voar. Eu queria treinar um para ficar de cabeça para baixo no meu dedo. Entretanto, aqueles malditos morcegos eram inteligentes demais para cair em nosso truque.

Os morcegos estavam do lado de fora, dando rasantes e guinchando, quando saímos de Midland para Blythe. Mais cedo, naquele dia, mamãe nos dissera que o bebê decidira que estava grande o bastante para sair logo e se juntar à família. Assim que pegamos a estrada, papai e mamãe começaram uma grande briga sobre com quantos meses de gravidez ela estava. Mamãe disse que eram dez meses. Papai, que naquele mesmo dia consertara a transmissão de alguém e usou o dinheiro que ganhara para comprar uma garrafa de tequila, falou que ela provavelmente perdera a conta em algum momento.

— Eu sempre carrego os filhos por mais tempo que a maioria das mulheres — disse mamãe. — Lori passou catorze meses no meu ventre.

— Besteira! — exclamou papai. — A não ser que Lori fosse em parte elefante.

— Não deboche de mim na frente dos meus filhos! — gritou mamãe. — Alguns bebês são prematuros. Os meus foram todos pós-maturos. Por isso são tão inteligentes. Seus cérebros tiveram mais tempo para se desenvolver.

Papai falou alguma coisa sobre aberrações da natureza, e mamãe chamou papai de sabe-tudo metido que se recusava a acreditar que ela era especial. Papai falou alguma coisa sobre Jesus Cristo em malditas muletas não demorar tanto tempo para gestar. Mamãe ficou aborrecida com a blasfêmia de papai, passou o pé para o lado do motorista e pisou no freio. Estávamos no meio da noite, e mamãe saiu em disparada do carro e correu para a escuridão.

— Sua vaca maluca! — berrou papai. — Traga seu maldito traseiro de volta para este carro!

— Me obrigue, senhor Durão! — gritou ela enquanto corria.

Papai virou o volante para um lado e saiu da estrada para o deserto atrás dela. Lori, Brian e eu protegemos uns aos outros com os braços, como sempre fazíamos quando papai começava uma caçada maluca que sabíamos que ia ser agitada.

Papai enfiou a cabeça para fora da janela enquanto dirigia, berrando com mamãe, chamando-a de "piranha idiota" e "boceta fedida", e ordenando que voltasse para o carro. Mamãe se recusava. Estava à nossa frente, entrando e saindo dos arbustos do deserto. Como ela nunca falava palavrões, chamava papai de "coisa-ruim" e "bêbado imprestável". Papai parou o carro, depois pisou no acelerador e soltou a embreagem. Disparamos na direção de mamãe, que berrou e pulou para fora do caminho. Papai virou e foi atrás dela novamente.

Era noite sem lua, e só conseguíamos ver mamãe quando estava sob a luz dos faróis. Ela continuava olhando por sobre o ombro, os olhos arregalados como os de um animal caçado. Nós, crianças, chorávamos e implorávamos que ele parasse, mas papai nos ignorava. Eu estava mais preocupada com o bebê dentro da barriga inchada de mamãe do que com ela. O carro sacudia em buracos e pedras, arbustos raspando nas laterais e poeira entrando pelas janelas abertas. Papai finalmente encurralou mamãe junto a umas rochas. Eu tinha medo de que a esmagasse com o carro, mas em vez disso ele saltou e a arrastou de volta, que esperneava, e jogou-a dentro do carro. Saímos sacudindo pelo deserto e chegamos à estrada. Todos estavam calados, exceto mamãe, que soluçava dizendo que realmente carregara Lori por catorze meses.

Mamãe e papai fizeram as pazes no dia seguinte, e no final da tarde mamãe estava cortando os cabelos de papai na sala do apartamento que havíamos alugado em Blythe. Ele tirara a camisa e estava sentado em posição invertida em uma cadeira, com a cabeça baixa e os cabelos penteados para a frente. Mamãe cortava enquanto papai apontava lugares onde ainda estava comprido demais. Quando terminaram, papai penteou os cabelos para trás e anunciou que mamãe fizera um corte infernal.

Nosso apartamento era em um prédio de blocos de cimento com um andar na periferia da cidade. Tinha uma grande placa de plástico oval azul e branca e um bumerangue que dizia: Apartamentos LBJ. Eu achava que significava Lori, Brian e Jeannette, porém mamãe disse que LBJ eram as iniciais do presidente, que, acrescentou, era um escroque e um belicista. Alguns motoristas de caminhão e caubóis tinham quartos nos Apartamentos LBJ, mas a maioria das outras pessoas que viviam lá era de trabalhadores migrantes e suas famílias, e nós os ouvíamos conversando através das finas paredes de placas de gesso. Mamãe dizia que era uma das vantagens de morar nos Apartamentos LBJ, pois conseguiríamos aprender um pouco de espanhol mesmo sem estudar.

Blythe ficava na Califórnia, mas a divisa com o Arizona era a um pulo de distância. As pessoas que moravam ali gostavam de dizer que a cidade ficava a duzentos e quarenta quilômetros a oeste de Phoenix, a quatrocentos quilômetros a leste de Los Angeles, e bem no meio do nada. Sempre diziam isso, como se estivessem se vangloriando.

Mamãe e papai não eram exatamente fascinados por Blythe. Civilizada demais, diziam, e completamente antinatural, já que nenhuma cidade do tamanho de Blythe podia existir no deserto de Mojave. Estava perto do rio Colorado, fundada no século XIX por alguém que imaginou poder enriquecer transformando o deserto em fazenda. Ele cavou uma série de canais de irrigação que traziam água do rio Colorado para produzir alface, uvas e brócolis no meio de cactos e arbustos. Papai ficava revoltado sempre que passávamos por um daqueles campos com canais de irrigação largos como fossos de castelo.

— É uma maldita perversão da natureza. Se você quiser viver em uma fazenda, leve seu traseiro infeliz para a Pensilvânia. Se quiser viver no deserto, coma fruto de cacto, não alface frouxa.

— Isso mesmo — dizia mamãe. — Além disso, o fruto do cacto tem mais vitaminas.

Morar em uma cidade grande como Blythe significava que eu tinha de calçar sapatos. Significava também que tinha de ir à escola.

A escola não era tão ruim. Eu estava na primeira série, e minha professora, a srta. Cook, sempre me escolhia para ler em voz alta quando o diretor ia à sala. Os outros alunos não gostavam muito de mim porque eu era muito alta, branca e magra, e porque sempre erguia a mão rápido demais e acenava furiosamente quando a srta. Cook fazia uma pergunta. Alguns dias depois de ter começado na escola, quatro garotas mexicanas me seguiram até em casa e pularam em cima de mim em um beco perto dos Apartamentos LBJ. Elas me deram uma surra, puxando meu cabelo, rasgando minhas roupas e me chamando de puxa-saco e palito de fósforo.

Cheguei em casa naquela noite com joelhos e cotovelos esfolados e um lábio cortado.

— Parece que você se meteu em uma briga — disse papai. Estava sentado à mesa, desmontando um velho despertador do Brian.

— Só um pequeno desentendimento — falei. Era a palavra que papai sempre usava depois de ter se metido em uma briga.

— Quantos eram?

— Seis — menti.

— Esse lábio cortado está bem? — perguntou.

— Este arranhãozinho? — retruquei. — Deveria ver o que fiz a elas.

— Essa é a minha garota! — disse papai, em seguida voltando ao relógio, mas Brian continuou a olhar para mim.

No dia seguinte, quando cheguei ao beco, as mexicanas estavam esperando por mim. Antes que pudessem atacar, Brian deu um pulo de trás de um grupo de arbustos, agitando um galho de iúca. Brian era mais baixo que eu e igualmente magro, com sardas no nariz e cabelos ruivos alourados que caíam nos olhos. Usava calças que tinham sido minhas, herdadas de Lori e repassadas a ele, e que sempre escorregavam de seu traseiro ossudo.

— Apenas recuem, e todas poderão ir embora com todos os membros — disse Brian. Era outra das frases de papai.

As garotas mexicanas olharam para ele antes de cair na gargalhada. Depois o cercaram. Brian se saiu bastante bem, mantendo-as afastadas até que o galho quebrou. Ele desapareceu sob uma avalanche de punhos brandidos e pés que chutavam. Eu agarrei a maior pedra que consegui encontrar e acertei uma das garotas na cabeça. Pelo tranco em meu braço, achei ter quebrado a cabeça dela. A menina caiu de joelhos. Uma das amigas me jogou no chão e me chutou no rosto; depois todas saíram correndo, a garota que eu acertara segurando a cabeça enquanto cambaleava.

Brian e eu nos sentamos. O rosto dele estava coberto de areia. Só conseguia ver os olhos azuis espiando e dois pontos de sangue brotando. Quis abraçá-lo, mas isso teria sido estranho demais. Brian se levantou e fez um sinal para que o seguisse. Passamos por um buraco na cerca que ele tinha descoberto naquela manhã e corremos para a fazenda de alface, perto do prédio de apartamentos. Eu o segui pelas fileiras de grandes folhas verdes, e finalmente nos acomodamos para o banquete, enterrando o rosto nas enormes alfaces molhadas e comendo até que a barriga doesse.

— Acho que as assustamos direitinho — disse a ele.

— Eu acho — arriscou ele.

Brian jamais gostara de se vangloriar, porém eu via que estava orgulhoso por ter enfrentado quatro crianças maiores e duronas, mesmo sendo meninas.

— Guerra de alface! — gritou Brian. Ele jogou uma alface comida pela metade sobre mim, como uma granada. Corremos pelas fileiras, arrancando alfaces e jogando-as um contra o outro. Um avião fumigador passou acima de nós. Acenamos quando ele cruzou sobre o campo. Uma nuvem se espalhou atrás do avião, e um pó branco fino caiu sobre nossa cabeça.

* * *

Dois meses depois de termos nos mudado para Blythe, quando mamãe dizia estar com doze meses de gravidez, ela finalmente deu à luz. Depois de passar dois dias no hospital, fomos todos de carro pegá-la. Papai nos deixou esperando no carro com o motor funcionando enquanto entrava para pegar mamãe. Eles saíram correndo, com o braço de papai sobre os ombros de mamãe. Mamãe embalava um fardo no braço e dava um risinho culpado, como se tivesse roubado um doce de uma mercearia. Imaginei que eles tivessem saído ao estilo Rex Walls.

— O que é? — perguntou Lori enquanto partíamos em disparada.

— Menina! — disse mamãe.

Mamãe me deu o bebê. Eu faria seis anos em alguns meses, e mamãe disse que eu era suficientemente madura para segurá-lo até em casa. O bebê era rosa e enrugado, mas absolutamente bonito, com grandes olhos azuis, cachos de cabelos louros macios e as menores unhas que eu já tinha visto. Ela se mexia em movimentos irregulares confusos, como se não conseguisse entender por que a barriga de mamãe não estava mais ao redor. Prometi que sempre iria cuidar dela.

O bebê ficou semanas sem nome. Mamãe disse que primeiro queria estudá-lo, assim como fazia com o tema de uma pintura. Tivemos muitas discussões sobre qual deveria ser o nome. Eu queria chamá-la de Rosita, em homenagem à garota mais bonita da minha sala, porém mamãe disse que o nome era mexicano demais.

— Achei que não devíamos ter preconceitos — falei.

— Isso não é preconceito — retrucou mamãe. — É uma questão de precisão na classificação.

Ela nos contou que nossas duas avós sentiam raiva porque nem Lori, nem eu havíamos recebido o nome delas, e decidiu chamar o bebê de Lilly Ruth Maureen. Lilly era o nome da mãe de mamãe, e Erma Ruth era o nome da mãe de papai. No entanto, iríamos chamar o bebê de Maureen, um nome de que mamãe gostava por ser diminutivo de Mary, e estaria dando ao bebê o seu nome, mas ninguém saberia. Isso, papai nos disse, deixaria todos felizes, menos a mãe dele, que odiava o nome Ruth e queria que o bebê se chamasse Erma, e a mãe de mamãe, que odiaria partilhar seu nome com o da mãe de papai.

Alguns meses depois de Maureen nascer, um carro de polícia tentou nos parar porque as luzes de freio do Vagão Verde não funcionavam. Papai fugiu. Disse que se os policiais nos parassem, descobririam que não tínhamos registro nem seguro, que a placa fora tirada de outro carro e nos prenderiam. Depois de descer a rodovia correndo, deu meia-volta cantando pneus, com nós, crianças, achando que o carro iria tombar de lado, mas o carro de polícia fez a mesma manobra. Papai passou por Blythe a cento e sessenta por hora, ultrapassou um sinal fechado, seguiu pela contramão em uma rua de mão única, os outros carros buzinando e encostando. Fez mais algumas curvas, depois desceu um beco e encontrou uma garagem vazia na qual se esconder.

Ouvimos o som da sirene a dois quarteirões, depois ela morreu. Papai disse que, como a gestapo ficaria de olho no Vagão Verde, teríamos de deixá--lo na garagem e ir para casa andando.

No dia seguinte, ele anunciou que Blythe havia ficado um tanto quente demais e que cairíamos na estrada novamente. Dessa vez sabia para onde íamos. Papai havia pesquisado um pouco e se decidido por uma cidade no norte de Nevada, chamada Battle Mountain. Havia ouro em Battle Mountain, disse papai, e ele pretendia ir atrás dele com o Prospector. Finalmente ficaríamos ricos.

Mamãe e papai alugaram um grande caminhão de mudanças U-Haul. Mamãe explicou que, como apenas ela e papai cabiam na frente do U-Haul, Lori, Brian, Maureen e eu ganharíamos algo: viajaríamos na caçamba. Seria divertido, disse ela, uma verdadeira aventura, porém não haveria nenhuma luz, e teríamos de usar todos os nossos recursos para nos divertir. Ademais, não poderíamos falar. Como era ilegal viajar na caçamba, se alguém nos ouvisse poderia chamar a polícia. Mamãe nos disse que a viagem levaria umas catorze horas se fôssemos pela rodovia, mas deveríamos gastar mais duas, já que deveríamos fazer desvios para ficar longe da vista.

Embalamos toda a mobília que tínhamos. Não era muito, basicamente peças do Prospector, duas cadeiras, pinturas a óleo e materiais de mamãe. Quando estávamos prontos para partir, mamãe enrolou Maureen em um cobertor lavanda e a passou para mim, e entramos na caçamba do U-Haul. Papai fechou as portas. Lá dentro estava escuro, e o ar tinha cheiro de mofo e poeira. Ficamos sentados no chão de tiras de madeira, sobre cobertores sujos esfarrapados usados para envolver móveis, procurando um ao outro com as mãos.

— Hora da aventura! — sussurrei.

— Shhh! — pediu Lori.

O U-Haul foi ligado e avançou. Maureen deu um grito agudo. Eu fiz *shhh*, a embalei e dei tapinhas nela, mas ela continuou a chorar. Passei-a para Lori, que cantarolou em seu ouvido e contou piadas. Isso também não funcionou, aí imploramos a Maureen que parasse de chorar. Depois simplesmente cobrimos os ouvidos com as mãos.

Após um tempo ficou frio e desconfortável na caçamba do caminhão escuro. O motor fazia o piso vibrar, e saíamos rolando sempre que passávamos sobre uma lombada. Várias horas se passaram. Depois estávamos todos querendo fazer xixi e pensando se papai iria parar para um descanso. De repente, com uma barulheira, caímos em um buraco enorme, e as portas de trás do U-Haul se abriram. O vento assobiou no compartimento. Estávamos com medo de ser sugados para fora, e todos nos encolhemos junto ao Prospector. Havia luar. Podíamos ver o brilho das luzes traseiras do U-Haul e a estrada por onde seguíamos se estendendo pelo deserto prateado. As portas abertas balançavam para a frente e para trás com batidas altas.

Como os móveis estavam colocados entre nós e a cabine, não podíamos bater na parede para chamar a atenção de mamãe e papai. Batemos na lateral do caminhão e berramos o mais alto possível, porém o motor era barulhento demais, e não nos ouviam.

Brian engatinhou até os fundos da caçamba. Quando uma das portas se aproximou, ele a agarrou, mas ela se abriu de novo, puxando-o para a frente. Pensei que a porta iria jogar Brian para fora, mas ele pulou para trás a tempo e se arrastou sobre o piso de madeira em nossa direção.

Brian e Lori se agarraram ao Prospector, que papai prendera firmemente com cordas. Eu segurava Maureen, que por alguma estranha razão parara de chorar. Fui para um canto. Parecia que teríamos de suportar aquilo.

Dois faróis surgiram a distância atrás de nós. Observamos enquanto o carro se aproximava lentamente do U-Haul. Depois de alguns minutos, ele ficou logo atrás, e os faróis pousaram em nós na caçamba. O carro começou a buzinar e piscar faróis. Depois desviou e nos ultrapassou. O motorista devia ter feito um sinal para mamãe e papai, porque o U-Haul desacelerou e parou, e papai apareceu correndo com uma lanterna.

— Que merda está acontecendo? — perguntou ele. Estava furioso. Tentamos explicar que não era culpa nossa as portas terem se aberto, mas ele continuava com raiva. Eu sabia que também estava assustado. Talvez mais assustado que com raiva.

— Era um policial? — perguntou Brian.

— Não — disse papai. — E vocês têm uma sorte dos diabos de não ser, ou ele estaria levando seus traseiros para a cadeia.

Depois de termos feito xixi, subimos novamente no caminhão e vimos papai fechar as portas. A escuridão nos envolveu novamente. Pudemos ouvir papai trancando as portas e conferindo depois. O motor foi ligado, e seguimos viagem.

Battle Mountain começara como um local de mineração, criado cem anos antes por pessoas que esperavam ficar ricas, contudo se alguém um dia se tornara rico por ali devia ter se mudado para gastar a fortuna em outro lugar. Nada na cidade era grandioso a não ser o céu vazio e, a distância, as montanhas de pedra roxas Tuscarora descendo para o deserto liso.

A rua principal era larga — com carros e picapes desbotados pelo sol estacionados em ângulo em relação à calçada —, mas com poucos quarteirões de comprimento, ladeada por prédios baixos de telhado reto, feito de adobe ou alvenaria. Um único sinal de trânsito piscava vermelho dia e noite. Ao longo da rua Principal havia uma mercearia, uma farmácia, uma revendedora Ford, um ponto de ônibus Greyhound e dois grandes cassinos, o clube da Coruja e o hotel Nevada. Os prédios, que pareciam insignificantes sob o céu enorme, tinham letreiros de néon, que durante o dia não pareciam acesos por causa do brilho do sol.

Nós nos mudamos para um prédio de madeira no limite da cidade que havia sido um depósito de ferrovia. Tinha dois andares, era pintado de verde industrial e ficava tão perto dos trilhos que era possível acenar para o maquinista da janela da frente. Nossa nova casa era um dos prédios mais velhos da cidade, mamãe nos contou com orgulho, era um verdadeiro clima de fronteira.

O quarto de papai e mamãe ficava no segundo andar, onde um dia o gerente da estação tivera seu escritório. Nós, crianças, dormíamos embaixo, no que havia sido a sala de espera. Os velhos banheiros ainda estavam lá, mas o vaso sanitário havia sido retirado de um, e em seu lugar fora instalada uma banheira. O guichê de passagens havia sido transformado em cozinha. Alguns dos bancos originais continuavam chumbados nas paredes de madeira sem pintura, e era possível ver os pontos escuros e gastos nos quais descobridores, mineiros e suas esposas e crianças haviam se sentado para esperar o trem, os traseiros polindo a madeira.

Como não tínhamos dinheiro para móveis, improvisamos. Um punhado de enormes bobinas de madeira, do tipo que continha cabos industriais, havia sido jogado ao lado dos trilhos perto de nossa casa, então as rolamos para lá e as transformamos em mesas.

— Que tipo de idiota desperdiça dinheiro comprando mesas em lojas quando é possível ter isso de graça? — perguntou papai enquanto socava o alto das bobinas para mostrar como eram resistentes.

Usamos algumas bobinas menores e engradados como cadeiras. Em vez de camas, nós, crianças, dormíamos em grandes caixas de papelão, como as que envolvem geladeiras. Um pouco depois de termos nos mudado para o depósito, ouvimos mamãe e papai falando sobre comprar camas de verdade para nós, e dissemos que não deviam fazer isso. Gostávamos de nossas caixas. Faziam parecer que ir para a cama era uma aventura.

Pouco depois de termos mudado para o depósito, mamãe decidiu que precisávamos de um piano. Papai encontrou um piano de armário barato numa taberna da cidade vizinha que havia fechado recentemente e pegou emprestada a picape de um vizinho para levá-lo para casa. Nós o deslizamos para fora da picape por uma rampa, mas ele era pesado demais para ser carregado. Para colocá-lo no depósito, papai concebeu um sistema de cordas e polias, que prendeu ao piano no jardim da frente e passou pela casa, saindo pela porta dos fundos, onde foi amarrado à picape. O plano era mamãe avançar com a picape, puxando o piano para dentro de casa enquanto papai e nós, crianças, o guiávamos por uma rampa de tábuas e pela porta da frente.

— Pronto! — berrou papai quando estávamos todos em posição.

— Tudo bem! — berrou mamãe. No entanto, mamãe, que nunca dirigira bem, em vez de avançar lentamente, pisou fundo no pedal, e a picape disparou à frente. O piano foi arrancado de nossas mãos, puxando-nos para a frente, e pulou para dentro de casa, lascando a moldura da porta. Papai gritou para que mamãe reduzisse, mas ela continuou avançando e arrastando o piano, que guinchava e estalava as cordas, sobre o piso do depósito e através da porta dos fundos, lascando a moldura, e depois para o quintal, onde ele parou junto a um espinheiro.

Papai atravessou a casa correndo.

— Mas que bosta você está fazendo? — berrou ele com mamãe. — Eu disse para ir devagar!

— Eu só estava a quarenta por hora — disse mamãe. — Você fica louco comigo quando ando tão devagar na estrada.

Ela olhou para trás e viu o piano no quintal.

— Ahhh.

Mamãe quis dar a volta e arrastá-lo para dentro de casa pelo outro lado, mas papai disse ser impossível, porque os trilhos ficavam perto demais da casa para pôr a picape em posição. O piano permaneceu onde estava. Nos dias em que mamãe se sentia inspirada, levava sua partitura e uma das cadeiras de bobina para fora e martelava a música lá.

— A maioria dos pianistas nunca tem oportunidade de tocar fora de casa — dizia. — E agora a vizinhança inteira pode aproveitar a música.

Papai conseguiu um emprego de eletricista em uma mina de barita. Saía cedo, voltava para casa cedo, e à tarde todos nós jogávamos. Papai nos ensinou a jogar cartas. Tentou nos mostrar como jogar pôquer sem fazer nenhuma expressão, porém eu não era muito boa nisso. Papai dizia que podia ler meu rosto como um sinal de trânsito. Embora eu não fosse de blefar, às vezes ganhava por ficar sempre muito excitada mesmo com cartas medíocres, como um par de cinco, o que fazia com que Brian e Lori pensassem que eu recebera ases. Papai também inventava jogos para nós, como o Portanto, no qual fazia duas afirmações e tínhamos de responder a uma pergunta com base naquelas afirmações, ou dizer "Informação insuficiente para uma conclusão" e explicar por quê.

Quando papai não estava lá, inventávamos nossos próprios jogos. Não tínhamos muitos brinquedos, mas não precisávamos de brinquedos em um lugar como Battle Mountain. Pegávamos um papelão e transformávamos a estreita escada do depósito em tobogã. Saltávamos do teto do depósito usando um cobertor excedente do exército como paraquedas e dobrávamos as pernas ao tocar no chão, como papai nos ensinara que paraquedistas de verdade faziam. Colocávamos um pedaço de ferro-velho — ou uma moeda, caso estivéssemos extravagantes — nos trilhos da ferrovia pouco antes de o trem chegar. Depois que o trem passava, com as rodas enormes girando, corríamos para pegar nosso pedaço de metal recém-achatado, quente e brilhante.

A coisa que mais gostávamos de fazer era explorar o deserto. Levantávamos ao amanhecer, minha hora preferida, quando as sombras eram compridas e roxas e ainda tínhamos o dia inteiro pela frente. Às vezes, papai ia conosco, e marchávamos pelos arbustos ao estilo militar, com papai dando ordens cantarolando — *upa, dois, três, quatro* —, e então parávamos e fazíamos flexões no chão, ou papai estendia o braço para usarmos como barra de exercícios. Na maioria das vezes, no entanto, Brian e eu íamos explorando tudo sozinhos. Aquele deserto era cheio de todo tipo de tesouros impressionantes.

Havíamos nos mudado para Battle Mountain por causa do ouro na área, mas o deserto também tinha toneladas de outros depósitos minerais. Havia prata, cobre, urânio e barita, que papai dizia serem usados em equipamentos de perfuração de poços de petróleo. Mamãe e papai sabiam dizer que tipo de minerais e minérios havia no terreno pela cor das pedras e da terra e nos ensinaram o que procurar. Ferro ficava nas pedras vermelhas, e cobre, nas verdes. Havia tanta turquesa — pepitas e mesmo grandes pedaços caídos no chão do deserto — que Brian e eu conseguíamos encher os bolsos até o peso praticamente derrubar nossas calças. Também dava para encontrar pontas de flecha, fósseis e garrafas velhas que haviam ficado de um roxo-escuro depois de anos sob o sol escaldante. Era possível encontrar crânios de coiote alvejados pelo sol, cascos de tartaruga vazios, chocalhos e peles descartadas de cascavéis. E grandes sapos que haviam ficado tempo demais sob o sol e acabaram totalmente ressecados e leves como um pedaço de papel.

Na noite de domingo, se tivéssemos dinheiro, íamos todos jantar no clube da Coruja. Era um lugar "mundialmente famoso", segundo o letreiro, onde uma coruja com chapéu de mestre-cuca apontava para a entrada. De um lado ficava uma sala com filas de caça-níqueis sempre estalando, tilintando e piscando luzes. Mamãe dizia que os jogadores estavam hipnotizados. Papai dizia que eram malditos idiotas.

— Nunca joguem em caça-níqueis — disse-nos papai. — Eles são para idiotas que dependem da sorte.

Papai sabia tudo sobre estatísticas e explicou como os cassinos manipulavam as chances contra os jogadores. Quando ele apostava, preferia pôquer e sinuca — jogos de habilidade, não de sorte.

— Quem inventou a frase "o homem tem de jogar com a mão que recebe" quase certamente era um péssimo blefador — falou papai.

O clube da Coruja tinha um bar onde grupos de homens com pescoço queimado de sol bebiam cerveja e fumavam. Todos conheciam papai, e sempre que ele entrava era insultado de modo barulhento e engraçado, que pretendia ser amistoso. "Esta espelunca deve ir para o inferno em uma cesta se deixa entrar tipos lamentáveis como você!", gritavam.

— Que diabos, minha presença aqui decididamente tem um efeito engrandecedor comparado com esses coiotes sarnentos — gritava papai de volta. Todos jogavam a cabeça para trás, riam e davam tapinhas nas costas uns dos outros.

Sempre nos sentávamos em um dos reservados vermelhos. "Que boas maneiras", exclamava a garçonete, pois mamãe e papai nos faziam dizer "senhor", "senhora", "sim, por favor" e "obrigado".

— Eles também são inteligentes pra caramba! — declarava papai. — As melhores malditas crianças que já andaram sobre o planeta.

E sorríamos e pedíamos hambúrgueres, cachorros-quentes com chili, milk-shakes e grandes pratos de cebolas que brilhavam com gordura quente. A garçonete levava a comida à mesa e servia os milk-shakes de um recipiente de metal suado para nossos copos. Sempre sobrava um pouco, e ela deixava o recipiente na mesa para que terminássemos.

— Parece que vocês acertaram na loteria e ganharam algo mais — dizia ela, piscando.

Sempre saíamos do clube da Coruja tão empanturrados que mal conseguíamos andar.

— Vamos nos arrastar para casa, crianças! — comandava papai.

A mina de barita onde papai trabalhava tinha um mercado, e todo mês o dono da mina deduzia nossa conta e o aluguel do depósito do pagamento de papai. No começo de cada semana íamos ao mercado e levávamos para casa sacolas e mais sacolas de comida. Mamãe dizia que apenas pessoas que haviam sofrido lavagem cerebral da publicidade compravam comida pronta, como macarrão e congelados. Ela comprava o básico: sacos de farinha ou fubá, leite em pó, cebolas, tomates, sacos de arroz ou feijão-rajado de dez quilos, sal, açúcar, fermento para fazer pão, latas de cavala, um presunto enlatado ou um grande pedaço de mortadela e, de sobremesa, latas de pêssegos em fatias.

Mamãe não cozinhava muito — "Por que passar a tarde preparando uma refeição que acabará em uma hora quando nesse mesmo tempo posso fazer uma pintura que vai durar para sempre?", nos perguntava —, e uma vez por semana, mais ou menos, ela preparava uma grande panela de ferro com peixe, arroz ou, normalmente, feijão. Todos catávamos o feijão, separando as pedras, depois mamãe deixava de molho à noite, fervia no dia seguinte com um velho osso de presunto para dar sabor, e por toda a semana só tínhamos feijão no café, no almoço e no jantar. Se o feijão começava a estragar, simplesmente colocávamos mais tempero, como os mexicanos nos Apartamentos LBJ sempre faziam.

Comprávamos tanta comida que nunca tínhamos muito dinheiro no dia do pagamento. Certa vez papai ficou devendo onze centavos à mineradora. Ele achou engraçado e disse a eles para colocar na sua conta. Papai quase nunca saía à noite para beber, como costumava fazer antes. Ficava em casa conosco. Depois do jantar, a família inteira se esticava nos bancos e no chão do depósito e lia, com o dicionário no meio da sala para que nós, crianças, pudéssemos consultar palavras que não conhecíamos. Algumas vezes, eu discutia as definições com papai, e, se não concordássemos com o que os autores do dicionário haviam dito, sentávamos e escrevíamos uma carta aos editores. Eles respondiam defendendo sua posição, o que levava a uma carta ainda mais longa de papai, e se retrucassem novamente, ele também o fazia, até não recebermos mais respostas do pessoal do dicionário.

Mamãe lia tudo: Charles Dickens, William Faulkner, Henry Miller, Pearl Buck. Lia até mesmo James Michener — justificando-se —, dizendo saber que não era grande literatura, mas que não conseguia se conter. Papai preferia livros de ciência e matemática, biografias e história. Nós, crianças, líamos qualquer coisa que mamãe levasse para casa de suas visitas semanais à biblioteca.

Brian lia grossos livros de aventura, aqueles escritos por caras como Zane Grey. Lori gostava especialmente de Freddy, o porco, e de todos os livros da terra de Oz. Eu gostava dos contos de Laura Ingalls Wilder e da série *We were there*, sobre crianças que viveram em grandes momentos históricos, porém meu preferido era *Beleza negra*. Eventualmente, naquelas noites em que estávamos todos lendo juntos, um trem passava, sacudindo a casa e fazendo as janelas chacoalhar. O barulho era tremendo, mas depois de algum tempo lá, nem sequer ouvíamos nada.

Mamãe e papai nos matricularam na escola primária Mary S. Black, um prédio comprido e baixo com um *playground* de asfalto que ficava grudento sob o sol forte. Minha turma de segunda série era cheia de filhos de mineiros e jogadores, com joelhos esfolados e empoeirados de brincar no deserto, franjas tortas cortadas em casa. Nossa professora, a srta. Page, era uma mulher pequena e esquelética dada a acessos de fúria e golpes violentos com uma régua.

Mamãe e papai já haviam me ensinado tudo o que a srta. Page ensinava à turma. Como eu queria que as outras crianças gostassem de mim, não levantava a mão o tempo todo como em Blythe. Papai me acusava de corpo mole. Algumas vezes me obrigava a fazer meu dever de casa de aritmética em números binários porque dizia que eu precisava ser desafiada. Antes da aula, eu tinha de colocar tudo em números arábicos, mas certo dia não tive tempo e entreguei o dever em sua versão binária.

— O que é isto? — perguntou a srta. Page. Apertou os lábios enquanto estudava os círculos e as linhas que cobriam meu dever, depois olhou para mim desconfiada. — Isto é uma piada?

Tentei explicar a ela os números binários, sistema utilizado pelos computadores e que papai dizia ser muito superior aos outros sistemas numéricos. A srta. Page me encarou.

— O dever não era esse! — disse, impaciente. Ela me obrigou a ficar até mais tarde para refazer o dever. Não contei nada a papai, porque sabia que ele iria à escola debater com a srta. Page as virtudes dos vários sistemas numéricos.

Muitas outras crianças moravam em nosso bairro, conhecido como Trilhos, e depois da escola brincávamos todos juntos. Brincávamos de pique, futebol, Red Rover ou jogos sem nome que envolviam correr muito, acompanhar o grupo e não chorar se caíssemos. Todas as famílias que moravam ao redor dos Trilhos viviam apertadas. Algumas eram mais apertadas que outras, e todos nós éramos magrelos e queimados de sol, vestíamos shorts desbotados, camisas puídas e tênis com buracos, ou calçado nenhum.

O mais importante para nós era quem corria mais rápido e qual pai não era um covarde. Meu pai não apenas não era covarde como saía para brincar com o bando, correndo conosco, jogando-nos para o alto e lutando contra o bando inteiro sem se machucar. Crianças dos Trilhos batiam na nossa porta e, quando eu atendia, elas perguntavam: "Seu pai pode sair para brincar?".

Lori, Brian e eu, e mesmo Maureen, podíamos ir basicamente a qualquer lugar e fazer quase qualquer coisa que quiséssemos. Mamãe acreditava que crianças não deveriam carregar o fardo de muitas regras e restrições. Papai nos batia com o cinto, mas nunca com raiva, e apenas se respondêssemos ou desobedecêssemos a uma ordem direta, o que era raro. A única regra era que tínhamos de voltar para casa quando as luzes da rua se acendessem. "E usem o bom-senso", dizia mamãe. Ela achava bom crianças fazerem o que quisessem, porque aprendiam muito com seus erros. Mamãe não era daquelas mães preocupadas que ficavam aborrecidas quando chegávamos em casa sujos, brincávamos na lama ou caíamos e nos cortávamos. Dizia que as pessoas deviam tirar essas coisas de seu sistema quando jovens. Uma vez um prego velho rasgou minha coxa quando eu passava por cima de uma cerca na casa da minha amiga Carla. A mãe de Carla achava que eu devia ir ao hospital levar pontos e tomar uma vacina antitetânica.

— Nada além de um machucadinho — declarou minha mãe depois de estudar o talho fundo. — As pessoas hoje em dia correm para o hospital sempre que esfolam os joelhos. Estamos nos tornando um país de frescos — acrescentou e, com isso, me mandou voltar a brincar.

Algumas das pedras que encontrava ao explorar o deserto eram tão bonitas que eu não suportava a ideia de deixá-las lá. Comecei uma coleção. Brian me ajudou com ela, e juntos encontramos granada, granito, obsidiana e ágata mexicana, bem como muita turquesa. Papai fez colares para mamãe com toda aquela turquesa. Descobrimos grandes lâminas de mica, que se podia transformar em pó e depois esfregar sobre o corpo para brilhar sob o sol de Nevada como se coberto de diamantes. Muitas vezes Brian e eu pensamos ter encontrado ouro e cambaleamos para casa com um balde de pepitas cintilantes, porém era sempre pirita — ouro de tolo. Papai disse que deveríamos guardar parte dela, porque podia enganar os desavisados.

As pedras que eu preferia encontrar eram geodos, que mamãe dizia virem de vulcões que haviam entrado em erupção e formado as montanhas Tuscarora milhões de anos antes, no período Mioceno. Por fora, os geodos pareciam pedras redondas tediosas, mas quando você as abria com cinzel e martelo o interior era vazio, como uma caverna, e as paredes eram cobertas de cristais de quartzo branco brilhante ou ametistas roxas cintilantes.

Eu mantinha minha coleção de pedras atrás da casa, perto do piano de mamãe, que estava ficando um pouco gasto. Lori, Brian e eu usávamos as pedras para decorar os túmulos de nossos animais de estimação ou de animais que encontrávamos já mortos e decidíamos que mereciam um enterro correto. Eu também organizava vendas de pedras. Não tinha muitos clientes, já que cobrava centenas de dólares por um pedaço de pederneira. A única pessoa que, um dia, comprou uma de minhas pedras foi papai. Ele foi atrás da casa com o bolso cheio de trocados e ficou chocado com as etiquetas de preço que eu colocara em cada pedra.

— Querida, seu estoque vai girar um pouco mais rápido se baixar os preços — disse.

Expliquei a ele que todas as minhas pedras eram inacreditavelmente valiosas e que preferia ficar com elas a vendê-las por menos do que valiam.

Papai me deu seu sorriso malicioso.

— Parece que você pensou bastante sobre isso — falou.

Ele disse que estava de olho em uma peça específica de quartzo rosa, mas não tinha os seiscentos dólares que eu pedia. Reduzi o preço para quinhentos, e disse que ele tinha crédito.

Brian e eu adorávamos ir ao depósito de lixo. Procurávamos tesouros entre fornos e geladeiras descartados, móveis quebrados e pilhas de pneus carecas. Caçávamos os ratos do deserto que moravam nos carros batidos ou apanhávamos os girinos e sapos no lago coberto de lixo. Abutres circulavam por ali, e o ar era cheio de libélulas do tamanho de passarinhos. Não havia árvores em Battle Mountain, mas um canto do lixão tinha pilhas enormes de dormentes e madeira apodrecida, que eram ótimas para escalar e gravar suas iniciais. Chamávamos aquilo de Floresta.

Lixo tóxico e perigoso era colocado em outro canto do depósito de lixo, onde se podiam encontrar pilhas velhas, tambores de óleo, latas de tinta e garrafas com caveiras e ossos cruzados. Brian e eu decidimos que parte daquelas coisas daria uma bela experiência científica, enchemos duas caixas com diferentes garrafas e potes e as levamos para um barracão abandonado, que chamamos de nosso laboratório. Primeiro misturamos coisas esperando que explodissem, mas nada aconteceu. Decidi que deveríamos fazer uma experiência para descobrir se alguma das coisas era inflamável.

No dia seguinte, depois da escola, voltamos ao laboratório com uma caixa de fósforos de papai. Desatarraxamos as tampas de alguns dos potes e eu joguei fósforos dentro, mas ainda assim nada aconteceu. Misturamos um bocado do que Brian chamou de combustível nuclear, colocando diferentes líquidos em uma lata. Quando joguei o fósforo, um cone de chamas subiu com o barulho de um motor.

Brian e eu fomos derrubados. Quando levantamos, uma das paredes pegava fogo. Gritei para Brian que precisávamos sair dali, porém ele estava jogando areia no fogo, dizendo que tínhamos de apagá-lo ou haveria problemas. As chamas estavam chegando à porta, consumindo rapidamente aquela velha madeira seca. Chutei uma tábua na parede dos fundos e passei por ali. Como Brian não me seguiu, subi a rua correndo e pedindo ajuda. Vi papai caminhando do trabalho para casa. Corremos de volta ao barraco. Papai derrubou a chutes mais uma parte da parede e tirou Brian, que tossia.

Achei que papai ficaria furioso, mas não ficou. Estava meio silencioso. Ficamos em pé na rua, vendo as chamas devorar o barraco. Papai tinha um braço ao redor de cada um de nós. Disse que fora uma coincidência incrível ele passar por acaso ali. Depois apontou para o alto do fogo, onde chamas amarelas dançantes se dissolviam em um calor trêmulo invisível, que fazia o deserto mais além oscilar, como uma miragem. Papai nos disse que em física aquela zona era conhecida como a fronteira entre turbulência e ordem.

— É um lugar onde regras não se aplicam, ou pelo menos ainda não as descobriram — disse. — Vocês hoje chegaram um pouco perto demais disso.

Nenhum de nós recebia mesada. Quando queríamos dinheiro, caminhávamos pelo acostamento da estrada catando latas e garrafas de cerveja, que vendíamos por dois centavos cada. Brian e eu também catávamos metal descartado e vendíamos para o dono do ferro-velho por dois centavos o quilo — seis centavos por um quilo de cobre. Depois de termos reciclado as garrafas ou vendido ao ferro-velho, íamos à cidade, a drogaria ao lado do clube da Coruja. Havia tantas filas de doces deliciosos a escolher que passávamos uma hora tentando decidir como gastar os dez centavos que tínhamos ganhado. Escolhíamos um doce e depois, quando íamos pagar, mudávamos de ideia e escolhíamos outro, até o dono da loja mandar parar de remexer em todos os seus doces, comprar algo e ir embora.

O preferido de Brian era o gigantesco SweeTart, cujas pastilhas chupava até a língua ficar tão esfolada que sangrava. Eu adorava chocolate, mas ele terminava rápido demais, e normalmente comprava um pirulito Sugar Daddy, que durava praticamente metade do dia, e sempre tinha um poema engraçado impresso em letras cor-de-rosa no palito: *Para não deixar / Seus pés dormentes / Use meias barulhentas / Que não se perdem nunca.*

No caminho de volta da loja de doces, Brian e eu gostávamos de espiar a Lanterna Verde — uma grande casa verde-escura com uma varanda desabada perto da rodovia. Mamãe dizia que era uma casa de gatas, mas eu nunca vi gata nenhuma ali, só mulheres usando trajes de banho ou vestidos curtos, sentadas ou deitadas na varanda, acenando para os carros que passavam. Havia luzes de Natal acima da porta o ano inteiro, e mamãe dizia que elas indicavam que ali se tratava de uma casa de gatas. Carros paravam na frente, homens saltavam deles e entravam na casa. Eu não conseguia descobrir o que acontecia na Lanterna Verde, e mamãe se recusava a discutir isso. Dizia apenas que coisas ruins aconteciam ali, o que tornava a casa um lugar irresistivelmente misterioso para nós.

Brian e eu nos escondíamos atrás dos arbustos do outro lado da estrada, tentando olhar para dentro da casa pela porta aberta quando alguém entrava ou saía, porém nunca conseguimos ver o que se passava lá. Por duas vezes nos esgueiramos para perto dela e tentamos olhar pelas janelas, mas eram pintadas de preto. Certa vez, uma mulher na varanda nos viu nos arbustos e acenou para nós, e fugimos gritando.

Um dia, quando Brian e eu estávamos escondidos nos arbustos espiando, eu o desafiei a ir conversar com a mulher deitada na varanda. Brian tinha quase seis anos, um a menos que eu, e não sentia medo de nada. Ele levantou a calça, me deu seu SweeTart pela metade para que o guardasse, atravessou a estrada e foi diretamente até a mulher. Ela tinha cabelos negros compridos, seus olhos eram delineados com um rímel preto grosso como piche, e ela usava um vestido azul curto com flores negras. Estava deitada de lado no chão da varanda, a cabeça apoiada em um dos braços, mas quando Brian chegou, ela deitou de bruços e apoiou o queixo na mão.

Do meu esconderijo, eu podia ver Brian conversando, mas não conseguia ouvir o que diziam. Ela estendeu a mão para Brian. Prendi a respiração, esperando para ver o que aquela mulher que fazia coisas ruins na Lanterna Verde ia fazer com ele. Colocou a mão na cabeça dele e bagunçou seus cabelos. Mulheres adultas sempre faziam isso com Brian, porque os cabelos dele eram ruivos, e ele tinha sardas. Isso o incomodava; normalmente afastava as mãos delas. Mas não daquela vez. Em vez disso, ficou e conversou com a mulher por algum tempo. Quando atravessou a estrada de volta, não parecia nada assustado.

— O que aconteceu? — perguntei.

— Nada de mais — Brian disse.

— Sobre o que conversaram?

— Perguntei a ela o que acontece na Lanterna Verde — respondeu.

— Mesmo? — reagi, impressionada. — O que ela disse?

— Não muito. Disse que homens entram lá, e as mulheres são legais com eles.

— Ah... — falei. — Algo mais?

— Não — respondeu. Ele começou a chutar terra como se não quisesse mais falar sobre aquilo. — Ela foi legal.

Depois daquilo Brian acenava para as mulheres na varanda da Lanterna Verde, e elas devolviam largos sorrisos e animados acenos, mas eu ainda tinha um pouco de medo delas.

Nossa casa em Battle Mountain era cheia de animais. Eles iam e vinham, cães e gatos de rua, seus filhotes, cobras não venenosas e lagartos e tartarugas que pegávamos no deserto. Um coiote que parecia bem domesticado morou conosco algum tempo, e um dia papai levou para casa um abutre ferido que chamamos de Destruidor. Foi o animal de estimação mais feio que já tivemos. Sempre que dávamos pedaços de carne ao Destruidor, ele virava a cabeça de lado e nos olhava com um olho amarelo de aparência raivosa. Depois berrava e batia a asa saudável. Fiquei secretamente contente quando a asa machucada sarou, e ele voou para longe. Sempre que víamos abutres circulando no céu, papai dizia que havia reconhecido o Destruidor entre eles, e que estava voltando para agradecer. Eu sabia, no entanto, que ele jamais voltaria. Aquele abutre não tinha um grama de gratidão.

Não podíamos comprar comida de animais, eles tinham de comer nossos restos, e normalmente não era muito.

— Se eles não gostam disso, podem ir embora — dizia mamãe. — Só porque eles moram aqui não significa que eu vou ter trabalho com eles.

Mamãe nos dizia que estávamos fazendo um favor aos animais não permitindo que dependessem de nós. Assim, se tivéssemos de ir embora, eles seriam capazes de se virar sozinhos. Mamãe gostava de estimular a autossuficiência em todas as criaturas vivas.

Mamãe acreditava em deixar a natureza seguir seu rumo. Ela se recusava a matar as moscas que sempre enchiam a casa; disse que eram a comida da natureza para pássaros e lagartixas. E pássaros e lagartixas eram comida para os gatos.

— Mate as moscas e você deixará os gatos com fome — dizia. Do ponto de vista de mamãe, deixar as moscas viverem era o mesmo que comprar comida de gato, só que mais barato.

Certo dia, eu estava visitando minha amiga Carla quando notei que a casa dela não tinha moscas. Perguntei à mãe dela o motivo.

Ela apontou para uma coisa dourada brilhante pendurada no teto, que orgulhosamente identificou como um No-Pest Strip, da Shell. Disse que podia ser comprado no posto de gasolina e que a família tinha um em cada aposento. Explicou que as tiras inseticidas liberavam um veneno que matava todas as moscas.

— O que seus lagartos comem? — perguntei.

— Também não temos lagartos — respondeu.

Fui para casa e disse a mamãe que precisávamos ter tiras inseticidas como a família de Carla, mas ela se recusou.

— Se matam as moscas, não podem ser muito bons para nós — falou.

Naquele inverno, papai comprou um Ford Fairlane envenenado e, num fim de semana em que o clima esfriou, anunciou que íamos nadar no Cântaro Quente. Era uma fonte sulfúrica natural no deserto ao norte da cidade, cercada por rochas irregulares e areia movediça. A água era quente ao toque e cheirava a ovo podre. Era tão cheia de minerais que grossas incrustações calcárias haviam se formado nas margens, como um recife de coral. Papai estava sempre dizendo que devíamos comprar o lugar e transformá-lo em um *spa*.

Quanto mais fundo na água você entrava, mais quente ficava. Era muito fundo no meio. Algumas pessoas em Battle Mountain diziam que o Cântaro Quente não tinha fundo, que ia direto até o centro da Terra. Dois adolescentes bêbados e loucos haviam se afogado ali, e as pessoas no clube da Coruja diziam que quando os corpos flutuaram de volta à superfície estavam literalmente fervidos.

Brian e Lori sabiam nadar, mas eu nunca havia aprendido. Grandes volumes de água me assustavam. Pareciam antinaturais — esquisitices nas cidades do deserto onde havíamos morado. Uma vez ficamos em um motel com piscina, e reuni coragem suficiente para percorrer todo o comprimento da piscina agarrada na lateral. O Cântaro Quente, no entanto, não tinha beiradas arrumadas como aquela piscina. Não havia nada em que se agarrar.

Eu vadeei até a água chegar aos ombros. A água junto ao meu peito estava quente, e as pedras nas quais me apoiava pareciam tão quentes que eu queria continuar me movendo. Olhei para trás na direção de papai, que me observava sem sorrir. Tentei ir mais fundo, mas alguma coisa me impediu. Papai mergulhou e foi na minha direção.

— Hoje você vai aprender a nadar — disse ele.

Colocou um braço ao redor de mim, e começamos a cruzar a água. Papai me arrastava. Eu estava aterrorizada e agarrava o pescoço dele com tanta força que deixava sua pele branca.

— Não foi tão ruim, foi? — perguntou papai quando chegamos do outro lado.

Começamos a voltar, e dessa vez, quando chegamos ao meio, papai arrancou meus dedos de seu pescoço e me empurrou. Sacudi os braços e afundei na água quente e fedorenta. Respirei instintivamente. A água entrou no nariz e na boca e desceu pela garganta. Meus pulmões queimaram. Meus olhos estavam abertos, e o enxofre os fez arder, porém a água era escura e meus cabelos caíam sobre meu rosto e eu não conseguia ver nada. Duas mãos me agarraram pela cintura. Papai me puxou para a água rasa. Eu cuspia, tossia e respirava entre soluços engasgados irregulares.

— Está tudo bem — disse papai. — Recupere o fôlego.

Quando me recuperei, papai me pegou e carregou de volta para o meio do Cântaro Quente.

— Afunde ou nade! — gritou.

Afundei pela segunda vez. A água mais uma vez encheu meu nariz e meus pulmões. Chutei, empurrei e remei de volta à superfície, arfando, e estendi a mão para papai. Mas ele recuou, e não senti as mãos dele ao redor de mim até afundar mais uma vez.

Ele fez isso uma vez depois da outra até eu compreender que só estava me resgatando para me jogar de volta na água, e em vez de buscar as mãos de papai, tentei me afastar dele. Dei pernadas e empurrei a água com os braços e, finalmente, consegui sair do alcance dele.

— Você está conseguindo, querida! — gritou papai. — Está nadando!

Saí cambaleando da água e me sentei nas pedras calcificadas, o peito arfando. Papai também saiu da água e tentou me abraçar, porém eu não queria nada com ele nem com mamãe, que ficara boiando de costas como se nada estivesse acontecendo, nem com Brian e Lori, que haviam se reunido e me davam parabéns. Papai continuava repetindo que me amava, que nunca me deixaria afogar, mas que não agarrávamos a lateral a vida toda, que a lição que todo pai precisa ensinar ao filho é: "Se não quiser afundar, melhor descobrir como nadar". Que outra razão, perguntou, ele poderia ter para fazer aquilo?

Assim que recuperei o fôlego, imaginei que ele devia estar certo. Não havia outro jeito de explicar aquilo.

— Más notícias — disse Lori certo dia quando voltei para casa de uma exploração. — Papai perdeu o emprego.

Papai mantivera aquele emprego por quase seis meses — mais que qualquer outro. Imaginei que Battle Mountain chegara ao fim e em poucos dias estaríamos na estrada de novo.

— Fico pensando onde vamos morar agora — falei.

Lori sacudiu a cabeça.

— Vamos ficar aqui — disse.

Papai insistira que não perdera o emprego exatamente. Dera um jeito de ser demitido porque queria passar mais tempo procurando ouro. Tinha muitos planos para ganhar dinheiro, explicou, invenções nas quais estava trabalhando, biscates que arrumara. Mas por ora as coisas poderiam ficar um pouco apertadas em casa.

— Todos teremos de ajudar — disse Lori.

Pensei em como poderia contribuir além de recolher garrafas e ferro-velho.

— Vou reduzir o preço das minhas pedras — disse.

Lori parou e baixou os olhos.

— Acho que isso não será suficiente — disse.

— Acho que podemos comer menos — sugeri.

— Já fizemos isso antes — concordou Lori.

* * *

Nós comemos menos. Quando perdemos nosso crédito no mercado, ficamos rapidamente sem comida. Algumas vezes papai conseguia um biscate ou ganhava algum dinheiro no jogo, e aí comíamos durante alguns dias. Depois o dinheiro acabava, e a geladeira ficava novamente vazia.

Antes, cada vez que ficávamos sem comida, papai estava sempre lá, cheio de ideias e engenhosidade. Encontrava no fundo de uma prateleira uma lata de tomates, que todos haviam esquecido, ou saía por uma hora e voltava com uma braçada de legumes — nunca nos dizendo onde os conseguira — e fazia um refogado. Entretanto, ele passou a desaparecer com frequência.

— Onde está papai? — perguntava Maureen o tempo todo. Tinha um ano e meio, e aquelas eram praticamente suas primeiras palavras.

— Está arrumando comida e procurando trabalho — eu dizia. Mas ficava pensando se ele não queria estar por perto a não ser que pudesse cuidar de nós. Eu tentava não reclamar nunca.

Se perguntássemos a mamãe sobre comida — de uma forma descontraída, porque não queríamos criar problemas —, ela simplesmente dava de ombros e dizia que não podia fazer algo a partir de nada. Nós, filhos, normalmente guardávamos nossa fome para nós mesmos, mas estávamos sempre pensando em comida e como colocar as mãos nela. Na hora do recreio na escola, eu voltava para a sala de aula e encontrava no saco de lanche de alguma criança algo que não seria notado — um pacote de bolachas, uma maçã — e engolia tão rápido que mal conseguia sentir o gosto. Se estivesse brincando no quintal de um amigo, pedia para usar o banheiro e, não havendo ninguém na cozinha, apanhava algo na geladeira ou no armário e levava ao banheiro para comer lá, sempre me preocupando em dar descarga antes de sair.

Brian também estava sempre procurando. Um dia, eu o descobri vomitando atrás de casa. Quis saber como ele podia fazer aquilo, porque não comíamos havia dias. Ele me contou que invadira a casa de um vizinho e roubara um pote de picles de três litros e meio. O vizinho o flagrara, porém em vez de chamar a polícia, obrigou Brian a comer o pote inteiro como punição. Tive de jurar que não contaria a papai.

Dois meses depois de papai perder o emprego, ele chegou em casa com um saco de compras: uma lata de milho, meio galão de leite, um filão de pão, duas latas de presunto condimentado, um saco de açúcar e uma barra de margarina. A lata de milho desapareceu em minutos. Alguém da família a roubou, e ninguém além do ladrão sabia quem era. Mas papai estava ocupado demais fazendo sanduíches de presunto condimentado para iniciar uma investigação. Comemos o máximo que aguentamos naquela noite, engolindo os sanduíches com grandes copos de leite. Quando voltei da escola no dia seguinte, encontrei Lori na cozinha comendo algo de uma xícara com uma colher. Olhei na geladeira. Não havia nada além de meia barra de margarina.

— Lori, o que está comendo?

— Margarina — respondeu.

— Mesmo? — reagi, fazendo careta.

— É. Misture com açúcar. Parece cobertura de bolo.

Eu fiz um pouco. Não tinha gosto de cobertura de bolo. Era meio áspero, porque o açúcar não dissolvia, era gorduroso e deixava uma película em minha boca. Mas comi mesmo assim.

Quando mamãe chegou em casa naquela noite, olhou na geladeira.

— O que aconteceu com a barra de margarina? — perguntou.

— Nós a comemos — respondi.

Mamãe ficou com raiva. Disse que estava guardando para passar no pão. Eu disse que já tínhamos comido todo o pão. Mamãe disse que pensava em assar pão se um vizinho emprestasse um pouco de farinha. Mostrei que a companhia havia cortado nosso gás.

— Bem — disse mamãe. — Deveríamos ter guardado a margarina para o caso de o gás ser religado. Milagres acontecem, você sabe.

Ela disse que por causa do meu egoísmo e de Lori, se tivéssemos pão iríamos comer sem margarina.

Mamãe dizia coisas sem sentido algum. Fiquei pensando se teria pretendido comer a margarina ela mesma. E isso me fez pensar se fora ela quem roubara a lata de milho na noite anterior, o que me deixou um pouco furiosa.

— Era a única coisa para comer na casa inteira — falei. E, elevando a voz, acrescentei: — Eu estava *faminta*.

Mamãe me dirigiu um olhar chocado. Eu violara uma de nossas regras não ditas: sempre deveríamos fingir que nossa vida era uma longa aventura inacreditavelmente divertida. Ela ergueu a mão e achei que iria me bater, no entanto sentou-se à mesa de bobina e apoiou a cabeça nos braços. Os ombros começaram a tremer. Fui até lá e toquei em seu braço.

— Mamãe?

Ela arrancou minha mão, e quando ergueu a cabeça o rosto estava inchado e vermelho.

— Não é culpa minha se você está com fome! — gritou. — Não me culpe. Acha que gosto de viver assim? Acha?

Naquela noite, quando papai chegou em casa, ele e mamãe tiveram uma grande briga. Mamãe gritava que estava cansada de levar a culpa por tudo o que dava errado.

— Como isso se tornou problema meu? — berrou. — Por que você não está ajudando? Passa o dia inteiro no clube da Coruja. Age como se não fosse sua responsabilidade.

Papai explicou que estava tentando ganhar dinheiro. Tinha várias perspectivas que estava prestes a realizar. O problema era que precisava de dinheiro para que acontecessem. Havia muito ouro em Battle Mountain, mas estava preso no minério. Não era como se houvesse pepitas de ouro espalhadas para que o Prospector selecionasse. Ele estava aperfeiçoando uma técnica pela qual o ouro podia ser retirado da pedra em um processamento com solução de cianeto. Entretanto, isso demandava dinheiro. Papai disse a mamãe que ela tinha de pedir à mãe dinheiro para financiar o processo de lixiviação por cianeto que estava desenvolvendo.

— Você quer que eu implore à minha mãe de novo? — perguntou mamãe.

— Maldição, Rose Mary! Não é como se estivéssemos pedindo uma doação! — berrou ele. — Ela estaria fazendo um *investimento*.

Vovó estava sempre nos emprestando dinheiro, disse mamãe, e ela estava farta daquilo. Mamãe contou a papai que vovó dissera que, se não conseguíamos cuidar de nós mesmos, poderíamos ir morar em Phoenix, na casa dela.

— Talvez devêssemos — disse mamãe.

Isso realmente deixou papai com raiva.

— Está dizendo que não consigo cuidar de minha própria família?

— Pergunte a eles! — retrucou mamãe.

Nós, crianças, estávamos sentadas nos velhos bancos de passageiros. Papai se virou para mim. Eu estudei os arranhões no chão.

A briga deles continuou na manhã seguinte. Estávamos no térreo deitados em nossas caixas, ouvindo-os brigar no andar de cima. Mamãe falava sobre como as coisas haviam ficado tão desesperadoras em casa que não tínhamos nada para comer a não ser margarina, e que ela também acabara. Disse estar farta dos sonhos ridículos de papai, de seus planos idiotas e promessas vazias.

Eu me virei para Lori, que lia um livro.

— Diga a eles que gostamos de comer margarina — falei. — Talvez parem de brigar.

Lori sacudiu a cabeça.

— Isso fará mamãe achar que estamos ficando do lado de papai. Só iria piorar. Deixe que resolvam.

Eu sabia que Lori estava certa. A única coisa a fazer quando mamãe e papai brigavam era fingir que não estava acontecendo ou agir como se não importasse. Logo, eles ficariam bem novamente, beijando-se e dançando um nos braços do outro. Mas aquela briga específica não terminava. Depois da margarina, eles começaram a brigar sobre a feiura de alguma pintura que mamãe fizera. Discutiram sobre de quem era a culpa por vivermos daquele jeito. Mamãe disse a papai que ele precisava arrumar outro emprego. Papai disse que, se mamãe queria alguém na família batendo ponto, ela poderia conseguir um emprego. Ela tinha diploma de professora, lembrou. Podia trabalhar em vez de passar o dia inteiro sobre o traseiro pintando quadros que ninguém nunca quis comprar.

— Van Gogh também não vendeu nenhuma pintura — disse mamãe. — Sou uma artista!

— Certo — disse papai. — Pare de resmungar. Ou vá oferecer a bunda na Lanterna Verde!

Os gritos de mamãe e papai eram tão altos que dava para ouvi-los no bairro todo. Lori, Brian e eu nos entreolhamos. Brian apontou com a cabeça para a porta da frente, e saímos e começamos a fazer castelos de areia para escorpiões. Imaginamos que, se todos ficássemos no jardim agindo como se a briga não fosse nada demais, talvez os vizinhos pensassem o mesmo.

Os gritos continuavam, e os vizinhos começaram a se reunir na rua. Alguns estavam apenas curiosos. Mães e pais tinham brigas o tempo todo em Battle Mountain, e não parecia nada de mais, mas aquela briga era barulhenta mesmo para os padrões locais, e algumas pessoas achavam que deveriam se meter e acabar com aquilo.

— Ah, vamos deixar que resolvam suas diferenças — disse um dos homens. — Ninguém tem o direito de interferir.

Eles se apoiaram em para-lamas de carros e traves de cercas ou se sentaram em portas de caçamba de picapes, como se estivessem em um rodeio.

De repente, uma das pinturas de mamãe saiu voando por uma das janelas de cima. Depois, foi o cavalete. A multidão abaixo se espalhou para não ser atingida. Depois, os pés de mamãe apareceram na janela, seguidos pelo restante do corpo. Ela estava balançando do segundo andar, as pernas sacudindo violentamente. Papai a segurava pelos braços enquanto ela tentava acertá-lo no rosto.

— Socorro! — berrou mamãe. — Ele está tentando me matar!

— Maldição, Rose Mary, volte para cá! — disse papai.

— Não a machuque! — berrou Lori.

Mamãe balançava de um lado para o outro. Seu vestido de algodão amarelo estava embolado na cintura, e a multidão podia ver sua roupa de baixo branca. Estava meio velha e frouxa, e eu temia que pudesse cair totalmente. Alguns dos adultos gritaram, com medo de que mamãe caísse, mas um grupo de garotos achou que mamãe parecia um chimpanzé balançando em uma árvore e começou a fazer barulhos de macaco, coçar as axilas e rir. O rosto de Brian ficou escuro, e ele cerrou os punhos. Eu também queria socá-los, mas empurrei Brian para trás.

Mamãe sacudia tanto que seus sapatos caíram. Parecia prestes a escorregar das mãos de papai ou puxá-lo pela janela. Lori se virou para mim e Brian.

— Venham.

Corremos para dentro, subimos a escada e seguramos as pernas de papai para que o peso de mamãe não o arrastasse pela janela também. Finalmente, ele puxou mamãe de volta para dentro. Ela desmoronou no chão.

— Ele tentou me matar — soluçou mamãe. — Seu pai quis me ver morrer.

— Eu não a empurrei! — protestou papai. — Juro por Deus que não. Ela pulou.

Ele estava em pé acima de mamãe, mãos estendidas, palmas para cima, jurando inocência.

Lori acariciou os cabelos de mamãe e secou suas lágrimas. Brian se apoiou na parede e balançou a cabeça.

— Agora está tudo bem — fiquei repetindo.

NA MANHÃ SEGUINTE, em vez de dormir até tarde como costumava fazer, mamãe se levantou conosco e caminhou até a escola de ensino médio de Battle Mountain, que ficava em frente à escola primária Mary S. Black. Pediu emprego e foi contratada imediatamente, já que tinha diploma e nunca havia professores suficientes no local. Os poucos professores da cidade não eram exatamente os melhores do mundo, como papai gostava de dizer, e apesar da carência eram despedidos de tempos em tempos. Duas semanas antes, a srta. Page fora mandada embora quando a diretora a flagrou levando um rifle carregado pelo corredor da escola. A srta. Page disse que só queria motivar seus alunos a fazer o dever de casa.

A professora de Lori deixara de aparecer mais ou menos na mesma época em que a srta. Page fora demitida, e mamãe foi escolhida para a turma de Lori. Os alunos realmente gostavam dela. Tinha a mesma filosofia sobre educar crianças que tinha sobre criá-las. Achava que regras e disciplinas continham as pessoas e que a melhor forma de deixar as crianças atingir seu potencial era oferecer liberdade. Não ligava se seus alunos se atrasavam ou não faziam os deveres de casa. Se eles queriam se expressar, tudo bem para ela, desde que não machucassem mais ninguém.

Mamãe estava o tempo todo abraçando os alunos e fazendo-os saber como os achava maravilhosos e especiais. Dizia aos garotos mexicanos que não deixassem ninguém dizer que não eram tão bons quanto os brancos. Dizia aos garotos navajo e apache que deviam se orgulhar de sua nobre herança indígena. Alguns seguiam mamãe como cães sem dono.

Embora os alunos gostassem dela, mamãe odiava lecionar. Precisava deixar Maureen, que ainda não tinha dois anos, com uma mulher cujo marido traficante de drogas cumpria pena na prisão estadual. O que realmente incomodava mamãe, no entanto, era que sua mãe fora professora e a pressionara a conseguir um diploma de magistério para ter um emprego ao qual recorrer, caso seus sonhos de se tornar artista não dessem certo. Mamãe achava que vovó Smith não tivera fé em seu talento artístico e, agora ao se tornar professora, reconhecia que a mãe estivera certa o tempo todo. À noite, ela ficava melancólica e murmurava. Pela manhã, dormia até tarde e fingia estar doente. Cabia a mim, Lori e Brian tirá-la da cama e garantir que estivesse vestida e na escola a tempo.

— Agora sou adulta — dizia mamãe quase toda manhã. — Por que não posso fazer o que quero?

— Lecionar é recompensador e divertido — disse Lori. — Vai acabar gostando.

Parte do problema era que os outros professores e a diretora, a srta. Beatty, achavam mamãe uma péssima professora. Enfiavam a cabeça na sala e viam os alunos brincando de pega e jogando apagadores enquanto mamãe ficava na frente girando como um pião e soltando pedaços de giz das mãos para demonstrar a força centrífuga.

A srta. Beatty, que usava os óculos em uma corrente pendurada no pescoço e fazia o penteado no salão de beleza de Winnemucca toda semana, disse a mamãe que ela precisava disciplinar os alunos. A srta. Beatty também lhe disse para apresentar a programação de aulas da semana, manter a sala arrumada e corrigir deveres de casa imediatamente. Mas mamãe sempre se confundia, colocava as datas erradas na programação de aulas ou perdia os deveres de casa.

A srta. Beatty ameaçou demitir mamãe, então Lori, Brian e eu começamos a ajudar mamãe com o trabalho de escola. Eu ia à sala dela depois das aulas e limpava o quadro-negro, tirava o pó dos apagadores e recolhia papel do chão. À noite, Lori, Brian e eu corrigíamos os deveres de casa e as provas dos alunos dela. Mamãe nos deixava dar notas em trabalhos com questões de múltipla escolha, verdadeiro ou falso e preencher lacunas — praticamente tudo, menos questões discursivas, que achava ter de avaliar porque poderiam ter respondido certo de muitas formas diferentes. Eu gostava de dar nota para deveres de casa. Gostava de saber que podia fazer o que adultos faziam para viver. Lori também ajudava mamãe com a programação de aulas. Garantia que mamãe a preenchesse corretamente e corrigia sua ortografia e matemática.

— Mamãe, dois "l" em Halloween — dizia Lori, apagando a escrita de mamãe e inserindo as correções. — Também dois "e" e sem "e" mudo no final.

Mamãe ficava maravilhada com quanto Lori era brilhante.

— Lori só tira A — disse-me certa vez.

— Eu também — retruquei.

— Sim, mas você tem de se esforçar.

Mamãe estava certa, Lori era brilhante. Acho que ajudar mamãe daquele jeito era uma das coisas no mundo de que Lori mais gostava. Não era muito atlética e não gostava de explorar tanto quanto Brian e eu, porém adorava qualquer coisa com lápis e papel. Depois que mamãe e Lori terminavam a sessão de programação de aulas, sentavam-se em torno da mesa de bobina, desenhavam uma à outra e recortavam de revistas fotos de animais, paisagens e pessoas com rosto enrugado, colocando-as na pasta que mamãe tinha de potenciais temas de pintura.

Lori entendia mamãe melhor que qualquer um. Não se incomodava que, no momento em que a srta. Beatty aparecia para observar a turma de mamãe, ela começasse a gritar com Lori para provar à srta. Beatty que era capaz de disciplinar os alunos. Uma vez mamãe chegou a ponto de chamar Lori para a frente, onde a puniu com uma palmatória.

— Você estava fazendo bagunça? — perguntei a Lori quando soube da surra.

— Não — respondeu ela.

— E por que mamãe lhe bateu com a palmatória?

— Ela tinha de punir alguém e não queria perturbar os outros garotos — respondeu Lori.

Tão logo mamãe começou a dar aulas, achei que poderíamos conseguir comprar roupas novas, almoçar no refeitório ou mesmo ter extras legais, como as fotos de turma que a escola tirava todos os anos. Mamãe e papai nunca haviam podido comprar as fotos de turma para nós, embora uma vez mamãe tivesse em segredo tirado uma foto do pacote antes de devolver. Apesar do salário de mamãe, não compramos as fotos de turma naquele ano — tampouco as roubamos —, mas isso provavelmente foi bom. Mamãe havia lido em algum lugar que maionese era bom para os cabelos e, na manhã em que o fotógrafo iria à escola, colocou algumas colheradas no meu. Não se deu conta, entretanto, de que deveria lavar a maionese, e na fotografia daquele ano eu olhava por debaixo dos cabelos, que mais pareciam uma telha rígida.

Mesmo assim as coisas melhoraram. Embora papai tivesse sido demitido da mina de barita, conseguimos continuar a morar no depósito pagando o aluguel à mineradora, já que não havia muitas famílias de olho no lugar. Agora tínhamos comida na geladeira, pelo menos até chegar o final do mês, quando normalmente ficávamos sem dinheiro, porque nem mamãe, nem papai dominavam a arte do orçamento.

O salário de mamãe, porém, criou um novo conjunto de problemas. Embora papai gostasse de mamãe levar um cheque para casa, ele se considerava o chefe de família e insistia que o dinheiro lhe fosse entregue. Era sua responsabilidade, dizia, cuidar das finanças da família. E ele precisava de dinheiro para financiar sua pesquisa de lixiviação de ouro.

— A única pesquisa que você está fazendo é sobre a capacidade do fígado de absorver álcool — disse mamãe.

Ainda assim, ela achava difícil desafiar papai abertamente. Por alguma razão, não sabia dizer "não" a ele. Se tentasse, ele argumentava, bajulava, se ressentia, atormentava e simplesmente a vencia pelo cansaço. E ela apelava para táticas evasivas. Dizia a papai que ainda não trocara o cheque, ou fingia tê-lo deixado na escola e o escondia até conseguir ir ao banco. Depois fingia ter perdido todo o dinheiro.

Logo papai passou a aparecer na escola no dia do pagamento, esperando no carro do lado de fora e nos levando direto a Winnemucca, onde ficava o banco, para que mamãe pudesse sacar o cheque imediatamente. Papai insistia em acompanhar mamãe até o banco. Mamãe fazia com que fôssemos junto para que pudesse tentar nos passar parte do dinheiro. De volta ao carro, papai revirava a bolsa de mamãe e pegava o dinheiro.

Em uma viagem, mamãe foi sozinha ao banco porque papai não conseguiu encontrar uma vaga para estacionar. Quando saiu, estava sem uma das meias.

— Jeannette, vou lhe dar uma *meia* e quero que a guarde em um lugar seguro — disse assim que entrou no carro. Piscou para mim enquanto enfiava a mão no sutiã e tirava a outra meia, amarrada no meio e cheia nos dedos. — Esconda onde ninguém possa pegar, porque você sabe como as *meias* podem sumir em nossa casa.

— Que diabos, Rose Mary! — cortou papai. — Você acha que eu sou um maldito idiota?

— O quê? — perguntou mamãe, lançando os braços no ar. — Não posso dar uma meia à minha filha?

Ela piscou novamente para mim, só para o caso de eu não ter entendido.

De volta a Battle Mountain, papai insistiu que fôssemos ao clube da Coruja celebrar o pagamento e pediu filés para todos. O gosto era tão bom que esquecemos estar comendo uma semana de compras.

— Ei, Cabra-Montesa — disse papai ao final do jantar, enquanto mamãe colocava na bolsa as migalhas da mesa. — Por que não me empresta aquela meia um segundo?

Olhei ao redor da mesa. Ninguém me olhou nos olhos além de papai, que sorria como um crocodilo. Entreguei a meia. Mamãe deu um sorriso dramático de derrota e baixou a cabeça em direção à mesa. Para mostrar quem estava no comando, papai deixou uma gorjeta de dez dólares para a garçonete, mas ao sair mamãe a enfiou na bolsa.

Logo ficamos novamente sem dinheiro. Quando papai deixou Brian e eu na escola, percebeu que não levávamos sacos de merenda.

— Onde está sua merenda? — papai nos perguntou.

Olhamos um para o outro e demos de ombros.

— Não tem comida em casa — disse Brian.

Quando papai ouviu isso, reagiu ultrajado, como se soubesse pela primeira vez que os filhos passavam fome.

— Diabos, essa Rose Mary continua a gastar dinheiro em material de arte! — murmurou, fingindo falar sozinho. Depois declarou mais alto: — Nenhum filho meu vai passar fome!

Após nos deixar, chamou:

— Não se preocupem com nada, crianças.

Na hora do almoço, Brian e eu nos sentamos no refeitório. Eu fingia ajudá-lo com o dever de casa para que ninguém perguntasse por que não comíamos, quando papai apareceu à porta com um grande saco de compras. Eu o vi examinando o lugar, procurando por nós.

— Meus filhos se esqueceram de trazer a merenda para a escola hoje — anunciou à professora de plantão no refeitório enquanto seguia em nossa direção.

Ele colocou o saco na mesa diante de Brian e de mim e tirou um pão de fôrma, um pacote inteiro de mortadela, um pote de maionese, meio galão de suco de laranja, duas maçãs, um pote de picles e dois doces.

— Já deixei vocês na mão? — perguntou a Brian e a mim antes de dar meia-volta e ir embora.

Em uma voz tão baixa que papai não o ouviu, Brian disse:

— Sim.

— Papai tem de começar a contribuir — disse Lori olhando para a geladeira vazia.

— Ele colabora! — eu disse. — Traz dinheiro de biscates.

— Ele gasta em álcool mais do que ganha — disse Brian. Ele estava lascando madeira, as raspas caindo no chão em frente à cozinha onde estávamos. Brian começara a andar com um canivete o tempo todo e, com frequência, tirava lascas de madeira descartada enquanto pensava em algo.

— Não é tudo em álcool! — protestei. — A maior parte é para pesquisa em lixiviação por cianeto.

— Papai não precisa pesquisar lixiviação — disse Brian. — Ele é um especialista.

Ele e Lori caíram na gargalhada. Olhei feio para eles. Eu sabia mais do que eles sobre a situação de papai, porque ele falava mais comigo que com qualquer outro na família. Nós ainda íamos caçar o Demônio juntos no deserto, pelos velhos tempos, já que eu tinha sete anos e estava crescida demais para acreditar em demônios. Papai me contou todos os seus planos e me mostrou páginas de gráficos, cálculos, mapas geológicos representando as camadas de sedimento onde o ouro estava enterrado.

Disse que eu era a filha preferida, mas me fez prometer não contar a Lori, Brian ou Maureen. Era nosso segredo.

— Eu juro, querida, há momentos em que acho que você é a única que ainda confia em mim — falou. — Não sei o que faria se um dia você perder isso.

Falei que nunca perderia a confiança nele. E prometi isso a mim mesma.

Alguns meses depois de mamãe ter começado a trabalhar como professora, Brian e eu passamos pela Lanterna Verde. As nuvens acima do sol que se punha estavam tingidas de escarlate e roxo. A temperatura caía rapidamente, de um calor calcinante a frio em questão de minutos, como sempre acontecia no deserto no crepúsculo. Uma mulher com um xale de franjas sobre os ombros fumava um cigarro na varanda da frente de casa. Ela acenou para Brian, mas ele não respondeu.

— U-hu! Brian, sou eu, querido! Ginger! — gritou ela.

Brian a ignorou.

— Quem é essa? — perguntei.

— Uma amiga do papai — disse. — Ela é idiota.

— Por que idiota?

— Ela nem sequer conhece todas as palavras na revista em quadrinhos *Sad Sack*.

Ele me contou que papai o levara para passear no aniversário algum tempo antes. Na mercearia, papai deixou Brian escolher qualquer presente que quisesse, e Brian escolheu uma revista *Sad Sack*. Depois, eles foram ao hotel Nevada, que ficava perto do clube da Coruja e tinha uma placa do lado de fora dizendo Bar Grill, limpo e moderno. Eles jantaram lá com Ginger, que ficou rindo e falando bem alto e tocando papai e Brian. Os três subiram a escada para um dos quartos do hotel. Era uma suíte, com uma pequena sala na frente e um quarto. Papai e Ginger foram para o quarto enquanto Brian ficou na sala da frente lendo sua revista nova. Depois, quando papai e Ginger saíram, ela se sentou junto a Brian. Ele não ergueu os olhos. Continuou olhando para a revista, embora já tivesse lido tudo duas vezes. Ginger declarou que adorava *Sad Sack*. Papai fez Brian dar a revista a Ginger, dizendo que era algo cavalheiresco.

— Era minha! — disse Brian. — E ela ficou pedindo que eu lesse as palavras maiores. Ela é adulta e nem ao menos consegue ler uma revista em quadrinhos.

Brian desgostara tanto de Ginger que me dei conta de que ela devia ter feito algo mais que confiscar sua revista. Fiquei pensando se ele havia descoberto algo sobre Ginger e as outras damas da Lanterna Verde. Talvez soubesse por que mamãe dizia que eram más. Talvez por isso ele estivesse furioso.

— Você descobriu o que elas fazem na Lanterna Verde? — perguntei.

Brian olhou diretamente à frente. Tentei descobrir para o que estava olhando, porém não havia nada lá além das montanhas Tuscarora se erguendo para encontrar o céu que escurecia. Então ele balançou a cabeça.

— Ela ganha muito dinheiro e podia comprar sua própria maldita revistinha — disse.

Algumas pessoas gostavam de debochar de Battle Mountain. Um grande jornal fez, um dia, um concurso para descobrir a cidade mais feia, triste e esquecida por Deus em todo o país, e declarou Battle Mountain como vencedora. As pessoas que viviam ali também não a tinham em alta conta. Apontavam para o grande letreiro amarelo e vermelho no alto de um poste no posto Shell — aquele com o "S" queimado — e diziam com uma espécie de orgulho perverso: "É, é onde moramos: *hell*, o inferno!".

Entretanto, eu era feliz em Battle Mountain. Estávamos lá havia quase um ano, e eu a considerava um lar — o primeiro lar de verdade de que me lembrava. Papai estava prestes a aperfeiçoar seu processo de extrair ouro com cianeto, Brian e eu tínhamos o deserto, Lori e mamãe pintavam e liam juntas, e Maureen, que tinha cabelos louro-claros sedosos e todo um bando de amigos imaginários, era feliz correndo sem fraldas. Eu achava que nossos dias de fazer malas e partir no meio da noite haviam acabado.

Pouco depois de meu aniversário de oito anos, Billy Deel e seu pai se mudaram para os Trilhos. Billy era três anos mais velho que eu, alto e magrelo com cabelos louros escovinha e olhos azuis. Mas não era bonito. Uma coisa sobre Billy era que tinha a cabeça torta. Bertha Pé Branco, uma meio-índia que morava em um barraco perto do depósito e tinha cinquenta cachorros atrás de cercas em seu quintal, disse que era porque a mãe de Billy não o tinha virado quando bebê. Ele ficava na mesma posição noite e dia, e o lado de sua cabeça virado para o colchão ficou um pouco achatado. Não era visível a não ser que se olhasse diretamente para ela, e não muitas pessoas faziam isso, porque Billy estava sempre se mexendo como se fosse nervoso. Guardava seus cigarros Marlboro enrolados na manga da camiseta e os acendia com um isqueiro Zippo com o retrato de uma dama nua curvada.

Billy morava com o pai em uma casa feita de papel alcatroado e zinco corrugado, descendo os trilhos a partir de nossa casa. Ele nunca mencionava a mãe e deixava claro que ninguém deveria tocar no assunto, portanto eu nunca soube se fora embora ou morrera. O pai trabalhava na mina de barita e passava as noites no clube da Coruja, de modo que Billy tinha muito tempo livre à disposição.

Bertha Pé Branco passou a chamar Billy de "o diabo de cabelo escovinha" e "o terror dos Trilhos". Alegou que incendiara dois de seus cachorros, esfolara alguns gatos do bairro e pendurara seus corpos rosados nus em uma corda para fazer carne-seca. Billy disse que Bertha era uma grande mentirosa gorda. Eu não sabia em quem acreditar. Afinal, Billy era um DJ certificado — um delinquente juvenil. Ele nos contou que cumprira pena em um centro prisional em Reno por roubo a loja e por danificar carros. Pouco depois de se mudar para os Trilhos, Billy começou a me seguir. Estava sempre olhando para mim e contando aos outros garotos que era meu namorado.

— Não é, não! — eu gritava, embora secretamente gostasse de ele querer ser.

Alguns meses depois de ter se mudado para a cidade, Billy disse que queria me mostrar algo realmente engraçado.

— Se for um gato esfolado, eu não quero ver — falei.

— Não, não é nada assim. É realmente engraçado. Você vai cair na gargalhada. Prometo. A não ser que tenha medo.

— Claro que não tenho medo — falei.

A coisa engraçada que Billy queria me mostrar estava em sua casa, que por dentro era escura e cheirava a mijo, e ainda mais bagunçada que a nossa, embora de modo diferente. Nossa casa era cheia de coisas: papéis, livros, ferramentas, madeira, pinturas, material artístico e estátuas da Vênus de Milo pintadas em cores diferentes. Quase não havia nada na casa de Billy. Nenhuma mobília. Nem mesmo mesas de bobinas de madeira. Era apenas um cômodo com dois cobertores no chão junto a uma TV. Não havia nada nas paredes, nem uma única pintura ou um desenho. Uma lâmpada nua pendia do teto, junto a três ou quatro tiras espirais de papel pega-mosca penduradas, tão cheias de moscas que não dava para ver a superfície amarela grudenta por baixo delas. Latas de cerveja e garrafas de uísque vazias e algumas latas de salsichas Viena comidas pela metade cobriam o chão. Em um dos colchões, o pai de Billy roncava irregularmente. A boca estava aberta, e moscas se reuniam na barba por fazer. Uma mancha úmida escurecia a calça dele perto dos joelhos. O zíper estava aberto e o pênis repugnante pendia para um lado. Olhei em silêncio, depois perguntei:

— Cadê a coisa engraçada?

— Não está vendo? — perguntou Billy, apontando para o pai. — Ele se *mijou*! — disse, começando a rir.

Senti o rosto quente.

— Você não devia rir do próprio pai — falei. — Nunca.

— Ah, vamos lá, não seja tão metida comigo — disse Billy. — Não finja que é melhor que eu. Porque sei que seu pai não passa de um bêbado como o meu.

Odiei Billy naquele momento. Realmente odiei. Pensei em contar a ele sobre números binários, o Castelo de Vidro, Vênus e todas as coisas que tornavam meu pai especial e completamente diferente do pai dele, mas sabia que Billy não entenderia. Comecei a correr para fora da casa, entretanto parei e me virei.

— Meu pai não é nem um pouco como o seu! — gritei. — Quando meu pai apaga, ele *nunca* se mija!

Durante o jantar naquela noite comecei a contar a todos sobre o pai repulsivo de Billy Deel e o buraco feio em que viviam.

Mamãe pousou o garfo.

— Jeannette, estou desapontada com você — disse. — Deveria demonstrar maior compaixão.

— Por quê? — retruquei. — Ele é mau. É um DJ.

— Nenhuma criança nasce delinquente — disse mamãe. — Elas só ficam assim se ninguém as amou quando crianças. Crianças sem amor crescem e se transformam em assassinos em série ou alcoólatras. — Mamãe olhou claramente para papai e depois para mim e disse que eu deveria tentar ser mais gentil com Billy. — Ele não teve todas as vantagens que vocês tiveram.

Na vez seguinte em que vi Billy, disse a ele que seria sua amiga — mas não sua namorada — se prometesse não debochar do pai de ninguém. Billy prometeu. Continuou, porém, tentando ser meu namorado. Disse que se fosse sua namorada, sempre iria me proteger e garantir que nada de ruim acontecesse comigo e me daria presentes caros. Se não fosse sua namorada, falou, eu lamentaria. Eu disse que se não queria ser apenas amigo, tudo bem para mim, não tinha medo dele.

Depois de mais ou menos uma semana, eu estava com outros garotos dos Trilhos vendo lixo queimar em uma grande lata enferrujada. Todos jogavam pedaços de arbusto para manter o fogo, além de pedaços de pneu, e aplaudimos a densa fumaça negra que fazia nosso nariz arder ao passar por nós.

Billy apareceu e puxou meu braço, levando-me para longe dos outros. Enfiou a mão no bolso e tirou um anel de turquesa e prata.

— É para você — disse.

Eu o peguei e rolei na mão. Mamãe tinha uma coleção de joias indígenas de turquesa e prata que mantinha na casa de vovó para que papai não empenhasse. A maioria era antiga e muito valiosa — um homem de um museu de Phoenix estava sempre tentando comprar peças dela —, e quando visitávamos vovó, mamãe deixava que Lori e eu colocássemos os pesados colares, braceletes e cintos de concha. O anel de Billy parecia um de mamãe. Passei o anel sobre o dente e a língua, como mamãe me ensinara. Pude constatar, pelo gosto levemente amargo, que era prata de verdade.

— Onde conseguiu isto?

— Era da minha mãe — disse Billy.

Certamente, um bonito anel. Uma tira fina simples e uma turquesa azul oval mantida no lugar por suportes de prata coleantes. Eu não tinha joia nenhuma, e fazia muito tempo que ninguém me dava um presente, além do planeta Vênus.

Experimentei o anel. Era grande demais para meu dedo, mas podia enrolar um barbante nele, como as garotas do ensino médio faziam quando queriam usar os anéis dos namorados. Tinha medo, no entanto, de que, se ficasse com o anel, Billy pudesse começar a achar que concordara em ser sua namorada. Contaria aos outros garotos, e se eu dissesse que não era verdade ele apontaria para o anel. Imaginei que mamãe aprovaria, já que aceitar o anel faria Billy se sentir bem com ele mesmo. Decidi tentar uma solução.

— Vou aceitar — disse. — Mas não vou usar.

O sorriso tomou o rosto de Billy.

— Mas não pense que isso significa que somos namorados. E não pense que isso significa que pode me beijar.

Não contei a ninguém sobre o anel, nem mesmo a Brian. Eu o mantinha no bolso da calça durante o dia, e à noite escondia-o no fundo da caixa de papelão onde guardava minhas roupas.

Mas Billy Deel tinha de abrir a boca sobre me dar o anel. Começou a contar às outras crianças coisas do tipo "assim que tivesse idade suficiente, ele e eu iríamos nos casar". Quando descobri o que estava dizendo, soube que aceitar o anel havia sido um grande erro. Também soube que tinha de devolvê-lo. Mas não devolvi. Eu até queria, e toda manhã o colocava no bolso com a intenção de devolvê-lo, porém não consegui fazer isso. Aquele anel era bonito demais.

Algumas semanas depois, eu estava brincando de esconde-esconde ao longo dos trilhos com algumas crianças do bairro. Encontrei o esconderijo perfeito, um pequeno barracão de ferramentas atrás de um arbusto onde ninguém havia se escondido antes. Mas tão logo o garoto que ia procurar acabara de contar, a porta se abriu, e mais alguém tentou entrar. Era Billy Deel. Ele nem sequer estava brincando conosco.

— Você não pode se esconder comigo — sussurrei. — Precisa encontrar seu próprio lugar.

— Tarde demais — disse. — A contagem está quase terminando.

Billy engatinhou para dentro. O barracão era pequeno, com espaço apenas para uma pessoa agachada. Eu não ia dizer isso, mas estar tão perto de Billy me assustava.

— Está apertado demais — sussurrei. — Você tem de sair.

— Não — disse Billy. — Nós cabemos.

Ele ajeitou as pernas de modo a ficarem apertando as minhas. Estávamos tão perto que eu podia sentir o hálito dele no meu rosto.

— Está apertado demais — repeti. — E você está respirando em mim.

Ele fingiu não me ouvir.

— Você sabe o que fazem na Lanterna Verde, não sabe?

Eu podia ouvir os gritos abafados dos outros garotos sendo caçados. Desejei não ter escolhido um esconderijo tão bom.

— Claro — respondi.

— O quê?

— As mulheres são legais com os homens.

— Mas o que elas fazem? — perguntou e fez uma pausa. — Está vendo? Você não sabe.

— Eu sei — retruquei.

— Quer que eu lhe conte?

— Quero que você encontre outro esconderijo.

— Elas começam beijando — disse. — Já beijou alguém?

Sob os finos raios de luz que penetravam pelas frestas nas laterais do barracão pude ver os anéis de sujeira no pescoço magro dele.

— Claro que sim. Muitas vezes.

— Quem?

— Meu pai.

— Seu pai não conta. Alguém de fora da família. E de olhos fechados. Só conta se os olhos estiverem fechados.

Disse a Billy que era a coisa mais burra que já tinha ouvido. Com os olhos fechados, não se pode ver quem está beijando.

Billy disse que havia um monte de coisas sobre homens e mulheres que eu não sabia. Disse que alguns homens enfiavam facas nas mulheres enquanto as beijavam, especialmente se as mulheres estivessem sendo más e não quisessem ser beijadas. Mas disse que nunca faria isso comigo. Colocou o rosto junto ao meu.

— Feche os olhos — falou.

— De jeito nenhum — respondi.

Billy apertou o rosto sobre o meu, depois agarrou meus cabelos, puxou minha cabeça de lado e enfiou a língua na minha boca. Era viscosa e repulsiva, mas quando tentei me afastar, ele empurrou seu corpo em minha direção. Quanto mais me afastava, mais ele apertava, até estar em cima de mim e eu sentir os dedos dele puxando meu short. Com a outra mão, ele desabotoava a própria calça. Para detê-lo, coloquei minha mão lá embaixo e quando o toquei soube o que era, embora nunca tivesse tocado um antes.

Não podia dar uma joelhada nele como papai me ensinara a fazer se um cara pulasse em cima de mim, porque meus joelhos estavam do lado de fora das pernas dele, e o mordi na orelha com força. Deve ter doído, pois ele berrou e socou meu rosto. Sangue começou a escorrer do meu nariz.

Os outros garotos ouviram o tumulto e vieram correndo. Um deles abriu a porta do barracão, e Billy e eu saímos, ajeitando as roupas.

— Eu beijei Jeannette — berrou Billy.

— Não beijou! — reagi. — Ele é um mentiroso. Nós brigamos, só isso.

Ele *era* um mentiroso, disse a mim mesma o resto do dia. Eu realmente não o beijara, ou pelo menos não considerava assim. Meus olhos ficaram abertos o tempo todo.

No dia seguinte, levei o anel à casa de Billy Deel. Eu o encontrei nos fundos, sentado em um carro abandonado. A tinta vermelha havia sido desbotada pelo sol do deserto e se tornado laranja ao longo dos arremates enferrujados. Os pneus haviam murchado muito tempo antes, e o revestimento preto do teto descascava. Billy estava sentado ao volante, fazendo barulhos de motor com a garganta e fingindo operar uma alavanca de câmbio fantasma.

Fiquei em pé perto dele, esperando que me reconhecesse. Ele não fez isso, então falei primeiro:

— Não quero ser sua amiga. E não quero mais seu anel.

— Não ligo — disse ele. — E também não o quero.

Ele continuou olhando para a frente através do para-brisa quebrado, eu enfiei a mão pela janela aberta, larguei o anel no colo dele, me virei e fui embora. Ouvi um estalo e o barulho da porta do carro se abrindo e fechando atrás de mim. Continuei andando. Depois, senti uma pontada atrás da cabeça, como se uma pedrinha tivesse me acertado. Billy tinha jogado o anel em mim. Continuei a andar.

— Quer saber? — gritou Billy. — Eu estuprei você!

Eu me virei e o vi em pé junto ao carro, parecendo ferido e raivoso, porém não tão alto quanto de hábito. Procurei algo rude para retrucar, mas como não sabia o significado de "estupro", tudo em que consegui pensar foi:

— Grande coisa!

Em casa, procurei a palavra no dicionário. Depois, procurei as palavras que a explicavam, e embora ainda não conseguisse entender totalmente, sabia que não era bom. Em geral, quando não compreendia uma palavra, eu perguntava a papai, e líamos a definição juntos e discutíamos. Não queria fazer aquilo. Tinha um palpite de que causaria problemas.

No dia seguinte, Lori, Brian e eu estávamos sentados em uma das mesas de bobina no depósito, jogando pôquer fechado e cuidando de Maureen enquanto mamãe e papai passavam um tempo no clube da Coruja. Ouvimos Billy Deel do lado de fora chamando meu nome. Lori olhou para mim, e balancei a cabeça. Voltamos para o jogo, mas Billy continuou, Lori foi à varanda, a antiga plataforma onde as pessoas costumavam embarcar, e mandou Billy embora. Ela voltou e disse:

— Ele está armado.

Lori pegou Maureen. Uma das janelas se estilhaçou, e Billy apareceu emoldurado por ela. Usou a coronha do rifle para arrancar o resto do vidro, depois apontou o cano para dentro.

— É só uma arma de chumbinho — disse Brian.

— Eu disse que você ia lamentar — falou Billy, e apertou o gatilho. Pareceu que uma vespa tinha me picado nas costelas. Billy começou a atirar em todos, movendo o mecanismo de pressão rapidamente para a frente e para trás antes de cada disparo. Brian virou a mesa de bobina, e todos nos agachamos atrás dela.

Os chumbinhos acertavam a mesa. Maureen uivava. Eu me virei para Lori, que era a mais velha e estava no comando. Ela mordia o lábio inferior, pensando. Passou Maureen para mim e saiu correndo pela sala. Billy a acertou uma ou duas vezes — Brian se levantou para tentar atrair o fogo —, mas ela conseguiu chegar ao segundo andar. Depois voltou. Estava com o revólver de papai e o apontou para Billy.

— Isso é só um brinquedo — disse Billy, mas a voz estava um pouco trêmula.

— É bem real! — gritei. — É a arma do meu pai!

— Se for, ela não tem *cojones* para usar — desafiou.

— Experimente — disse Lori.

— Prossiga. Atire e veja o que acontece — falou Billy.

Lori não atirava tão bem quanto eu, porém apontou a arma na direção de Billy e puxou o gatilho. Apertei os olhos com o disparo, e quando os abri, Billy havia desaparecido.

Corremos todos para fora, pensando que o corpo encharcado de sangue de Billy estaria caído no chão, mas ele se agachara sob a janela. Quando nos viu, saiu em disparada pela rua ao longo dos trilhos. Estava a uns cinquenta metros de nós e começou a atirar novamente com a arma de chumbinho. Arranquei o revólver da mão de Lori, apontei para baixo e apertei o gatilho. Estava excitada demais para segurar a arma do modo como papai ensinara, e o coice quase arrancou meu ombro do encaixe. A terra voou a pouca distância diante de Billy. Ele saltou no ar, o que pareceu um metro, e saiu em disparada pelos trilhos.

Todos começamos a rir, mas só pareceu engraçado por um ou dois segundos, depois ficamos em pé ali, nos entreolhando em silêncio. Eu me dei conta de que minha mão tremia tanto que mal conseguia segurar a arma.

Pouco tempo depois, um carro de polícia parou na frente do depósito, e mamãe e papai saltaram. Os rostos estavam sérios. Um policial também saltou e caminhou com eles até a porta. Estávamos todos sentados nos bancos do lado de dentro, com expressões educadas e respeitosas. O policial olhou para cada um, como se estivesse contando. Cruzei as mãos no colo para mostrar como era bem-comportada.

Papai acocorou-se diante de nós, um joelho no chão, os braços cruzados sobre o outro joelho, ao estilo caubói.

— O que aconteceu aqui? — perguntou.

— Foi defesa pessoal — respondi. Papai sempre dizia que defesa pessoal era uma razão justificável para atirar em alguém.

— Entendo — disse papai.

O policial nos contou que alguns vizinhos tinham dito ver crianças atirando umas nas outras e queria saber o que acontecera. Tentamos explicar que Billy havia começado, que havíamos sido provocados e estávamos nos defendendo, e nem sequer tínhamos apontado para matar, mas o guarda não estava interessado nas sutilezas da situação. Disse a papai que a família inteira teria de ir ao tribunal na manhã seguinte para resolver a situação e decidir quais medidas precisariam ser tomadas.

— Seremos presos? — perguntou Brian ao policial.

— Isso depende do juiz — respondeu ele.

Naquela noite, mamãe e papai passaram muito tempo no andar de cima, conversando em voz baixa enquanto ficávamos em nossas caixas. Finalmente, tarde da noite, eles desceram, a expressão bem séria.

— Vamos para Phoenix — disse papai.

— Quando? — perguntei.

— Esta noite.

Papai permitiu que cada um de nós levasse apenas uma coisa. Eu corri para fora com um saco de papel para reunir minhas pedras preferidas. Quando voltei, segurando o saco pesado por baixo para que não rasgasse, papai e Brian estavam discutindo por causa da lanterna de abóbora cheia de soldados do exército de plástico verde que Brian queria levar.

— Você está levando brinquedos? — perguntou papai.

— O senhor disse que eu podia levar uma coisa, e esta é a minha coisa — disse Brian.

— Esta é a minha coisa — falei, erguendo o saco.

Lori, que estava levando *O mágico de Oz*, protestou dizendo que uma coleção de pedras não era uma coisa, mas várias coisas. Seria como ela levar toda a coleção de livros. Destaquei que os soldadinhos de Brian eram uma coleção.

— Além disso, não é a coleção de pedras inteira. Só as melhores.

Papai, que normalmente gostava de debater questões como se um saco de coisas era uma coisa, não estava no clima e me disse que pedras eram pesadas demais.

— Você pode levar uma — disse ele.

— Há muitas pedras em Phoenix — acrescentou mamãe.

Eu escolhi um único geodo, o interior coberto de minúsculos cristais brancos, e o segurei com as duas mãos. Quando saímos, olhei pela janela de trás para dar uma última espiada no depósito. Papai deixara as luzes de cima acesas, e a pequena janela brilhava. Pensei em todas aquelas outras famílias de mineiros e exploradores que haviam ido para Battle Mountain esperando encontrar ouro e deixado a cidade como nós quando sua sorte esgotou. Papai dizia que não acreditava em sorte, mas eu, sim. Havíamos tido um pouco disso em Battle Mountain, e eu desejava que tivesse durado.

Passamos pela Lanterna Verde, as luzes de Natal cintilando acima da porta, e pelo clube da Coruja, com o néon da coruja de chapéu de mestre-cuca piscando, e logo estávamos no deserto, as luzes de Battle Mountain desaparecendo atrás de nós. Na noite negra, não havia nada a ver além da estrada à frente, iluminada pelos faróis do carro.

A GRANDE CASA BRANCA DE VOVÓ SMITH tinha venezianas verdes e era cercada de eucaliptos. Dentro havia portas-balcão, tapetes persas e um enorme piano de cauda que praticamente dançava quando vovó tocava sua música de cabaré. Sempre que ficávamos com vovó Smith, ela me levava ao quarto dela e me sentava à penteadeira, coberta de pequenos frascos de perfume e pós em tons pastel. Enquanto eu abria os frascos e os cheirava, ela tentava passar seu comprido pente metálico pelos meus cabelos, xingando com o canto da boca por estar tão embaraçado. Uma vez perguntou:

— Sua maldita mãe preguiçosa nunca penteia seus cabelos?

Expliquei que mamãe acreditava que as crianças deviam ser responsáveis por cuidar de si mesmas. Vovó me disse que de qualquer forma meu cabelo estava comprido demais. Colocou uma tigela em minha cabeça, cortou todo o cabelo que saía dela e me disse que parecia uma melindrosa.

Vovó era assim. Depois de ter tido dois filhos, no entanto, mamãe e nosso tio Jim, ela se tornou professora por não confiar em mais ninguém para educá-los. Lecionava em uma escola de uma só classe em uma cidade chamada Yampi. Mamãe odiava ser a filha da professora. Também odiava o modo como sua mãe a corrigia constantemente, em casa e na escola. Vovó Smith tinha opiniões muito firmes sobre como as coisas deviam ser feitas — como se vestir, como falar, como organizar o tempo, como cozinhar e arrumar a casa, como cuidar das finanças —, e ela e mamãe brigaram desde o início. Mamãe achava que vovó Smith a atormentava e assediava, estabelecendo regras, além de punições por violá-las. Isso enlouquecia mamãe e era a razão para ela nunca estabelecer regras para nós.

Entretanto, eu adorava vovó Smith. Era uma mulher alta, rígida e de ombros largos, com olhos verdes e maxilar forte. Ela me disse que eu era sua neta preferida, e iria crescer e me tornar algo especial. Eu gostava até mesmo de todas as suas regras. Gostava de como nos acordava todo dia ao amanhecer, gritando: "Levantem-se e brilhem, todos!". E insistia que lavássemos as mãos e penteássemos os cabelos antes do café da manhã. Ela preparava mingau quente com manteiga de verdade, em seguida nos vigiava enquanto limpávamos a mesa e lavávamos os pratos. Depois nos levava para comprar roupas novas, e assistíamos a um filme como *Mary Poppins*.

Naquele momento, a caminho de Phoenix, eu me levantei atrás no carro e inclinei-me sobre o banco da frente, entre mamãe e papai.

— Vamos ficar com a vovó? — perguntei.

— Não — disse mamãe. Ela olhou pela janela, mas não para algo em particular. Depois contou: — Vovó está morta.

— O quê? — perguntei.

Eu tinha ouvido, mas fiquei tão perturbada que sentia como se não tivesse. Mamãe repetiu, ainda olhando pela janela. Eu me virei para olhar para Lori e Brian, mas estavam dormindo. Papai fumava, de olho na estrada. Eu não podia acreditar que ficara ali pensando na vovó Smith, ansiando para comer mingau quente e ela pentear meus cabelos e xingar, e o tempo todo ela estava morta. Comecei a bater no ombro de mamãe com força, perguntando por que não tinha nos contado. Finalmente, papai agarrou meus punhos com a mão livre, a outra segurando cigarro e volante, e disse:

— Já chega, Cabra-Montesa.

Mamãe parecia surpresa por eu estar tão chateada.

— Por que não nos contou? — perguntei de novo.

— Não parecia haver motivo — respondeu.

— O que aconteceu?

Vovó estava apenas na casa dos sessenta, e a maioria das pessoas na família dela vivia até uns cem anos.

Os médicos disseram que morreu de leucemia, mas mamãe achava ser envenenamento por radiação. O governo estava sempre testando bombas nucleares no deserto perto da fazenda, contou-me. Ela e Jim costumavam sair com um contador Geiger e encontrar pedras que estalavam. Eles as guardavam no porão e usavam para fazer joias para vovó.

— Não há razão para sofrer — disse mamãe. — Todos teremos de ir um dia, e vovó teve uma vida mais longa e plena que a maioria — falou, a seguir fazendo uma pausa antes de continuar: — E agora temos um lugar para morar.

Mamãe explicou que vovó Smith tinha duas casas, aquela na qual morava com as venezianas verdes e as portas-balcão, e uma casa mais velha, feita de adobe, no centro de Phoenix. Como mamãe era a mais velha dos dois filhos, vovó Smith lhe perguntara qual casa queria herdar. A casa com venezianas verdes era mais valiosa, mas mamãe escolhera a de adobe. Era perto do centro comercial de Phoenix, o que a tornava perfeita para que mamãe montasse um ateliê. Também herdara algum dinheiro, podia parar de lecionar e comprar todo o material de arte que desejasse.

Ela estava pensando que devíamos nos mudar para Phoenix desde que vovó morrera alguns meses antes, porém papai se recusara a deixar Battle Mountain por estar muito perto de um avanço em seu processo de lixiviação por cianeto.

— E estava — disse papai.

Mamãe deu um risinho bufado.

— O problema que vocês tiveram com Billy Deel foi uma bênção disfarçada. Minha carreira artística vai florescer em Phoenix. Posso sentir isso — falou, depois virando-se para olhar para mim. — Estamos em uma nova aventura, Jeannette querida. Isso não é uma maravilha? Eu sou uma viciada em excitação! — disse mamãe, os olhos brilhando.

Quando estacionamos na frente da casa na rua Três Norte, não pude acreditar que íamos morar ali. Era praticamente uma mansão, tão grande que vovó Smith tivera duas famílias morando ali, pagando aluguel. O lugar todo era só para nós. Mamãe disse que havia sido construída quase cem anos antes como um forte. As paredes externas, cobertas de estuque branco, tinham quase um metro de espessura.

— Certamente detinham qualquer flecha indígena — eu disse a Brian.

Nós, crianças, corremos pela casa e contamos catorze aposentos, incluindo cozinha e banheiros. Estavam cheios das coisas que mamãe herdara de vovó Smith: uma mesa de jantar espanhola escura com oito cadeiras combinando, um piano de armário esculpido à mão, aparadores com antigos conjuntos de servir de prata e cristaleiras com a porcelana de vovó, que mamãe demonstrou ser da melhor qualidade erguendo um prato à luz e mostrando a clara silhueta de sua mão através dele.

O jardim da frente tinha uma palmeira, e o quintal tinha laranjeiras que davam laranjas de verdade. Nunca havíamos morado em uma casa com árvores. Eu gostava especialmente da palmeira, que me fazia pensar que havia chegado a uma espécie de oásis. Também havia arbustos de malva e rododendro com flores rosas e brancas. Atrás do quintal havia um barracão tão grande como algumas das casas em que havíamos morado, e junto a ele espaço para dois carros. Decididamente, estávamos subindo na vida.

* * *

As pessoas que moravam na rua Três Norte eram em sua maioria mexicanos e índios que haviam mudado para o bairro depois que os brancos foram para os subúrbios e dividiram as grandes casas velhas em apartamentos. Parecia haver duas dúzias de pessoas em cada casa, homens bebendo cerveja dentro de sacos de papel, jovens mães embalando bebês, velhas pegando sol nas varandas gastas e tombadas, além de hordas de crianças.

Todas as crianças perto da rua Três Norte frequentavam a escola católica da igreja St. Mary, a cinco quarteirões. Mas mamãe disse que freiras eram desmancha-prazeres que acabavam com toda a diversão da religião. Queria que estudássemos em uma escola pública chamada Emerson. Embora morássemos fora da área, mamãe implorou e bajulou o diretor até ele permitir nossa matrícula.

Não estávamos no roteiro do ônibus, e era uma bela caminhada até a escola, porém nenhum de nós se incomodava em andar. Emerson ficava em um bairro elegante com ruas cheias de eucaliptos, e o prédio da escola parecia uma fazenda espanhola, com telhado de terracota vermelho. Era cercado por palmeiras e bananeiras, e quando as frutas amadureciam, os alunos recebiam bananas de graça no almoço. O *playground* da Emerson era coberto de grama verde viçosa regada por um sistema automático e tinha mais equipamento do que eu jamais vira: gangorras, balanços, um carrossel, um trepa-trepa, bola ao poste e uma pista de corrida.

A srta. Shaw, professora da terceira série em que fui matriculada, tinha cabelos grisalhos, óculos de aro gatinho e uma boca rígida. Quando lhe disse que havia lido todos os livros de Laura Ingalls Wilder, ela ergueu as sobrancelhas ceticamente, mas depois que li em voz alta um trecho de um deles, ela me transferiu para um grupo de leitura para crianças superdotadas.

Os professores de Lori e Brian também os colocaram em grupos de leitura especiais. Brian odiou, porque os outros garotos eram mais velhos e ele era o mais baixo da turma, mas Lori e eu ficamos secretamente excitadas por sermos chamadas de especiais. Em vez de revelar que nos sentíamos assim, amenizamos o fato. Quando contamos a mamãe e papai sobre nossos grupos de leitura, fizemos uma pausa antes da expressão "superdotados", cruzando as mãos sob o queixo, tremulando os cílios e fingindo expressões angelicais.

— Não debochem disso — disse papai. — Claro que vocês são especiais. Eu não digo isso sempre?

Brian olhou de esguelha para papai.

— Se somos tão especiais — disse ele lentamente —, por que o senhor não...

As palavras morreram.

— O quê? — perguntou papai. — O quê?

Brian balançou a cabeça.

— Nada — disse.

Emerson tinha sua própria enfermeira, que fez exames de ouvido e olhos em nós três, nossos primeiros na vida. Passei com louvor nos exames — "olhos de águia e ouvidos de elefante", disse a enfermeira —, porém Lori sofreu tentando ler as letras. A enfermeira a classificou como muito míope e mandou um bilhete a mamãe dizendo que precisava de óculos.

— De jeito nenhum — disse mamãe. Ela não aprovava óculos. Mamãe acreditava que se tínhamos olhos fracos, eles precisavam de exercício para ficar fortes. Em seu modo de ver, óculos eram como muletas. Impediam que pessoas com olhos fracos aprendessem a ver o mundo à sua maneira. Contou que as pessoas haviam passado anos tentando fazer com que usasse óculos, e ela se recusara. Mas a enfermeira enviou outro bilhete dizendo que Lori não poderia frequentar a Emerson a não ser que usasse óculos e a escola pagaria por eles, então mamãe se rendeu.

Quando os óculos estavam prontos, fomos todos ao optometrista. As lentes eram tão grossas que deixavam os olhos de Lori grandes e arregalados, como olhos de peixe. Ela não parava de virar a cabeça, para cima e para baixo.

— Qual é o problema? — perguntei. Em vez de responder, Lori correu para fora. Eu a segui. Estava em pé no estacionamento, olhando assombrada para árvores, casas e prédios de escritórios atrás delas.

— Está vendo aquela árvore lá? — perguntou, apontando para um plátano a cerca de trinta metros. Eu anuí.

— Eu consigo ver não só aquela árvore, consigo ver as folhas isoladas nela — disse, olhando-me triunfante. — Você as vê?

Assenti.

Ela não parecia acreditar em mim.

— As folhas isoladas? Quero dizer, não só os galhos, mas cada folhinha?

Assenti novamente. Lori olhou para mim e caiu em lágrimas.

A caminho de casa, ela continuava a olhar pela primeira vez para todas aquelas coisas que quase todo mundo havia parado de notar porque via todos os dias. Leu em voz alta placas de rua e *outdoors*. Apontou para estorninhos pousados nos fios telefônicos. Entramos em um banco, e ela olhou para o teto abobadado e descreveu os padrões octogonais. Em casa, Lori insistiu que eu experimentasse os óculos. Eles deixariam minha visão tão desfocada quanto corrigiam a dela, disse, e eu seria capaz de ver as coisas do modo que ela sempre vira. Coloquei os óculos, e o mundo se dissolveu em confusas formas borradas. Dei alguns passos e bati com a canela na mesinha, e me dei conta de por que Lori não gostava tanto de explorar quanto Brian e eu. Não conseguia enxergar.

Lori quis que mamãe também experimentasse os óculos. Mamãe os colocou e, piscando, olhou ao redor da sala. Estudou uma de suas pinturas em silêncio, depois devolveu os óculos a Lori.

— Viu melhor? — perguntei.

— Eu não diria melhor — respondeu mamãe. — Diria diferente.

— Talvez devesse mandar fazer um par, mamãe.

— Gosto do mundo exatamente como o vejo — declarou.

Lori, no entanto, adorou ver o mundo claramente. Começou a desenhar e pintar compulsivamente todas as coisas maravilhosas que estava descobrindo, como o jeito de cada telha curva no telhado de Emerson lançar sua própria sombra curva sobre a cerâmica abaixo e o modo como o sol se pondo pintava a parte de baixo das nuvens de rosa, deixando a parte de cima roxa.

Pouco tempo depois de conseguir seus óculos, Lori decidiu que queria ser artista, como mamãe.

Assim que nos instalamos na casa, mamãe se lançou em sua carreira artística. Ergueu no jardim da frente uma grande placa branca na qual havia pintado cuidadosamente em letras pretas com perfil dourado: Ateliê R. M. Walls. Transformou as duas salas da frente em ateliê e galeria e usou dois quartos nos fundos para guardar sua coleção de trabalhos. Havia uma loja de material artístico a três quarteirões, na rua Um Norte, e graças à herança de mamãe podíamos fazer expedições de compra frequentes à loja, levando para casa rolos de lona que papai esticava e grampeava em chassis de madeira. Também levamos tinta a óleo, aquarela, acrílica, gesso, um chassi de serigrafia, nanquim, pincéis e penas, lápis de carvão, giz pastel, papel artesanal elegante para desenhos a pastel e até mesmo um manequim de madeira com articulações móveis que batizamos de Edward, e que, segundo mamãe, posaria para ela quando as crianças estivessem na escola.

Mamãe decidiu que antes de fazer pinturas sérias precisava montar uma biblioteca de referência artística completa. Comprou dezenas de grandes fichários e muitos pacotes de papel pautado. Cada tema tinha um fichário próprio: cães, gatos, cavalos, animais de fazenda, animais da floresta, flores, frutas e legumes, paisagens rurais e urbanas, rostos e corpos masculinos e femininos, mãos, pés, traseiros e outras partes variadas do corpo. Passávamos horas folheando revistas antigas, procurando fotografias interessantes, e quando achávamos uma que considerávamos ser um tema digno de uma pintura, mostrávamos a mamãe pedindo aprovação. Ela a estudava por um segundo e dava ok ou a descartava. Se a foto fosse aprovada, nós a cortávamos, colávamos em uma folha de papel pautado e reforçávamos os furos no papel com fita adesiva, para que não rasgasse. Depois, pegávamos o fichário de três anéis adequado, incluíamos a nova fotografia e fechávamos os anéis. Em troca de nossa ajuda em sua biblioteca de referência, mamãe nos dava aulas de arte.

Mamãe também estava trabalhando duro em seus textos. Comprou diversas máquinas de escrever — manuais e elétricas — para ter reservas, caso sua preferida quebrasse. Ela as guardava no ateliê. Nunca vendeu nada do que escrevia, porém de tempos em tempos recebia uma carta de recusa encorajadora e a prendia na parede com tachinhas. Quando voltávamos para casa da escola, ela normalmente estava trabalhando no ateliê. Se havia silêncio, estava pintando ou pensando em possíveis temas. Se o teclado da máquina de escrever estava sendo martelado, era porque trabalhava em um de seus romances, poemas, peças, contos ou sua coletânea ilustrada de ditados concisos — um deles era "A vida é um pote de cerejas com algumas nozes misturadas" —, que ela intitulara de "A filosofia de vida de R. M. Walls".

Papai entrou para o sindicato dos eletricistas local. Phoenix crescia, e papai logo conseguiu um emprego. Saía de casa de manhã vestindo um capacete amarelo e grandes botas com beirada de aço, que eu achava que o deixavam mais bonito. Por causa do sindicato, estava ganhando dinheiro mais regularmente do que já tínhamos visto. No primeiro dia de pagamento, ele chegou em casa e nos chamou à sala. Declarou que tínhamos deixado nossos brinquedos no quintal.

— Não, senhor, não deixamos — respondi.

— Acho que deixaram. Saiam e vejam — falou.

Corremos para a porta da frente. No quintal, estacionadas em fila, havia três bicicletas novinhas — uma vermelha grande e duas menores, uma azul de menino e uma roxa de menina.

No começo, achei que outras crianças deviam ter deixado ali. Quando Lori disse que papai obviamente as tinha comprado para nós, eu não acreditei. Nunca tivéramos bicicletas — havíamos aprendido a pedalar nas de outras crianças —, e nunca me ocorrera que um dia realmente poderia ter a minha. Que dirá nova.

Eu me virei. Papai estava em pé junto à porta, de braços cruzados, com um sorriso malicioso no rosto.

— Aquelas bicicletas não são para nós, são? — perguntei.

— Bem, elas são pequenas demais para mim e sua mãe — respondeu.

Lori e Brian haviam montado em suas bicicletas e subiam e desciam pela calçada. Olhei para a minha. Era de um roxo brilhante e tinha um assento comprido, uma cesta de arame de cada lado, guidão cromado se projetando para fora como chifres de bezerro e manetes de plástico branco com borlas roxas e prateadas. Papai se ajoelhou ao meu lado.

— Gosta? — perguntou.

Assenti.

— Sabe, Cabra-Montesa, ainda me sinto mal por ter obrigado você a deixar sua coleção de pedras em Battle Mountain. Mas tínhamos de viajar leves.

— Eu sei. Além disso, era mais de uma coisa.

— Não estou tão certo — falou papai. — Toda maldita coisa no Universo pode ser dividida em coisas menores, mesmo átomos, mesmo prótons, e teoricamente falando acho que você tinha um bom caso. Uma coleção de coisas devia ser considerada uma coisa. Infelizmente, a teoria nem sempre sai vencedora.

Passeávamos em nossas bicicletas por toda parte. Algumas vezes colocávamos cartas de baralho nos garfos com prendedores de roupas e elas batiam nos raios quando as rodas giravam. Agora que Lori conseguia enxergar, era a navegadora. Conseguiu um mapa da cidade em um posto de gasolina e planejava nossos roteiros antecipadamente. Pedalávamos pelo hotel Westward Ho, na avenida Central, onde índias de rosto quadrado vendiam colares de contas e mocassins sobre ponchos com as cores do arco-íris, que estendiam na calçada. Pedalávamos até a Woolworth, maior que todas as lojas de Battle Mountain juntas, e brincávamos de pega nos corredores até o gerente nos colocar para fora. Pegávamos as velhas raquetes de tênis de madeira de vovó Smith e pedalávamos até a universidade de Phoenix, onde tentávamos jogar tênis com as bolas que outras pessoas haviam deixado para trás. Pedalávamos até o Centro Cívico, que tinha uma biblioteca, onde os bibliotecários nos reconheciam de tanto que íamos lá. Eles nos ajudavam a encontrar livros que acreditavam que gostaríamos, e enchíamos as cestas de arame das bicicletas e pedalávamos de volta para casa pelo meio das calçadas, como se fôssemos donos do lugar.

Como mamãe e papai tinham todo aquele dinheiro, conseguimos nosso próprio telefone. Nunca havíamos tido um telefone, e sempre que tocava corríamos até ele. O primeiro a chegar assumia um sotaque britânico muito esnobe: "Residência dos Walls, o mordomo falando, posso ajudá-lo?". Enquanto isso, o restante de nós gargalhava.

Tínhamos também um grande toca-discos em móvel de madeira, que fora de vovó. Colocávamos uma pilha de discos, e quando um acabava de tocar, o braço se afastava automaticamente e o disco seguinte caía com um barulho alegre. Mamãe e papai adoravam música, especialmente as animadas que davam vontade de levantar e dançar, ou pelo menos balançar a cabeça e bater os pés. Mamãe estava sempre indo a sebos e voltando com velhos discos de polca, *spirituals* negros, bandas marciais alemãs, óperas italianas e aboios. Também comprava sapatos de salto alto usados, que chamava de sapatos de dança. Calçava um par de sapatos de dança, colocava uma pilha de discos na vitrola e punha o volume nas alturas. Papai dançava com ela quando estava lá; caso contrário, ela dançava sozinha, valsando, suingando ou dando passos de música country de um cômodo a outro, a casa se enchendo com o som de Mario Lanza, tubas animadas, ou algum caubói choroso cantando "The streets of Laredo".

Mamãe e papai compraram uma máquina de lavar elétrica, que deixávamos no pátio. Era uma bacia de esmalte branco com pés, e a enchíamos de água com a mangueira do jardim. Um grande agitador girava de um lado para outro, fazendo a máquina inteira dançar pelo pátio de cimento. Não tinha ciclos, esperávamos até a água ficar suja, depois passávamos as roupas pelo espremedor — dois cilindros de borracha giratórios colocados acima da bacia, movimentados por um motor. Para enxaguar as roupas, repetia-se o processo sem sabão, depois deixava-se a água escorrer pelo pátio, para ajudar a grama a crescer.

Apesar de nossos equipamentos fantásticos, a vida em Phoenix não era luxo completo. Tínhamos cerca de um quatrilhão de baratas, grandes e fortes com asas brilhantes. No começo, eram apenas algumas, mas como mamãe não era exatamente uma faxineira compulsiva, elas se multiplicaram. Depois de algum tempo, exércitos cruzavam paredes, pisos e balcões da cozinha. Em Battle Mountain, tínhamos lagartixas para comer as moscas e gatos para comer as lagartixas. Não conseguimos pensar em nenhum animal que gostasse de comer baratas, então sugeri comprar inseticidas, como todos os nossos vizinhos faziam, mas mamãe se opunha à guerra química. Seria como as tiras inseticidas da Shell, disse; acabaríamos nos envenenando também.

Mamãe decidiu que o combate pessoal era a melhor tática. Conduzíamos massacres de baratas na cozinha à noite, quando saíam em grande número. Nós nos armávamos com revistas enroladas ou sapatos — embora eu tivesse apenas nove anos, já usava sapatos tamanho 33, que Brian chamava de "matadores de baratas" — e nos esgueirávamos para dentro da cozinha.

Mamãe acendia as luzes, e nós, crianças, começávamos o ataque. Não era preciso sequer apontar. Eram tantas baratas que se acertássemos alguma superfície plana, pegaríamos, pelo menos, algumas.

A casa também tinha cupins. Descobrimos isso alguns meses depois da mudança, quando o pé de Lori atravessou o piso de madeira esponjoso da sala. Depois de inspecionar a casa, papai decidiu que a infestação de cupins era tão grave que nada poderia ser feito. Teríamos de coexistir com as criaturas. Por isso, contornávamos o buraco no piso da sala.

Mas a madeira estava completamente mastigada em toda parte. Continuávamos a pisar em pontos macios nas tábuas do piso, afundando e criando novos buracos.

— Maldito seja se esse piso não está começando a parecer um pedaço de queijo suíço — disse papai certo dia.

Ele me mandou pegar seu cortador de metal, um martelo e pregos de telhas. Terminou a cerveja que estava bebendo, abriu a lata com o cortador, esticou-a e pregou-a sobre o buraco. Ele precisava de mais remendos, disse, teve de sair e comprar outra embalagem com seis latas. Depois de terminar cada cerveja, ele usava a lata para tampar um dos buracos. E sempre que aparecia um novo, ele sacava o martelo, virava uma cerveja e fazia outro remendo.

Muitos de nossos vizinhos na rua Três Norte eram meio esquisitos. Um clã de ciganos morava um quarteirão abaixo em uma grande casa decrépita com compensado pregado sobre a varanda, para criar maior espaço interno. Estavam sempre roubando nossas coisas, e certa vez, depois de o pula-pula de Brian ter sumido, vimos uma das velhas ciganas descendo a calçada pulando nele. Ela se recusou a devolvê-lo, e mamãe teve uma grande discussão com o chefe do clã, e no dia seguinte encontramos no umbral uma galinha com a garganta cortada. Era uma espécie de maldição cigana. Mamãe decidiu, como definiu, combater magia com magia. Tirou do feijão um osso de presunto e foi até a casa dos ciganos brandindo-o no ar. Em pé na calçada, ela ergueu o osso como um crucifixo em um exorcismo e lançou uma maldição sobre todo o clã cigano e sua casa, jurando que iria desabar com todos dentro, e que as entranhas da Terra iriam se abrir e engoli-los para sempre, caso nos incomodassem novamente. Na manhã seguinte, o pula-pula de Brian estava no pátio da frente.

A vizinhança também tinha sua cota de pervertidos. Em sua maioria eram homens malcuidados e curvados com voz insinuante, que ficavam nas esquinas e nos seguiam para a escola e voltando dela, tentando nos ajudar quando pulávamos uma cerca, oferecendo-nos doces e trocados se fôssemos brincar com eles. Nós os chamávamos de nojentos e gritávamos para que nos deixassem em paz, mas eu temia ferir os sentimentos deles, pois não conseguia deixar de imaginar que talvez estivessem dizendo a verdade e tudo o que queriam era ser nossos amigos.

À noite, mamãe e papai sempre deixavam abertas as portas da frente e dos fundos e também todas as janelas. Como não tínhamos refrigeradores de ar, explicavam, precisávamos deixar o ar circular. De tempos em tempos, um vagabundo ou bêbado entrava pela porta da frente imaginando que a casa estava deserta. Quando acordávamos de manhã, encontrávamos um deles dormindo numa das salas. Assim que os despertávamos, eles partiam pedindo desculpas. Mamãe sempre nos garantia que eram apenas bêbados inofensivos.

Maureen, que tinha quatro anos e um medo terrível de bicho-papão, não parava de sonhar que intrusos com máscaras de Halloween passavam pelas portas abertas para nos pegar. Certa noite, quando eu tinha quase dez anos, fui acordada por alguém passando as mãos pelas minhas partes íntimas. A princípio foi confuso. Lori e eu dormíamos na mesma cama, e achei que ela talvez estivesse se mexendo no sono. Sonada, empurrei a mão.

— Eu só quero brincar com você — disse uma voz de homem.

Reconheci a voz. Era de um cara acabado com bochechas fundas que nos últimos tempos andava rondando a rua Três Norte. Ele tentara nos levar da escola para casa e dera a Brian uma revista chamada *Kids on a farm*, com meninos e meninas vestindo somente roupa de baixo.

— Pervertido! — berrei, chutando a mão do homem. Brian entrou correndo no quarto com uma machadinha que mantinha junto à cama, e o homem saiu rápido pela porta. Naquela noite, papai estava fora, e quando mamãe dormia, morria para o mundo, então Brian e eu saímos atrás do homem. Quando chegamos à calçada, iluminada pelo brilho arroxeado da luz dos postes, ele tinha virado a esquina e sumido. Nós o procuramos por alguns quarteirões, Brian batendo com a machadinha nos arbustos, porém não o achamos. Na volta para casa, estávamos batendo as mãos e socando o ar, como se tivéssemos vencido uma luta de boxe. Decidimos que tínhamos saído na Caça a Pervertidos, que era exatamente como Caça ao Demônio, com a diferença de que o inimigo era real e perigoso em vez de ser apenas fruto do excesso de imaginação de uma criança.

No dia seguinte, quando papai voltou para casa e contamos o que havia acontecido, ele disse que ia matar aquele vagabundo. Ele, Brian e eu saímos em uma Caça a Pervertidos para valer. Raivosos, vasculhamos as ruas durante horas, mas nunca achamos o sujeito. Perguntei a mamãe e papai se não deveríamos fechar portas e janelas quando fôssemos dormir. Eles nem sequer levaram em consideração. Disseram que precisávamos de ar puro, e era fundamental que nos recusássemos a nos render ao medo.

As janelas permaneceram abertas. Maureen continuou a ter pesadelos com homens usando máscaras de Halloween. E de tempos em tempos, quando Brian e eu ficávamos agitados, ele pegava uma machadinha, eu pegava um taco de beisebol e saíamos à Caça a Pervertidos, limpando as ruas dos nojentos que ficavam de olho em crianças.

Mamãe e papai gostavam de insistir que nunca nos rendêssemos ao medo, ao preconceito ou aos conformistas frouxos de visão limitada que tentavam dizer a todos os outros o que era correto. Deveríamos ignorar aquelas ovelhas parvas, como papai os chamava. Certo dia, mamãe foi conosco à biblioteca do Centro Cívico. Como o clima estava causticante, ela sugeriu que nos refrescássemos pulando na fonte diante do prédio. A água era rasa demais para nadar, mas nos arrastamos por ela fingindo ser crocodilos até atrair uma pequena multidão que insistia com mamãe que era proibido nadar na fonte.

— Cuidem de sua vida! — retrucou mamãe.

Eu estava me sentindo meio constrangida e comecei a sair.

— Ignore os caretas! — mamãe me disse e, para deixar claro que não dava a mínima para tais pessoas e suas opiniões, entrou na fonte e se jogou ao nosso lado, lançando litros de água por cima das bordas.

Mamãe nunca se incomodou com pessoas se virando para encará-la, nem mesmo na igreja. Embora ela achasse freiras desmancha-prazeres e não seguisse todas as regras da Igreja ao pé da letra — tratava os Dez Mandamentos como Dez Sugestões —, mamãe se considerava católica praticante e nos levava à missa quase todos os domingos. St. Mary era a maior e mais bonita igreja que eu já tinha visto. Era feita de adobe cor de areia e tinha duas enormes torres, um gigantesco vitral circular e, levando às duas portas principais, um par de escadarias curvas cheias de pombos. As outras mães se vestiam para a missa, colocando xale preto de renda na cabeça e agarrando bolsas verdes, vermelhas ou amarelas combinando com os sapatos. Mamãe achava superficial se preocupar com a aparência. Dizia que Deus pensava da mesma forma, portanto ia à igreja usando roupas rasgadas ou sujas de tinta. Era o espírito interior que importava, não sua aparência exterior, dizia, e quando chegava a hora do hino, ela mostrava a toda a congregação seu espírito, cantando as palavras com uma voz tão poderosa que as pessoas nos bancos à nossa frente se viravam para encará-la.

Igreja era particularmente excruciante quando papai ia junto. Papai havia sido criado como batista, mas não gostava de religião e não acreditava em Deus. Acreditava em ciência e razão, dizia, não em superstição e vodu. Mamãe se recusara a ter filhos a não ser que papai concordasse em criá-los como católicos, e ele mesmo ir à igreja em dias santos obrigatórios.

Papai se sentava no banco furioso, remexendo-se e tentando segurar a língua enquanto o padre falava sobre Jesus ressuscitando Lázaro dos mortos, e os fiéis faziam fila para comer o corpo e beber o sangue de Cristo. Finalmente, quando papai não conseguia mais suportar, gritava algo para desafiar o padre. Não fazia isso de maneira hostil. Ele berrava sua observação em um tom amistoso. "Oi, padre", dizia. O padre normalmente o ignorava e tentava seguir em frente com o sermão, mas papai insistia. Questionava o padre sobre a impossibilidade científica dos milagres e, quando o padre continuava a ignorá-lo, ficava furioso e berrava algo sobre os filhos bastardos do papa Alexandre VI, o hedonismo do papa Leão X, a simonia do papa Nicolau III, ou os assassinatos cometidos em nome da Igreja durante a Inquisição espanhola. Era o que se podia esperar de uma instituição comandada por homens celibatários que usavam vestido, dizia ele. A essa altura, os assistentes nos mandavam embora.

— Não se preocupem, Deus entende — dizia mamãe. — Ele sabe que seu pai é uma cruz que temos de carregar.

A VIDA NA CIDADE COMEÇAVA A INCOMODAR PAPAI.

— Estou começando a me sentir um rato em um labirinto — ele me disse.

Ele odiava o modo como tudo em Phoenix era tão organizado, com cartões de ponto, contas no banco, faturas de telefone, parquímetros, formulários de impostos, despertadores, reuniões de pais e mestres e pesquisadores batendo à porta e se metendo em sua vida. Ele odiava todas as pessoas que moravam em casas com ar-condicionado e janelas permanentemente lacradas e seguiam em carros com ar-condicionado para empregos de período integral em prédios de escritório com ar-condicionado, que ele dizia não passar de prisões bem decoradas. A simples visão daquelas pessoas a caminho do trabalho fazia-o sentir-se cercado e desconfortável. Começou a se queixar de que estávamos todos ficando frouxos demais, dependentes demais de confortos físicos e perdendo o contato com a ordem natural do mundo.

Papai sentia falta do ambiente natural. Ele precisava circular livremente em terreno aberto e viver entre animais selvagens. Achava que era bom para nossa alma ter abutres, coiotes e cobras por perto. Aquela era a maneira como o homem devia viver, dizia, em harmonia com a natureza, como os índios, não aquela bosta de senhores da terra tentando comandar o maldito planeta inteiro, derrubando todas as florestas e matando todas as criaturas que não conseguiam colocar de joelhos.

Certo dia, ouvimos no rádio que uma mulher no subúrbio tinha visto um leão da montanha atrás de sua casa e chamado a polícia, que matara o animal. Papai ficou com tanta raiva que atravessou uma parede com o punho.

— Aquele leão da montanha tem tanto direito à vida quanto aquela velha megera amarga tem à dela — disse. — Você não pode matar algo apenas por ser selvagem.

Papai bufou por algum tempo, tomando uma cerveja, depois mandou que todos entrássemos no carro.

— Para onde vamos? — perguntei. Não tínhamos feito nenhuma expedição desde a mudança para Phoenix. Eu sentia falta delas.

— Vou mostrar a vocês que nenhum animal, não importa quão grande ou selvagem, é perigoso, desde que você saiba o que está fazendo.

Nós nos amontoamos no carro. Papai dirigiu, tomando outra cerveja e resmungando em voz baixa sobre o leão da montanha inocente e a suburbana desprezível. Entramos no zoológico da cidade. Nenhum de nós havia ido a um zoológico, e eu não sabia o que esperar. Lori disse achar que os zoológicos deveriam ser ilegais. Mamãe, que levava Maureen em um dos braços e seu bloco de desenho em outro, sinalizou que os animais haviam trocado a liberdade pela segurança. Disse que ao olhar para eles, fingia não ver as grades.

No portão de entrada, papai comprou os ingressos, murmurando sobre a idiotice de pagar para olhar animais, e nos levou para a caminhada. A maioria dos recintos era de áreas de terra cercadas por barras de ferro, com gorilas tristes, ursos inquietos, macacos irritáveis ou gazelas ansiosas escondidas nos cantos. Muitas das crianças estavam se divertindo, boquiabertas, rindo e jogando amendoins para os animais, mas a visão daquelas pobres criaturas me deu um nó na garganta.

— Eu sinto vontade de entrar aqui uma noite dessas e libertar essas criaturas — papai disse.

— Posso ajudar? — perguntei.

Ele bagunçou meu cabelo.

— Você e eu, Cabra-Montesa. Vamos realizar nossa própria fuga da prisão animal.

Paramos em uma ponte. Abaixo, em um poço fundo, crocodilos tomavam sol em pedras ao redor de um lago.

— A megera que fez aquele leão da montanha ser baleado não entendia de psicologia animal — disse papai. — Se você demonstrar que não sente medo, eles o deixam em paz.

Papai apontou para o maior e mais escamoso dos crocodilos.

— Eu e aquele desgraçado de aparência repulsiva vamos disputar quem desvia o olhar primeiro.

Papai ficou em pé na ponte, encarando o crocodilo. No início, ele parecia dormir, mas piscou e ergueu os olhos para papai. Papai continuou a encará-lo, seus olhos apertados ferozmente. Depois de um minuto, o crocodilo balançou o rabo, desviou os olhos e deslizou para a água.

— Está vendo, você só precisa deixar clara sua posição — papai disse.

— Talvez ele fosse mesmo nadar — sussurrou Brian.

— O que quer dizer? — perguntei. — Não viu como o bicho ficou nervoso? Papai o levou a fazer isso.

Seguimos papai até o abrigo dos leões, porém eles estavam dormindo, e ele disse que devíamos deixá-los em paz. O porco-da-terra estava ocupado sugando formigas, e papai disse que não se deve perturbar animais comendo, então passamos por ele e fomos para a jaula do guepardo, quase tão grande quanto nossa sala e isolada por uma cerca metálica. O guepardo solitário andava de um lado para o outro, os músculos dos ombros movendo-se a cada passo. Papai cruzou os braços e estudou o guepardo.

— Ele é um bom animal; a criatura de quatro patas mais rápida do planeta — declarou. — Não está feliz de ficar nessa maldita jaula, mas se resignou e não sente mais raiva. Vamos ver se ele tem fome.

Papai me levou à lanchonete. Disse à senhora que cuidava do lugar que ele tinha um quadro médico raro e não podia comer carne cozida, por isso gostaria de comprar um hambúrguer cru.

— Ah, claro — disse a balconista. Ela contou a papai que o zoológico não permitia a venda de carne crua, porque pessoas tolas tentavam dá-la aos animais.

— Eu gostaria de dar o traseiro gordo dela aos animais — murmurou papai. Ele me comprou um saco de pipocas, e voltamos à jaula do guepardo. Papai se acocorou do lado de fora da cerca em frente ao felino, que chegou mais perto das grades e o estudou, curioso. Papai continuou olhando para ele, mas não do modo raivoso com que intimidara o crocodilo. O guepardo olhou de volta. Finalmente sentou-se. Papai passou por sobre a cerca metálica e ajoelhou junto às grades, onde o guepardo estava sentado. O animal permaneceu ali, olhando papai.

Papai levantou lentamente a mão direita e a colocou sobre a jaula. O guepardo olhou para a mão de papai, porém não se moveu. Papai calmamente passou a mão entre as barras de ferro da jaula e a apoiou no pescoço do guepardo. O felino passou o lado do rosto sobre a mão de papai, como se pedisse para ser acariciado. Papai fez no guepardo o tipo de carícia dura e vigorosa que se faz em um cachorro grande.

— Situação sob controle — disse papai, e nos chamou.

Passamos sob a cerca e ajoelhamos ao redor de papai enquanto ele acariciava o felino. Àquela altura, algumas pessoas já estavam reunidas. Um homem pedia que voltássemos para trás da cerca. Nós o ignoramos. Ajoelhei perto do guepardo. Meu coração estava acelerado, mas eu não estava com medo, apenas excitada. Podia sentir o hálito quente do animal em meu rosto. Ele olhou direto para mim. Seus olhos âmbar eram firmes, porém tristes, como se soubesse que nunca veria novamente as planícies da África.

— Posso acariciá-lo, por favor? — pedi a papai.

Papai pegou minha mão e a guiou lentamente à lateral do pescoço do guepardo. Era macio, mas também grosso. O felino virou a cabeça e pôs o nariz úmido sobre minha mão. Depois a grande língua rosada saiu da boca, e ele lambeu minha mão. Eu engasguei. Papai abriu minha mão e segurou meus dedos. O guepardo lambeu minha palma, a língua quente e áspera, como lixa mergulhada em água quente. Senti cócegas.

— Acho que ele gosta de mim — falei.

— Gosta — disse papai. — Também gosta do sal e da manteiga da pipoca em sua mão.

Já havia uma pequena multidão ao lado da jaula, e uma mulher particularmente nervosa agarrou minha camisa e tentou me puxar para longe da grade.

— Está tudo bem — eu lhe disse. — Meu pai faz coisas assim o tempo todo.

— Ele devia ser preso! — berrou ela.

— Certo, garotos — disse papai. — Os civis estão se revoltando. Melhor dar no pé.

Passamos ao longo das grades. Quando olhei para trás, o guepardo nos acompanhava pela lateral da jaula. Antes que conseguíssemos passar pela multidão, um homem pesado de uniforme azul-marinho veio correndo em nossa direção. Segurava a arma e o cassetete no cinto, fazendo com que parecesse correr com as mãos no quadril. Gritava sobre regulamentos e como idiotas haviam sido mortos entrando em jaulas, e que todos tinham de sair imediatamente. Agarrou papai pelo ombro, porém papai o empurrou e se colocou em posição de luta. Alguns dos homens na multidão agarraram os braços de papai, e mamãe pediu que papai, por favor, fizesse o que o guarda ordenara.

Papai anuiu e ergueu as mãos em um gesto de paz. Ele nos guiou em meio à multidão na direção da saída, rindo e balançando a cabeça para que soubéssemos que aqueles idiotas não valiam o tempo que levaria para acertá-los no traseiro. Eu podia ouvir pessoas ao redor sussurrando sobre o bêbado maluco e seus filhinhos sujos e esfarrapados, mas quem ligava para o que eles pensavam? Nenhum deles nunca teve a mão lambida por um guepardo.

Foi nessa época que papai perdeu o emprego. Disse que não havia com o que se preocupar, pois Phoenix era tão grande e crescia tão rapidamente que podia encontrar outro emprego em um canteiro onde não tivessem espalhado mentiras sobre ele. Depois foi demitido do segundo emprego e do terceiro, chutado do sindicato dos eletricistas, e começou a fazer biscates e serviços por um dia. O dinheiro que mamãe herdara de vovó Smith havia desaparecido, e novamente começamos a juntar trocados.

Eu não passei fome. O almoço na escola custava vinte e cinco centavos, e normalmente podíamos pagar por ele. Quando não podíamos, e eu dizia à sra. Ellis, minha professora da quarta série, que havia esquecido minha moeda, ela dizia que os registros indicavam que alguém já havia pago por mim. Embora isso parecesse uma coincidência medonha, eu não queria abusar da sorte fazendo perguntas demais sobre quem seria essa pessoa. Eu comia a refeição. Às vezes, aquele almoço era tudo o que eu tinha durante o dia todo, mas conseguia ficar bem só com uma refeição.

Certa tarde, quando Brian e eu chegamos em casa e encontramos a geladeira vazia, fomos para o beco atrás de casa procurar garrafas para reciclar. No final do beco ficava a entrada de serviço de um mercado. Havia uma grande caçamba de lixo verde no estacionamento. Quando ninguém estava olhando, Brian e eu abrimos a tampa, subimos e mergulhamos dentro procurando garrafas. Eu tinha medo de que pudesse estar cheia de lixo nojento. Em vez disso, encontramos um tesouro impressionante: caixas de papelão cheias de chocolates soltos. Alguns eram esbranquiçados e tinham aparência resseca-da, e alguns estavam cobertos por um misterioso bolor verde, mas a maioria estava boa. Nós nos entupimos de chocolate e a partir dali, sempre que mamãe estava ocupada demais para fazer jantar ou ficávamos sem comida, voltávamos à caçamba para ver se havia algum chocolate novo esperando por nós. De tempos em tempos havia.

Por alguma razão não havia crianças da idade de Maureen na rua Três Norte. Ela era nova demais para circular comigo e Brian, e passava a maior parte do tempo andando de um lado para o outro no triciclo vermelho que papai com-prara para ela, brincando com amigos imaginários. Todos tinham nome, e ela conversava com eles por horas. Riam juntos, tinham conversas detalhadas, até discutiam. Um dia, ela chegou em casa aos prantos, e quando perguntei por que estava chorando, disse que tivera uma briga com Suzie Q., uma das amigas imaginárias.

Maureen era cinco anos mais nova que Brian, e mamãe disse que, porque não tinha nenhum aliado de sua idade na família, precisava de tra-tamento especial. Mamãe decidiu que Maureen precisava ser matriculada na pré-escola, mas não queria sua filha mais nova vestindo as roupas de brechós que o restante de nós vestia. Mamãe disse que teríamos de furtar nas lojas.

— Isso não é pecado? — perguntei a mamãe.

— Não exatamente — respondeu ela. — Deus não se incomoda de você forçar um pouco as regras se tiver uma boa razão. É como um homicídio justificável. Este é um furto justificável.

O plano de mamãe era entrar com Maureen no provador de uma loja com uma braçada de roupas novas para a menina experimentar. Quando saísse, mamãe diria à funcionária que não gostara de nenhum dos vestidos. Nesse momento, Lori, Brian e eu causaríamos um tumulto para distrair a funcionária enquanto mamãe escondia um vestido sob a capa de chuva que estaria levando no braço.

Conseguimos três belos vestidos para Maureen dessa maneira, mas em uma ocasião, quando Brian e eu fingíamos nos socar, e mamãe estava deslizando um vestido para debaixo da capa, a vendedora se virou para mamãe e perguntou se ela pretendia comprar o vestido que estava segurando. Mamãe não teve escolha a não ser pagar por ele.

— Catorze dólares por um vestido de criança! — disse quando saímos da loja. — É um assalto!

Papai concebeu um modo engenhoso de conseguir dinheiro extra. Descobriu que, quando se fazia um saque pelo *drive-thru* do banco, demorava alguns minutos para que a transação fosse registrada no computador. Ele abriria uma conta-corrente e, mais ou menos uma semana depois, sacaria todo o dinheiro em um caixa dentro do banco ao mesmo tempo que mamãe sacava a mesma quantia no *drive-thru*. Lori disse que isso soava totalmente criminoso, mas papai falou que o que estava fazendo era enganar os gordos donos do banco que exploravam o homem comum cobrando juros extorsivos.

— Façam expressões inocentes — mamãe nos disse na primeira vez em que deixamos papai na frente do banco.

— Teremos de ir para um reformatório juvenil se formos apanhados? — perguntei.

Mamãe me garantiu que era totalmente legal.

— As pessoas estouram as contas o tempo todo. Se formos apanhados, só teremos de pagar uma taxa por saque a descoberto.

Ela explicou que era meio como fazer um empréstimo sem toda a papelada confusa. Enquanto íamos ao caixa, mamãe pareceu ficar tensa, e riu nervosa ao passar o pedido de saque pela janela à prova de balas. Acho que estava gostando da excitação de tomar dos ricos.

Depois que a mulher do lado de dentro nos passou o dinheiro, mamãe voltou para a frente do banco. Em um minuto, papai saiu andando relaxado. Subiu no banco da frente do carro, virou-se e, com um sorriso malicioso, ergueu uma pilha de notas e passou o polegar por elas.

O motivo pelo qual papai tinha dificuldade de conseguir trabalho fixo — como continuava a nos dizer — era que o sindicato dos eletricistas de Phoenix era corrupto. Dizia ser comandado pela máfia, que controlava todos os projetos de construção civil da cidade, e, antes de conseguir um emprego decente, ele tinha de expulsar o crime organizado da cidade. Isso exigia que fizesse muita pesquisa disfarçadamente, e o melhor lugar para reunir informações era nos bares de propriedade dos mafiosos. Papai começou a passar a maior parte do tempo nesses lugares.

Mamãe revirava os olhos sempre que papai mencionava sua pesquisa. Eu mesma passei a ter dúvidas sobre o que ele estava fazendo. Chegava em casa em uma fúria bêbada tal que normalmente mamãe se escondia enquanto nós, crianças, tentávamos acalmá-lo. Ele quebrava janelas, esmagava pratos e móveis até esgotar toda a raiva; depois, olhava para a bagunça ao redor e para nós em pé ali. Quando reconhecia o que havia feito, ganhava uma expressão de cansaço e vergonha. Caía de joelhos e se jogava de cara no chão.

Depois que papai desmaiava, eu tentava arrumar o lugar, mas mamãe sempre me fazia parar. Estava lendo livros sobre como lidar com um alcoólatra, e eles diziam que os bêbados não se lembravam de seus acessos, portanto se você arrumasse tudo depois, achariam que nada havia acontecido.

— Seu pai precisa ver a bagunça que está fazendo em nossa vida — disse mamãe.

Quando papai levantava, agia como se a destruição não existisse, e ninguém discutia isso com ele. Nós tivemos de nos acostumar a passar por cima de móveis quebrados e vidro estilhaçado.

Mamãe nos ensinou a esvaziar o bolso de papai quando ele desmaiava. Ficamos bastante bons nisso. Certa vez, depois que eu tinha virado papai e apanhado um punhado de trocados, soltei os dedos dele da garrafa que segurava. Havia um quarto do conteúdo na garrafa. Olhei para o líquido âmbar. Mamãe nunca tocava na coisa, e fiquei imaginando o que papai achava tão irresistível na bebida. Abri a garrafa e cheirei o líquido. O cheiro medonho ardeu em meu nariz, mas depois, juntando coragem, tomei um gole. Tinha um gosto denso hediondo, esfumaçado e tão quente que queimou minha língua. Corri para o banheiro, cuspi e enxaguei a boca.

— Acabei de tomar um gole de álcool — contei a Brian. — É a pior coisa que provei em minha vida.

Brian arrancou a garrafa da minha mão. Ele a esvaziou na pia da cozinha, depois me levou ao barracão e abriu uma arca de madeira nos fundos marcada como caixa de brinquedos. Estava cheia de garrafas de bebida vazias. Brian disse que sempre que papai desmaiava, ele pegava a garrafa que papai estava bebendo, a esvaziava e a escondia na arca. Ia esperar até ter dez ou doze, e levaria todas elas até uma lata de lixo a alguns quarteirões de distância, porque se papai visse as garrafas vazias ficaria furioso.

— Estou com uma sensação realmente boa sobre este Natal — anunciou mamãe no começo de dezembro. Lori destacou que os meses anteriores não haviam sido tão bons.

— Exatamente. Esse é o jeito de Deus nos dizer para cuidar de nosso próprio destino. Deus ajuda quem se ajuda.

Ela estava com uma sensação tão boa que decidira que naquele ano festejaríamos o Natal no dia de Natal em vez de uma semana depois.

Mamãe era uma especialista em compras em brechós. Lia as etiquetas nas roupas e virava pratos e vasos para estudar as marcas na parte externa deles. Não tinha pudores em dizer a uma vendedora que um vestido com etiqueta de vinte e cinco centavos de dólar só valia dez, e normalmente acabava conseguindo-o por aquele preço. Mamãe nos levou para fazer compras em brechós por semanas antes daquele Natal, dando um dólar a cada um para gastar em presentes. Comprei um vaso de vidro vermelho para mamãe, um cinzeiro de ônix para papai, um kit de modelo de carro para Brian, um livro sobre elfos para Lori e um tigre de pelúcia com orelha caída que mamãe me ajudou a costurar para Maureen.

Na manhã de Natal, mamãe nos levou a um posto de gasolina que vendia árvores de Natal. Ela escolheu um pinheiro alto e escuro, levemente seco.

— Esta pobre árvore velha não será vendida até o final do dia e precisa de alguém que a ame — disse ao homem, e ofereceu três dólares.

O homem olhou para a árvore, para mamãe e para nós. Meu vestido tinha botões faltando. Buracos apareciam nas costuras da camiseta de Maureen.

— Senhora, esta custa um dólar — disse ele.

Carregamos a árvore para casa e a decoramos com os enfeites antigos de vovó: bolas coloridas decoradas, frágeis perdizes de vidro e luzes com tubos compridos de água borbulhante. Eu mal podia esperar para abrir meus presentes, mas mamãe insistiu que celebrássemos o Natal à moda católica, abrindo os presentes só depois da missa da meia-noite. Papai, sabendo que todos os bares e lojas de bebidas estariam fechados no Natal, fizera estoque antecipado. Ele abriu a primeira Budweiser antes do café da manhã, e quando chegou a hora da missa da meia-noite, tinha dificuldade de ficar em pé.

Sugeri que talvez daquela vez mamãe não obrigasse papai a ir à missa, mas ela disse que passar na casa de Deus para dar um "olá" era especialmente importante em momentos como aquele, então papai cambaleou e se arrastou para dentro da igreja conosco. Durante o sermão, o padre discutiu o milagre da Imaculada Conceição e o parto da Virgem.

— Virgem nada! — berrou papai. — Maria era uma doce garota judia que engravidou!

A cerimônia foi interrompida. Todos olharam para papai. O coro se virara ao mesmo tempo e estava boquiaberto. Até mesmo o padre ficou sem palavras.

Papai tinha um sorriso satisfeito no rosto.

— E Jesus Cristo é o bastardo mais amado do mundo!

Os assistentes nos escoltaram assustadoramente para fora. A caminho de casa, papai pôs o braço sobre meus ombros para se apoiar.

— Querida, se seu namorado se meter dentro de sua calcinha e você se vir grávida, jure que foi a Imaculada Conceição e comece a falar sobre milagres. Depois, passe a bandeja de doações no domingo.

Eu não gostava de papai quando falava daquele modo e tentei me afastar, porém ele me apertou com mais força.

Em casa, tentamos acalmar papai. Mamãe lhe deu um dos presentes, um isqueiro de latão dos anos 1920 no formato de scottish terrier. Papai o acendeu duas vezes, balançando-o; depois o ergueu à luz e o estudou.

— Vamos iluminar de verdade este Natal — disse papai, e enfiou o isqueiro no pinheiro. As folhas secas pegaram fogo de imediato. Chamas se ergueram entre os galhos, que estalaram ruidosamente. E os enfeites de Natal explodiram com o calor.

Por alguns instantes, ficamos chocados demais para fazer alguma coisa. Mamãe pediu cobertores e água. Conseguimos apagar o fogo, mas apenas derrubando a árvore, quebrando a maioria dos enfeites e estragando todos os presentes. Papai ficou sentado no sofá o tempo todo, rindo e dizendo a mamãe que estava lhe fazendo um favor, porque árvores eram símbolos pagãos de adoração.

O fogo foi apagado, a árvore queimada e encharcada fumegava no chão, e nós, simplesmente, permanecemos ali. Ninguém tentou torcer o pescoço de papai, gritar com ele ou sequer dizer que ele havia arruinado o Natal que sua família passara semanas planejando — o Natal que deveria ser o melhor que já havíamos tido. Quando papai enlouquecia, cada um tinha seu modo de se fechar e se isolar, e foi o que fizemos naquela noite.

Fiz dez anos naquela primavera, mas aniversários não eram nada de mais em nossa casa. Às vezes, mamãe enfiava algumas velas em um sorvete, e todos cantávamos "Parabéns a você". Mamãe e papai talvez nos dessem um presentinho — uma revista em quadrinhos, um par de sapatos ou um pacote de roupas íntimas —, porém com a mesma frequência esqueciam completamente nosso aniversário.

Fiquei surpresa quando, no dia em que completei dez anos, papai me levou para o quintal dos fundos e perguntou o que eu mais queria no mundo.

— É uma ocasião especial, considerando que isso a deixa na casa dos dois dígitos — falou. — Você está crescendo muito rápido, Cabra-Montesa. Estará por conta própria já, já, e se houver algo que eu possa fazer por você agora, antes que vá embora, eu quero fazer.

Eu sabia que papai não estava falando sobre me comprar um presente extravagante, como um pônei ou uma casa de bonecas. Estava perguntando o que podia fazer, agora que eu era quase adulta, para tornar meus últimos anos de menina tudo o que esperava que fossem. Só havia uma coisa que eu realmente queria, algo que iria mudar a vida de todos nós, mas tinha medo de pedir. Só de pensar em dizer as palavras em voz alta já ficava nervosa.

Papai viu minha hesitação. Ele se ajoelhou e olhou para mim.

— O que é? — perguntou. — Peça.

— É grande.

— É só pedir, querida.

— Estou com medo.

— Você sabe que se for humanamente possível, eu conseguirei para você. E se não for humanamente possível, morrerei tentando.

Ergui os olhos em direção às nuvens finas que rodopiavam alto no céu azul do Arizona. Mantive os olhos fixos naquelas nuvens distantes, respirei fundo e disse:

— Acha que talvez você pudesse parar de beber?

Papai não disse nada. Estava olhando para o pátio de cimento, e quando se virou para mim, os olhos tinham uma expressão ferida, como um cachorro que levou um chute.

— Você deve ter uma vergonha medonha do seu velho — falou.

— Não — retruquei rápido. — Mas acho que mamãe seria muito mais feliz. E teríamos um dinheiro extra.

— Você não precisa explicar — disse papai. Sua voz não passava de um sussurro. Ele se levantou, foi para o quintal e sentou-se sob as laranjeiras. Eu o segui e me sentei ao lado dele. Ia segurar sua mão, mas antes que eu a alcançasse, ele falou: — Se não se importa, querida, acho que gostaria de me sentar aqui sozinho por um tempo.

Pela manhã, papai me disse que passaria os dias seguintes no quarto. Queria que nós, crianças, ficássemos longe dele, do lado de fora o dia inteiro, brincando. No primeiro dia, foi tudo bem. No segundo, quando voltei para casa da escola, ouvi um gemido horrível vindo do quarto.

— Papai? — chamei.

Não obtive resposta. Abri a porta. Papai estava amarrado à cama com cordas e cintos. Não sei se havia feito isso sozinho ou se mamãe o ajudara, mas estava se contorcendo, arqueando e forçando as amarras, gritando “Não!”, “Pare!” e “Ai, meu Deus!”. O rosto estava acinzentado, e pingava suor dele. Eu o chamei novamente, mas ele não me viu nem ouviu. Fui à cozinha e enchi de água um jarro vazio de suco de laranja. Sentei com o jarro perto da porta de papai para o caso de ele sentir sede. Mamãe me viu e mandou que fosse brincar do lado de fora da casa. Eu disse que desejava ajudar papai. Ela falou que não havia nada que eu pudesse fazer, mesmo assim fiquei junto à porta.

O delírio de papai durou dias. Quando voltava da escola, pegava o jarro de água, assumia posição junto à porta e esperava até a hora de dormir. Brian e Maureen brincavam do lado de fora, e Lori se mantinha mais distante da casa. Mamãe pintava no ateliê. Ninguém falava muito sobre o que estava acontecendo. Certa noite, quando estávamos jantando, papai deu um berro especialmente hediondo. Eu olhei para mamãe, que mexia em sua sopa como se fosse uma noite comum, e perdi a paciência.

— Faça alguma coisa! — gritei para ela. — Você tem de fazer algo para ajudar papai!

— Seu pai é o único que pode se ajudar — respondeu. — Só ele sabe como combater seus próprios demônios.

Depois de boa parte da semana, o delírio de papai passou, e ele nos pediu para conversarmos no quarto. Estava apoiado em um travesseiro, mais pálido e magro do que jamais o vira. Pegou o jarro de água que ofereci. As mãos tremiam tanto que teve dificuldade em segurá-lo, e a água escorreu pelo queixo enquanto bebia.

Alguns dias depois, papai era capaz de caminhar, embora não tivesse apetite, e as mãos ainda tremessem. Disse a mamãe que talvez tivesse cometido um erro terrível, mas mamãe retrucou que às vezes é preciso ficar mais doente antes de poder melhorar. Depois de mais alguns dias, papai parecia quase normal, exceto que se tornara inseguro, até mesmo meio tímido. Sorria muito para nós e apertava nossos ombros, algumas vezes apoiando-se em nós para se firmar.

— Fico pensando como será a vida agora — eu disse a Lori.

— Igual — respondeu. — Ele tentou parar antes, mas nunca durou.

— Dessa vez vai durar.

— Como você sabe?

— É o presente dele para mim.

Papai passou o verão se recuperando. Durante dias seguidos, ele se sentou sob as laranjeiras, lendo. No começo do outono, recuperara a maior parte da força. Para celebrar sua nova vida sóbria e estabelecer alguma distância entre si mesmo e os lugares que frequentava para beber, ele decidiu que o clã Walls devia fazer uma longa viagem para acampar no Grand Canyon. Evitaríamos os patrulheiros e encontraríamos uma caverna em algum lugar ao longo do rio. Nadaríamos, pescaríamos e cozinharíamos em uma fogueira. Mamãe e Lori poderiam pintar, enquanto papai, Brian e eu escalaríamos os penhascos e estudaríamos as camadas geológicas do cânion. Seria como nos velhos tempos. Seus filhos não precisavam ir à escola, disse. Ele e mamãe podiam nos ensinar melhor que qualquer um daqueles professores de merda.

— Você, Cabra-Montesa, pode montar uma coleção de pedras como nunca se viu — sugeriu papai.

Todos adoraram a ideia. Brian e eu ficamos tão excitados que dançamos ali na sala. Juntamos cobertores, comida, cantis, linha de pesca, o cobertor lavanda que Maureen levava para toda parte, o papel e os lápis de Lori, o cavalete de mamãe, telas, pincéis e tintas. O que não conseguimos enfiar na mala do carro, amarramos no teto. Levamos também o elegante arco e flecha de mamãe, feito de marchetaria de árvores frutíferas, porque papai disse que nunca se sabe que tipo de animal selvagem poderíamos encontrar nos recessos do cânion.

Partimos cedo na manhã seguinte. Assim que chegamos ao norte de Phoenix, depois de todas as casas iguais de subúrbio, o tráfego diminuiu, e papai começou a ir cada vez mais rápido.

— Não há sensação melhor do que estar se movendo — disse ele.

Estávamos no deserto, os postes telefônicos passavam rapidamente.

— Ei, Cabra-Montesa! — berrou ele. — Quão rápido você acha que este carro chega?

— Mais que a velocidade da luz! — falei. Eu me inclinei sobre o banco da frente e vi o ponteiro do velocímetro subir. Estávamos a cento e quarenta e cinco quilômetros por hora.

— Você vai ver aquele ponteiro saltar do mostrador — disse papai.

Eu podia ver a perna dele se mover enquanto apertava o acelerador. Havíamos baixado as janelas, e mapas, papel de desenho e cinzas de cigarro rodopiavam ao redor de nossa cabeça. O ponteiro do velocímetro passou de cento e sessenta, último número do mostrador, e foi para o espaço vazio. O carro começou a tremer, mas papai não tirou o pé do acelerador. Mamãe cobriu a cabeça com as mãos e pediu a papai que diminuísse, porém isso só o fez pisar ainda mais no acelerador.

De repente, ouviu-se um estalido sob o carro. Olhei para trás, para ter certeza de que nenhuma parte importante havia caído, e vi um cone de fumaça cinza subindo atrás de nós. Nesse instante, um vapor branco cheirando a ferro começou a sair das laterais do capô e passar pelas janelas. O tremor aumentou, e, com um terrível engasgo, e ruídos de estalido, o carro começou a andar mais devagar. Logo, estava apenas se arrastando. E então o motor morreu totalmente. Deslizamos alguns metros em silêncio antes de o carro parar.

— Agora você conseguiu — disse mamãe.

Nós e papai saltamos e empurramos o carro para o acostamento enquanto mamãe dirigia. Papai abriu o capô. Observei enquanto ele e Brian estudavam o motor coberto de óleo soltar fumaça e discutiam as partes pelo nome. Depois, fui me sentar no carro com mamãe, Lori e Maureen.

Lori me lançou um olhar de desgosto, como se fosse culpa minha o carro ter quebrado.

— Por que você sempre o encoraja? — perguntou.

— Não se preocupe — respondi. — Papai vai consertar.

Ficamos um longo tempo sentados ali. Eu via abutres circulando alto a distância, o que me fez lembrar do ingrato Destruidor. Talvez devesse dar um desconto a ele. Com a asa quebrada, e uma vida comendo coisas mortas na estrada, ele provavelmente tinha muito pelo que ser ingrato. Azar demais pode criar um espírito ruim permanente em qualquer criatura.

Papai finalmente fechou o capô.

— Você pode consertar, não pode? — perguntei.

— Claro. Se tivesse as ferramentas adequadas.

Teríamos de adiar temporariamente nossa expedição ao Grand Canyon, disse ele. Nossa prioridade agora era voltar a Phoenix, para que pudesse pôr as mãos nas ferramentas certas.

— Como? — perguntou Lori.

Pegar carona era uma opção, papai disse. Podia ser difícil, no entanto, encontrar um carro com espaço suficiente para acomodar quatro crianças e dois adultos. Como éramos todos tão atléticos, e como nenhum de nós era chorão, andar para casa não seria problema.

— São quase cento e trinta quilômetros — disse Lori.

— Isso mesmo — falou papai.

Se fizéssemos cinco quilômetros por hora, oito horas por dia, completaríamos em três dias. Tínhamos de deixar tudo para trás, exceto o cobertor lavanda de Maureen e os cantis. Isso incluía o arco e flecha marchetado de mamãe. Como mamãe era muito ligada ao arco, que o pai lhe dera, papai, Brian e eu o escondemos em um canal de irrigação. Poderíamos voltar e resgatá-lo depois.

Papai carregou Maureen. Para nos animar, ele contava *um, dois, três, quatro*, mas mamãe e Lori se recusavam a marcar passo. Papai acabou desistindo, e tudo ficou silencioso, a não ser pelo som de nossos pés esmagando areia e pedras e o vento soprando do deserto. Depois de andarmos o que pareceu ser duas horas, chegamos a uma placa de motel pela qual havíamos passado somente um minuto antes de o carro quebrar. De quando em quando, passavam carros em alta velocidade e papai esticava o polegar, porém nenhum deles parou. Por volta do meio-dia, um grande Buick azul com reluzentes para-choques cromados diminuiu e parou no acostamento à nossa frente. Uma senhora com penteado de salão de beleza abriu a janela.

— Pobrezinhos! — exclamou. — Vocês estão bem?

Ela nos perguntou aonde estávamos indo, e quando dissemos Phoenix, nos ofereceu carona. O ar-condicionado do Buick era tão forte que meus pelos se arrepiaram em braços e pernas. A mulher fez com que Lori e eu passássemos aos outros Coca-Colas e sanduíches de um isopor que estava no chão. Papai disse que não sentia fome.

A senhora não parou de falar sobre como a filha estava dirigindo pela rodovia, nos vira e, ao chegar à casa da senhora, contara sobre a pobre família caminhando pelo acostamento na estrada.

— E eu disse à minha filha: "Não posso deixar aqueles pobrezinhos lá". Eu disse à minha filha: "Aquelas pobres crianças devem estar morrendo de sede, coitadinhas".

— Não somos pobres — eu disse. Ela usara aquela palavra vezes demais.

— Claro que não são — retrucou a senhora rapidamente. — Não quis dizer nesse sentido.

Mas eu sabia que tinha. A senhora ficou quieta, e pelo resto da viagem ninguém falou muito. Tão logo ela nos deixou, papai desapareceu. Esperei nos degraus da frente até a hora de dormir, porém ele não voltou para casa.

Três dias depois, enquanto Lori e eu estávamos sentadas ao velho piano de armário de vovó tentando ensinar uma à outra a tocar, ouvimos pesados passos irregulares junto à porta da frente. Viramos e vimos papai. Ele tropeçou na mesinha de café. Quando tentamos ajudar, ele nos xingou e se lançou sobre nós, brandindo os punhos. Queria saber onde estava a nossa maldita mãe infeliz, e ficou tão louco quando não contamos que puxou a cristaleira de vovó, quebrando sua bela porcelana no chão. Brian entrou correndo. Tentou agarrar a perna de papai, mas ele o chutou.

Papai arrancou a gaveta de prataria e lançou garfos, colheres e facas por toda a sala, depois pegou uma das cadeiras e a esmagou na mesa de vovó.

— Rose Mary, onde você está, piranha fedorenta? — berrou. — Onde essa mulher está se escondendo?

Ele encontrou mamãe no banheiro, encolhida na banheira. Quando passou correndo, ele agarrou o vestido dela, e mamãe começou a lutar com papai. Chegaram brigando à sala de jantar, e ele a derrubou no chão. Ela esticou a mão para a pilha de talheres que papai jogara ali, agarrou uma faca de açougueiro e cortou o ar diante dele.

Papai se inclinou para trás.

— Uma luta de faca, é? — falou, sorrindo. — Legal, se é o que você quer.

Pegou uma faca, jogando-a de uma mão para a outra. Depois, arrancou a faca da mão de mamãe, largou a dele e a prendeu no chão. Nós socamos as costas de papai e imploramos para que parasse, mas ele nos ignorou. Finalmente, prendeu as mãos de mamãe atrás da cabeça.

— Rose Mary, você é uma mulher infernal! — grunhiu papai.

Mamãe disse que ele era um bêbado podre, fedorento.

— É, mas você ama este velho bêbado, não é?

Mamãe inicialmente disse que não, porém papai continuou perguntando sem parar, e quando finalmente ela disse "sim", a luta chegou ao fim. Desapareceu como se nunca tivesse existido. Papai começou a rir e abraçar mamãe, que ria e o abraçava. Era como se estivessem tão felizes por não terem matado um ao outro que haviam se apaixonado novamente.

Não senti vontade de celebrar. Depois de tudo o que ele havia passado, não podia acreditar que papai tivesse voltado ao álcool.

Com papai bebendo novamente e nenhum dinheiro entrando, mamãe começou a falar sobre ir para o leste, Virgínia Ocidental, onde moravam os pais de papai. Talvez eles o ajudassem a se manter na linha. No mínimo, poderiam nos ajudar financeiramente, como vovó Smith havia feito de tempos em tempos. Mamãe disse que iríamos adorar a Virgínia Ocidental. Moraríamos na floresta das montanhas, com os esquilos. Iríamos conhecer vovó e vovô Walls, caipiras legítimos.

Mamãe fez a vida na Virgínia Ocidental parecer outra grande aventura, e logo nós compramos a ideia da viagem. Mas papai odiou a ideia e se recusou a ajudar mamãe, e ela fez tudo sozinha. Como nunca havíamos resgatado o carro — nem nenhuma de nossas coisas — da fracassada expedição ao Grand Canyon, a primeira coisa de que mamãe precisava era um veículo novo. Disse que Deus operava de maneiras misteriosas, e aconteceu de ela herdar terras no Texas quando vovó morrera. Esperou até receber um cheque de várias centenas de dólares da empresa que alugava os direitos de perfuração. E foi comprar um carro usado.

Uma vez por semana, uma rádio local tinha uma transmissão promocional em um estacionamento pelo qual passávamos a caminho da escola. Toda quarta-feira, os locutores e vendedores de carros usados falavam ao vivo sobre as ofertas inacreditáveis e os preços mais baixos; para provar, anunciavam a Oferta do Cofrinho: um carro custando menos de mil dólares, que venderiam ao primeiro que telefonasse. Mamãe estava de olho numa Oferta do Cofrinho. Não ia se arriscar com o telefonema; foi com o dinheiro e se sentou no escritório do vendedor enquanto esperávamos em um banco de praça do outro lado da rua, ouvindo a transmissão em um rádio transistorizado.

A Oferta do Cofrinho daquela quarta-feira era um Oldsmobile 1956, que mamãe comprou por duzentos dólares. Nós escutamos enquanto ela dizia ao vivo aos ouvintes da rádio que conhecia uma senhora pechincha quando via uma.

Mamãe não pôde testar a Oferta do Cofrinho antes de comprar. O carro sacudiu várias vezes a caminho de casa. Era impossível dizer se era a direção de mamãe ou se tínhamos comprado uma porcaria.

Nós não estávamos nada animados com a ideia de mamãe nos conduzir pelo país. Para começar, ela não tinha carteira de motorista válida, e sempre fora péssima condutora. Se papai ficava bêbado demais, ela acabava atrás do volante, mas os carros pareciam nunca funcionar bem com mamãe. Certa vez em que dirigíamos pelo centro de Phoenix, ela não conseguiu fazer os freios funcionar, e obrigou Brian e eu a enfiarmos a cabeça para fora das janelas para gritar "Sem freio! Sem freio!", enquanto passávamos por cruzamentos e procurávamos algo relativamente macio no que bater. Acabamos batendo em uma caçamba de lixo atrás de um supermercado e andando a pé de volta para casa.

Mamãe disse que qualquer um que tivesse críticas à sua direção poderia assumi-la. Agora que tínhamos um carro, continuou, poderíamos partir na manhã seguinte. Era outubro, e estávamos na escola havia apenas um mês, porém mamãe disse que não tínhamos tempo para contar aos professores que estávamos partindo, ou pedir nossos históricos escolares. Quando nos matriculássemos na Virgínia Ocidental, ela atestaria nossa formação acadêmica, e assim que nossos novos professores nos ouvissem ler, perceberiam que éramos todos superdotados.

Papai continuava a se recusar a ir conosco. Disse que quando partíssemos, seguiria sozinho para o deserto, para se tornar um garimpeiro. Perguntei a mamãe se iríamos vender a casa na rua Três Norte ou alugar.

— Nem uma coisa, nem outra. É minha casa.

Disse que era legal ter alguma coisa, para variar, e não via sentido em vender somente porque estávamos nos mudando. Também não queria alugar, já que era contra outra pessoa morar em sua casa. Ficaria como estava. Para impedir que ladrões ou vândalos a invadissem, deixaríamos roupas no varal e pratos sujos na pia. Desse modo, disse mamãe, potenciais invasores pensariam que a casa estava ocupada e seriam levados a crer que os moradores poderiam voltar a qualquer momento.

Na manhã seguinte, colocamos as coisas no carro enquanto papai ficava sentado na sala de estar, emburrado. Amarramos o material artístico de mamãe no teto e enchemos a mala com potes, panelas e cobertores. Mamãe havia comprado em um brechó um casaco quente para cada um, para termos o que vestir na Virgínia Ocidental, onde o frio era tão intenso que nevava. Mamãe disse que só poderíamos levar uma coisa, como quando partimos de Battle Mountain. Eu queria levar minha bicicleta, mas mamãe disse que era grande demais, e levei somente meu geodo.

Eu corri para o quintal e disse adeus às laranjeiras, depois corri de volta para entrar no Oldsmobile. Tive de engatinhar sobre Brian e me sentar no meio, porque ele e Lori já haviam ocupado os lugares nas janelas. Maureen estava no banco da frente com mamãe, que ligara o motor e praticava trocas de marcha. Papai ainda estava dentro de casa, me inclinei sobre Brian e gritei com toda a força. Papai apareceu na porta, braços cruzados sobre o peito.

— Papai, por favor, venha, precisamos de você! — berrei.

Lori, Brian, mamãe e Maureen se juntaram.

— Precisamos de você! — gritamos. — Você é o chefe da família! É, papai! Venha!

Papai ficou ali olhando para nós por um momento. Depois jogou o cigarro que estava fumando no pátio, fechou a porta da frente, andou até o carro e mandou mamãe ir para o lado — ele ia dirigir.

III. Welch

Em Battle Mountain havíamos parado de dar nome aos carros da família Walls, porque eram tão dilapidados que papai disse que não mereciam nomes. Mamãe contou que, enquanto crescia na fazenda, eles nunca batizavam o gado, pois sabiam que teriam de matá-lo. Se não déssemos um nome ao carro, não ficaríamos tão tristes quando tivéssemos de abandoná-lo.

A Oferta do Cofrinho era apenas o Oldsmobile, e nunca dissemos o nome com algum carinho ou mesmo pena. Aquele Oldsmobile foi uma lata velha desde o momento em que o compramos. Quando quebrou pela primeira vez, ainda não tínhamos chegado à divisa do Novo México. Papai enfiou a cabeça sob o capô, deu um jeito no motor e ele voltou a funcionar, porém quebrou novamente duas horas depois. Papai o colocou para andar — "mais como mancar", ele disse —, mas nunca andou mais rápido que vinte e cinco ou trinta quilômetros por hora. E o capô continuava abrindo, e tivemos de amarrá-lo com uma corda.

Fugimos de cabines de pedágio pegando estradas secundárias de mão dupla, onde normalmente tínhamos uma comprida fila de motoristas atrás de nós, buzinando de irritação. Quando uma das janelas do Oldsmobile parou de subir em Oklahoma, prendemos sacos de lixo nela. Dormíamos no carro toda noite e, depois de chegar tarde em Muskogee e estacionar em uma rua vazia do centro, acordamos e vimos um bando de pessoas cercando o carro, garotinhos apertando o nariz nas janelas e adultos balançando a cabeça e sorrindo.

Mamãe acenou para a multidão.

— Você sabe que está mal quando gente de Oklahoma ri de você — disse.

Com nossa janela fechada por saco de lixo, nosso capô preso por corda e o material de arte amarrado ao teto, éramos mais caipiras que os caipiras. A ideia deu a ela um ataque de riso.

Coloquei um cobertor sobre a cabeça e me recusei a tirá-lo antes que tivéssemos deixado os limites da cidade de Muskogee.

— A vida é uma peça cheia de tragédia e comédia — me disse mamãe. — Você deveria aprender a aproveitar um pouco mais os episódios cômicos.

Levamos um mês para cruzar o país. Poderíamos muito bem viajar em uma carroça coberta Conestoga. Mamãe continuava insistindo para que fizéssemos desvios turísticos para ampliar nossos horizontes. Fomos ver Álamo — "Davy Crockett e James Bowie mereceram o que lhes aconteceu por roubar esta terra dos mexicanos", disse mamãe — e Beaumont, onde as bombas de petróleo se moviam como pássaros gigantescos. Em Louisiana, mamãe nos fez subir no teto do carro e arrancar tufos de barba-de-velho pendurada dos galhos das árvores.

Depois de cruzar o Mississippi, viramos rumo ao norte para Kentucky, e depois para o leste. Em vez do deserto plano cercado por montanhas irregulares, a terra subia e descia como um lençol ao ser sacudido. Finalmente chegamos ao interior montanhoso, subindo e penetrando cada vez mais nos Apalaches, parando de tempos em tempos para deixar o velho Oldsmobile recuperar o fôlego nas estradas íngremes e sinuosas. Era novembro. As folhas haviam ficado marrons e caíam das árvores, e uma névoa fria envolvia a lateral das montanhas. Havia riachos e córregos por todo lado em vez dos canais de irrigação que se viam no oeste, e o ar parecia diferente. Era muito parado, mais pesado e denso, e de alguma forma mais escuro. Por alguma razão, fez com que todos ficássemos quietos.

Ao anoitecer, chegamos a uma curva onde placas pintadas à mão anunciando oficinas e depósitos de carvão haviam sido pregadas em árvores na lateral da estrada. Fizemos a curva e nos vimos em um vale fundo. Casas de madeira e pequenos prédios de tijolos margeavam o rio e subiam em pilhas irregulares nas duas encostas.

— Bem-vindos a Welch! — declarou mamãe.

Seguimos por ruas escuras e estreitas e paramos diante de uma grande casa desgastada. Ficava no lado de baixo da rua, e tivemos de descer um lance de escada para chegar a ela. Quando pisamos na varanda, uma mulher abriu a porta. Era enorme, com pele pálida e três queixos. Grampos prendiam atrás os cabelos grisalhos compridos, e havia um cigarro balançando na boca.

— Bem-vindo ao lar, filho — disse, abraçando papai longamente. Depois se virou para mamãe, dizendo sem sorrir: — Gentil de sua parte me deixar ver meus netos antes de morrer.

Sem tirar o cigarro da boca, ela deu um rápido e rígido abraço em cada um de nós. Sua bochecha estava grudenta de suor.

— Prazer em conhecê-la, vovó — eu disse.

— Não me chame de vovó — cortou ela. — Meu nome é Erma.

— Ela não gosta disso, porque a faz parecer velha — disse um homem que aparecera ao lado dela. Parecia frágil, com cabelos brancos curtos espetados. A voz era tão murmurada que eu mal podia compreendê-lo. Não sabia se era o sotaque ou se talvez não estivesse usando as dentaduras. — Meu nome é Ted, mas você pode me chamar de vovô — prosseguiu ele. — Não me incomoda nada ser um avô.

Atrás de vovô estava um homem de rosto vermelho com uma cabeleira ruiva crespa saindo de seu boné de beisebol, que tinha um logotipo da Maytag. Usava um casaco xadrez vermelho e preto, sem camisa por baixo. Não parava de anunciar que era nosso tio Stanley, e não parou de me abraçar e beijar, como se eu fosse alguém que ele realmente amava e não via fazia séculos. Era possível sentir o cheiro de uísque em seu hálito, e quando falava podiam-se ver as beiradas rosadas de suas gengivas banguelas.

Eu encarei Erma, Stanley e vovô, procurando algum traço que me lembrasse papai, mas não encontrei nenhum. Pensei que talvez aquela fosse uma das brincadeiras de papai. Papai devia ter armado para que as pessoas mais esquisitas da cidade fingissem ser sua família. Em alguns minutos, ele começaria a rir e nos diria onde seus pais de verdade moravam, iríamos até lá e uma mulher sorridente com cabelos perfumados nos receberia com tigelas fumegantes de creme de trigo. Olhei para papai. Não sorria e continuava a puxar a pele do pescoço como se estivesse com coceira.

Seguimos Erma, Stanley e vovô para dentro da casa. Estava frio lá, e o ar cheirava a mofo, cigarro e roupa suja. Nós nos apertamos ao redor de um fogareiro de carvão arredondado de ferro fundido no meio da sala e esticamos as mãos para esquentá-las. Erma tirou uma garrafa de uísque do bolso do vestido, e papai pareceu feliz pela primeira vez desde que deixamos Phoenix.

Erma nos levou à cozinha, onde estava fazendo o jantar. Uma lâmpada nua pendia do teto, lançando uma luz dura sobre as paredes amareladas, cobertas de uma fina camada de gordura. Erma enfiou um gancho curvo em um disco de ferro no alto de um velho fogão a carvão, ergueu-o e, com a outra mão, agarrou um atiçador na parede e remexeu as brasas alaranjadas quentes do lado de dentro. Mexeu uma panela de favas refogando em banha e botou um grande bocado de sal. Depois colocou uma travessa de biscoitos Pillsbury na mesa da cozinha e serviu um prato de favas para cada um.

As favas estavam tão cozidas que se abriram quando enfiei o garfo nelas, e eram tão salgadas que mal consegui me obrigar a engolir. Tampei o nariz, que era como mamãe nos ensinara a engolir coisas que haviam ficado meio podres. Erma viu e deu um tapa em minha mão.

— Pedintes não podem escolher — disse.

Erma disse que havia três quartos em cima, mas ninguém estivera no segundo andar em quase dez anos, porque as tábuas corridas estavam totalmente podres. Tio Stanley se ofereceu para nos dar seu quarto no porão e dormir em um catre na entrada, enquanto estivéssemos ali.

— Só ficaremos alguns dias até que encontremos um lugar para nós — disse papai.

Depois do jantar, mamãe e nós, crianças, descemos para o porão. Era uma grande sala úmida com paredes de blocos de cimento e um piso de linóleo verde. Havia outro fogareiro a carvão, uma cama, um sofá-cama, onde mamãe e papai podiam dormir, e um gaveteiro pintado de vermelho-bombeiro.

Continha centenas de revistas em quadrinhos gastas — *Luluzinha, Riquinho, Recruta Zero, Arquibaldo e sua turma* — que tio Stanley colecionara ao longo dos anos. Sob o gaveteiro, havia jarros de genuíno uísque ilegal.

Subimos na cama de Stanley. Para deixá-la menos apertada, Lori e eu nos deitamos com a cabeça para uma ponta, e Brian e Maureen com a deles para a outra. Os pés de Brian estavam no meu rosto, eu o agarrei pelo calcanhar e comecei a mastigar seus dedos. Ele riu, chutou, e em retaliação começou a mastigar meus dedos, e isso me fez rir. Ouvimos um *tuc, tuc, tuc* alto vindo de cima.

— O que é isso? — perguntou Lori.

— Talvez as baratas aqui sejam maiores que em Phoenix — disse Brian.

Todos rimos, e ouvimos o *tuc, tuc, tuc* de novo. Mamãe subiu para investigar, depois voltou e explicou que Erma estava batendo no chão com o cabo de um esfregão para indicar que fazíamos barulho demais.

— Ela pediu que vocês não riam enquanto estiverem na casa dela — disse mamãe. — Isso faz mal aos nervos dela.

— Acho que Erma não gosta muito de nós — eu disse.

— Ela é apenas uma mulher velha que teve uma vida dura — disse mamãe.

— Eles todos são meio esquisitos — falou Lori.

— Vamos nos adaptar — disse mamãe.

Ou nos mudar, pensei.

O dia seguinte era um domingo. Quando levantamos, tio Stanley estava apoiado na geladeira, ouvindo rádio com atenção. Ele fazia barulhos estranhos; não estáticos, mas uma combinação de gritos e lamentos.

— Há línguas — disse ele — que só o Senhor consegue entender.

O pregador começou a falar em inglês, mais ou menos. Falava com um sotaque caipira tão denso que era quase tão difícil entender quanto as línguas. Pedia a todas as pessoas boas que estivessem ouvindo, e haviam sido ajudadas por essa canalização do espírito do Senhor, que enviassem contribuições. Papai entrou na cozinha e escutou.

— É o tipo de vodu destruidor da alma que me transformou em ateu — disse ele.

Mais tarde, entramos no Oldsmobile, e mamãe e papai nos levaram para conhecer a cidade. Welch era cercada de todos os lados por montanhas tão íngremes que senti como se estivesse olhando para elas do fundo de uma tigela. Papai disse que as montanhas ao redor de Welch eram íngremes demais para cultivar qualquer coisa. Não era possível criar um rebanho decente de ovelhas ou bois nem plantar nada, a não ser talvez para alimentar a família. Aquela parte do mundo foi basicamente deixada em paz até a virada do século, quando magnatas ladrões do norte chegaram à região e levaram mão de obra barata para cavar os enormes campos de carvão.

Paramos sob uma ponte de ferrovia e saltamos do carro para admirar o rio que corria pela cidade. Ele se movia lentamente, quase sem marola. O nome do rio, disse papai, era Tug.

— Talvez no verão possamos pescar e nadar — falei.

Papai balançou a cabeça. Contou que o município não tinha rede de esgoto, quando as pessoas davam descarga, tudo ia diretamente para o Tug. Às vezes, o rio subia e a água chegava até o topo das árvores. Papai apontou para o papel higiênico no alto dos galhos ao longo das margens do rio. O Tug, contou, tinha o maior nível de coliformes fecais entre todos os rios da América do Norte.

— O que é fecal? — perguntei.

Papai olhou para o rio.

— Merda — respondeu.

Papai nos levou pela rua principal da cidade. Era estreita, com velhos prédios de alvenaria apertados dos dois lados. Lojas, sinais, calçadas, carros eram todos cobertos com uma camada de poeira negra de carvão, dando à cidade um tom quase monocromático, como uma velha fotografia colorida à mão. Welch era dilapidada e decadente, mas era possível dizer que um dia fora um lugar próspero. Em uma colina se erguia um grande tribunal de calcário com uma grande torre do relógio. Em frente a ele ficava um banco elegante com janelas em arco e uma porta de ferro forjado.

Também se podia dizer que as pessoas em Welch ainda tentavam sustentar algum orgulho pelo lugar. Uma placa perto do único sinal da cidade anunciava que Welch era a sede do município de McDowell e que por anos havia sido retirado mais carvão de McDowell que de qualquer outro lugar comparável no mundo. Ao lado dela, outra placa se vangloriava de que Welch tinha o maior estacionamento aberto municipal da América do Norte.

Os anúncios alegres pintados nas laterais de prédios, como o restaurante Tic Toc e o cinema Pocahontas, estavam, porém, desbotados e quase ilegíveis. Papai disse que os tempos ruins começaram nos anos 1950. Chegaram com força e ficaram. O presidente John F. Kennedy fora a Welch pouco depois de eleito e distribuíra pessoalmente os primeiros cupons de alimentação bem ali na rua McDowell para provar sua tese de que — embora o americano médio pudesse achar difícil acreditar — havia pobreza no nível de fome em seu próprio país.

Papai nos contou que a estrada que cortava Welch levava apenas mais para dentro das montanhas úmidas e inóspitas e a outras cidades carvoeiras moribundas. Poucos estrangeiros passavam por Welch naqueles dias, e quase todos os que o faziam era para infligir um tipo ou outro de infelicidade — demitir trabalhadores, fechar uma mina, tomar a casa de alguém, disputar uma rara vaga de emprego. As pessoas da cidade não tinham muito afeto por gente de fora.

As ruas estavam em sua maioria silenciosas e desertas naquela manhã, mas de vez em quando passávamos por uma mulher de bobes ou um grupo de homens com camisetas com logotipos de óleo de motor matando tempo em um umbral. Eu tentava ver seus olhos, anuir ou sorrir para eles para que soubessem que só tínhamos boas intenções, porém eles nunca anuíam, tampouco diziam uma palavra ou olhavam em nossa direção. Enquanto passávamos, eu podia sentir olhos nos seguindo pela rua.

Papai levara mamãe a Welch para uma rápida visita quinze anos antes, logo depois de terem se casado.

— Deus, as coisas pioraram um pouco desde que estivemos aqui pela última vez — falou.

Papai deu uma risada curta. Olhou para ela como se prestes a dizer: *E que merda eu disse a você?* Mas, em vez disso, apenas balançou a cabeça.

De repente, mamãe deu um grande sorriso.

— Aposto que não há mais artistas morando em Welch. Não terei nenhuma concorrência. Minha carreira poderia decolar aqui.

No dia seguinte, mamãe levou Brian e eu à escola fundamental Welch, na periferia da cidade. Entrou confiante no escritório do diretor, puxando-nos, e o informou que teria o prazer de matricular em sua escola duas das mais brilhantes e criativas crianças do país.

O diretor olhou para mamãe por cima de seus óculos de armação preta e continuou sentado à escrivaninha. Mamãe explicou que havíamos saído de Phoenix com um pouquinho de pressa, sabe como são as coisas, e, no meio da confusão, ela infelizmente se esquecera de pegar coisas como históricos escolares e certidões de nascimento.

— Mas o senhor tem minha palavra de que Jeannette e Brian são excepcionalmente brilhantes, até mesmo superdotados — disse, sorrindo para ele.

O diretor olhou para Brian e para mim, com cabelos sujos e roupas leves do deserto. Seu rosto ganhou uma expressão amarga e cética. Ele se concentrou em mim, empurrou os óculos para o alto do nariz e disse algo que soou como "Canté oivez set?".

— Desculpe-me? — reagi.

— *Oivez set!* — repetiu ele mais alto.

Eu estava totalmente confusa. Olhei para mamãe.

— Ela não compreende seu sotaque — mamãe disse ao diretor. Ele franziu o cenho. Mamãe se virou para mim: — Ele está perguntando quanto é oito vezes sete.

— Ah! — gritei. — Cinquenta e seis. Oito vezes sete é cinquenta e seis!

Comecei a enumerar todo tipo de equação matemática.

O diretor olhou para mim inexpressivo.

— Ele não consegue entender o que você está dizendo — mamãe me disse. — Tente falar mais devagar.

O diretor me fez mais algumas perguntas que não consegui entender. Com mamãe traduzindo, eu dei respostas que ele não conseguiu entender. Depois fez algumas perguntas a Brian, e também não conseguiram se entender.

O diretor decidiu que Brian e eu éramos um pouco lentos e tínhamos dificuldades de fala, que tornavam difícil para as pessoas nos compreender. Ele nos colocou em turmas especiais para alunos com dificuldades de aprendizado.

— Vocês terão de impressioná-los com sua inteligência — mamãe disse quando Brian e eu saíamos para a escola no dia seguinte. — Não tenham medo de ser mais espertos que eles.

Chovera na noite antes de nosso primeiro dia na escola. Quando Brian e eu saltamos do ônibus na escola fundamental Welch, nossos sapatos ficaram encharcados na água que enchia os sulcos enlameados deixados pelos ônibus escolares. Olhei ao redor procurando os brinquedos do *playground*, imaginando que poderia fazer amigos com a feroz habilidade no bola ao poste que desenvolvera em Emerson, mas não vi uma única gangorra ou trepa--trepa, muito menos postes de bola.

Estava frio desde que chegamos a Welch. No dia anterior, mamãe desempacotara os casacos de brechós que comprara para nós em Phoenix. Quando mostrei que todos os botões do meu haviam sido arrancados, ela disse que aquele pequeno defeito era mais que compensado pelo fato de que o casaco era importado da França e feito de pura lã de ovelha. Enquanto esperávamos o sinal inicial, fiquei com Brian no limite do *playground*, braços cruzados para manter o casaco fechado. As outras crianças nos encararam, sussurrando entre si, e mantiveram distância, como se não tivessem decidido se éramos predadores ou presas. Eu pensara que na Virgínia Ocidental só havia caipiras brancos, fiquei surpresa com quantos garotos negros havia ali. Vi uma menina negra alta com maxilar forte e olhos amendoados sorrindo para mim. Anuí e sorri de volta, e me dei conta de que havia algo maldoso no sorriso. Cruzei os braços com mais força sobre o peito.

Eu estava na quinta série, portanto meu dia era dividido em períodos, com diferentes professores e salas de aula para cada um. No primeiro período, eu tinha história da Virgínia Ocidental. História era uma das minhas matérias preferidas. Estava tensa e pronta para erguer a mão tão logo o professor fizesse uma pergunta que eu soubesse responder, mas ele ficou na frente da sala junto a um mapa da Virgínia Ocidental com todos os cinquenta e cinco municípios traçados e passou a aula inteira apontando para municípios e pedindo aos alunos que os identificassem. No segundo período, passamos a hora assistindo a um filme do jogo de futebol americano que a escola secundária Welch disputara dias antes. Nenhum dos professores me apresentou à turma; pareciam tão incertos quanto os garotos sobre como agir perto de um estranho.

A aula seguinte foi de inglês para alunos com dificuldades de aprendizado. A srta. Caparossi começou informando à turma que talvez ficasse surpresa de saber que algumas pessoas no mundo se achavam melhores que outras.

— Elas estão convencidas de que são tão especiais que não precisam seguir as regras que as outras pessoas seguem, como apresentar o histórico escolar quando se matriculam em uma nova escola — disse, olhando para mim e erguendo as sobrancelhas significativamente antes de perguntar à turma: — Quem acha que isso não é justo?

Todos os garotos, exceto eu, ergueram as mãos.

— Vejo que nossa nova aluna não concorda. Talvez quisesse se explicar?

Eu estava sentada na penúltima fila. Os alunos à minha frente viraram a cabeça para me encarar. Decidi perturbá-los com a resposta do Jogo de Portanto.

— Informações insuficientes para chegar a uma conclusão — falei.

— É mesmo? — perguntou a srta. Caparossi. — É assim que falam em uma cidade grande como Phoenix?

Ela pronunciou “Fiiiiinix”. Depois se virou para a turma e disse em uma voz aguda debochada:

— Informações insuficientes para chegar a uma conclusão.

A turma caiu na gargalhada.

Senti algo pontudo e dolorido entre minhas omoplatas e me virei. A negra alta com olhos amendoados estava sentada atrás de mim. Erguendo o lápis apontado que enfiara em minhas costas, ela deu o mesmo sorriso maldoso que eu vira no *playground*.

Procurei Brian no refeitório na hora do almoço, mas os alunos da quarta série tinham um horário diferente, então me sentei sozinha e mordi o sanduíche que Erma fizera para mim naquela manhã. Era gorduroso e sem gosto. Separei as duas fatias de pão de fôrma. Dentro delas havia uma fina camada de banha. Era só. Nada de carne, nada de queijo, nem mesmo uma fatia de picles. Ainda assim, mastiguei devagar, olhando atentamente para as marcas de mordida no pão para postergar o máximo possível o momento em que teria de sair do refeitório e ir para o *playground*. Quando fiquei por último no refeitório, o zelador, que estava colocando as cadeiras sobre as mesas para poder passar pano no chão, me disse que era hora de sair.

Do lado de fora, uma névoa fina pairava no ar calmo. Juntei as laterais de meu casaco de lã de ovelha. Três garotas negras, lideradas pela de olhos amendoados, começaram a vir na minha direção assim que me viram. Meia dúzia de outras meninas as seguiu. Em poucos instantes eu estava cercada.

— Você acha que é melhor que nós? — perguntou a alta.

— Não — respondi. — Acho que somos iguais.

— Acha que é tão boa quanto eu? — perguntou, acertando-me um soco. Quando, em vez de erguer as mãos para me defender, continuei mantendo meu casaco fechado, ela se deu conta de que não tinha botões. — A garota nem sequer tem botões no casaco! — gritou.

Isso pareceu dar a ela a licença de que precisava. Ela me empurrou no peito, e caí para trás. Tentei me levantar, mas as três garotas começaram a me chutar. Rolei para uma poça, gritando para que parassem e reagindo aos pés que vinham de todos os lados. As outras garotas haviam fechado um círculo ao redor de nós, e nenhum dos professores conseguia ver o que acontecia. Não havia como deter aquelas garotas até que se cansassem.

QUANDO TODOS CHEGAMOS EM CASA naquela tarde, mamãe e papai estavam ansiosos para saber de nosso primeiro dia.

— Foi bom — eu disse. Não queria contar a verdade a mamãe. Não estava com disposição para ouvir um de seus discursos sobre o poder do pensamento positivo.

— Está vendo? — falou ela. — Eu disse que você iria se encaixar.

Brian evitou as perguntas de mamãe e papai, e Lori não quis falar do seu dia de modo algum.

— Como foram as outras crianças? — perguntei-lhe mais tarde.

— Tudo bem — disse ela, mas se virou, e esse foi o fim da conversa.

O *bullying* continuou todos os dias durante semanas. A garota alta, que se chamava Dinitia Hewitt, me olhava com seu sorriso enquanto todos esperávamos no *playground* asfaltado pelo começo das aulas. Durante o almoço, eu comia meus sanduíches de banha com lentidão paralítica, porém mais cedo ou mais tarde o zelador começava a colocar as cadeiras sobre as mesas. Eu ia para fora tentando manter a cabeça erguida, e Dinitia e sua gangue me cercavam, e tudo recomeçava.

Enquanto brigávamos, elas me chamavam de pobre, feia e suja, e era difícil negar isso. Eu tinha três vestidos, todos repassados ou comprados em brechós, o que significava que toda semana precisava usar dois deles duas vezes. Estavam tão gastos de inúmeras lavagens que as costuras começavam a se desfazer. Também estávamos sempre sujos. Não de um modo seco, como era no deserto, mas sujos encardidos e cobertos por uma poeira oleosa do fogareiro a carvão. Erma nos permitia apenas um banho por semana em dez centímetros de água que havia sido aquecida no fogão da cozinha e que todas nós, crianças, tínhamos de partilhar.

Pensei em discutir sobre as brigas com papai, mas não queria parecer choramingas. E ele raramente estava sóbrio desde que chegamos a Welch, e eu temia que, se contasse, ele aparecesse na escola de porre e tornasse as coisas ainda mais difíceis.

Tentei conversar com mamãe. Não consegui contar sobre as surras, com medo de que, se o fizesse, ela tentasse se meter e piorasse tudo. Disse que aquelas três meninas negras estavam me atormentando por sermos tão pobres. Mamãe disse que eu devia dizer a elas que não havia nada de errado em ser pobre, que Abraham Lincoln, o maior presidente que o país tivera, viera de uma família miserável. Acrescentou que eu devia dizer a elas que Martin Luther King Jr. ficaria envergonhado do comportamento delas. Embora eu soubesse que esses argumentos dignos não iriam me levar a lugar nenhum, ainda assim os usei — *Martin Luther King ficaria envergonhado!* —, o que fez as três garotas gargalhar enquanto me empurravam para o chão.

Deitada na cama de Stanley à noite com Lori, Brian e Maureen, eu imaginava cenas de vingança. Eu me via como papai em seus dias de Força Aérea, acabando com o bando todo. Depois da escola, ia até a pilha de madeira perto do porão e praticava golpes de caratê e chutes nos tocos enquanto mandava uns palavrões cabeludos. Mas também ficava pensando em Dinitia, tentando entendê-la. Por um tempo, esperei ser amiga dela. Vira Dinitia sorrir algumas vezes de modo verdadeiramente caloroso, e isso transformava seu rosto. Com um sorriso daqueles, ela devia ter algo bom por dentro, mas eu não conseguia descobrir como fazer que brilhasse na minha direção.

Cerca de um mês depois de entrar na escola, eu estava subindo os degraus para um parque no alto da colina quando ouvi latidos baixos e furiosos, vindos do outro lado do memorial da Primeira Guerra Mundial. Subi os degraus correndo e vi um grande vira-lata espumando de raiva e encurralando um garotinho negro de uns cinco ou seis anos contra o monumento. O garoto chutava enquanto o cachorro latia e se lançava sobre ele. O menino olhava para a linha de árvores no lado mais distante do parque, e eu sabia que ele estava calculando as chances de chegar lá.

— Não corra! — gritei.

O garoto olhou para mim. Assim fez o cachorro, e nesse instante o garoto disparou em uma corrida desesperançada até as árvores. O cachorro foi atrás, latindo, alcançou-o e tentou morder suas pernas.

Existem cachorros loucos, cachorros selvagens e cachorros assassinos, e qualquer um deles morderia sua garganta e a seguraria até que você ou ele morresse, mas eu via que aquele cachorro não era mau de verdade. Em vez de rasgar o garoto, divertia-se aterrorizando, rosnando e puxando a perna da calça, sem machucá-lo de verdade. Era só um vira-lata que havia sido chutado demais e ficava contente de encontrar uma criatura que sentia medo dele.

Peguei uma vara e corri na direção deles.

— Vá embora agora! — gritei para o cachorro. Quando ergui a vara, ele grunhiu e fugiu.

Os dentes do cachorro não tinham acertado a pele do garoto, mas a perna da calça fora rasgada, e ele tremia como se tivesse uma doença. Eu me ofereci para levá-lo para casa e acabei carregando-o nas costas. Era leve como uma pena. Não arranquei uma palavra dele, a não ser orientações mínimas — "ali", "para lá" — em uma voz que eu mal conseguia ouvir.

As casas do bairro eram velhas, porém recém-pintadas, algumas em cores brilhantes como lavanda ou verde-claro.

— É aqui — sussurrou o garoto quando chegamos a uma casa com janelas azuis. Tinha um jardim bem cuidado, mas era tão pequena que anões poderiam morar ali. Quando coloquei o garoto no chão, ele subiu os degraus correndo e passou pela porta. Eu me virei para partir.

Dinitia Hewitt estava em pé na varanda do outro lado da rua, olhando para mim com curiosidade.

No dia seguinte, quando fui para o *playground* depois do almoço, a gangue de garotas foi na minha direção, e Dinitia ficou para trás. Sem sua líder, as outras perderam a disposição e não chegaram perto de mim. Na semana seguinte, Dinitia me pediu ajuda em um trabalho de inglês. Ela nunca disse que lamentava pelo *bullying*, nem sequer o mencionou, mas me agradeceu por levar seu vizinho para casa naquela noite, e imaginei que seu pedido de ajuda era o mais perto de um pedido de desculpas que eu conseguiria. Erma deixara claro o que pensava de negros, e em vez de convidar Dinitia à nossa casa para o trabalho, sugeri ir à casa dela no sábado seguinte.

Naquele dia, eu estava saindo de casa ao mesmo tempo que tio Stanley. Ele nunca tivera condições de aprender a dirigir, mas alguém da loja de ferramentas onde ele trabalhava ia pegá-lo. Perguntou se também queria uma carona. Quando contei para onde ia, ele franziu o cenho.

— Isso é a Crioulândia. O que vai fazer lá?

Stanley disse que não queria que seu amigo me levasse, então caminhei. Quando voltei mais tarde, a casa estava vazia, com exceção de Erma, que nunca punha os pés na rua. Estava em pé na cozinha, mexendo uma panela de favas e dando goles da garrafa de bebida no bolso.

— Como estava a Crioulândia? — perguntou.

Erma estava sempre falando sobre "os crioulos". A casa dela e de vovô ficava na rua Court, nos limites do bairro negro. Ela se sentira ofendida quando começaram a se deslocar para aquela parte da cidade, e sempre disse que era culpa deles Welch ter entrado em decadência. Da sala de estar, onde Erma sempre mantinha as cortinas fechadas, era possível ouvir grupos de negros indo para a cidade, conversando e rindo. Erma sempre murmurava: "Malditos crioulos. A razão para eu não sair dessa casa há quinze anos é não querer ver nem ser vista por um crioulo". Mamãe e papai sempre haviam nos proibido de usar essa palavra. Era muito pior que qualquer palavrão, nos disseram. Mas como Erma era minha avó, eu nunca disse nada quando ela a usava.

Erma continuou a mexer as favas.

— Continue assim, e as pessoas vão achar que você adora crioulos — disse.

Ela me olhou sério, como se partilhando uma lição de vida significativa que eu deveria considerar e absorver. Desatarraxou a tampa de sua garrafa de bebida e deu um grande gole contemplativo.

Enquanto a via beber, senti a pressão aumentando em meu peito e tive de soltar:

— Você não deveria usar essa palavra — falei.

O rosto de Erma murchou de espanto.

— Mamãe diz que eles são como nós, apenas têm uma cor diferente — continuei.

Erma me encarou, furiosa. Achei que ia me dar um tapa, mas em vez disso falou:

— Sua merdinha ingrata. De modo algum vai comer minha comida esta noite. Leve seu traseiro inútil para o porão.

Lori me abraçou quando ouviu o que tinha dito a Erma. Mamãe, no entanto, ficou chateada.

— Podemos não concordar com todos os pontos de vista de Erma, mas temos de lembrar que, enquanto formos seus hóspedes, precisamos ser educados.

Aquilo não parecia mamãe. Ela e papai agrediam alegremente qualquer um de quem desgostassem ou desrespeitassem: executivos da Standard Oil, J. Edgar Hoover e especialmente esnobes e racistas. Sempre nos encorajaram a expressar nossas opiniões. E agora deveríamos morder a língua. Mas ela estava certa; Erma iria nos chutar dali. Eu me dei conta de que eram situações como aquelas que transformavam pessoas em hipócritas.

— Odeio Erma — eu disse a mamãe.

— Você precisa ter compaixão por ela — argumentou.

Os pais de Erma haviam morrido quando ela era pequena, a seguir fora enviada a um parente depois do outro, e todos a trataram como uma empregada. Esfregava roupas em uma tábua até os nós dos dedos sangrarem — essa era a grande lembrança de infância de Erma. A melhor coisa que vovô fez por ela quando se casaram foi comprar uma lavadora de roupas elétrica, mas qualquer alegria que isso tivesse lhe dado acabara havia muito.

— Erma não larga sua infelicidade. É só o que ela conhece — disse mamãe, acrescentando que não se deve odiar ninguém, nem mesmo seus piores inimigos. — Todos têm algo de bom. Você precisa encontrar a qualidade redentora e amar a pessoa por isso.

— É mesmo? — retruquei. — E quanto a Hitler? Qual era a qualidade redentora dele?

— Hitler adorava cachorros — disse mamãe sem hesitar.

No final do inverno, mamãe e papai decidiram voltar a Phoenix com o Oldsmobile. Disseram que iam pegar nossas bicicletas e todas as outras coisas que tivemos de deixar para trás, cópias de nossos históricos escolares e ver se conseguiam resgatar o arco e flecha de mamãe no canal de irrigação ao longo da estrada para o Grand Canyon. Nós, crianças, permaneceríamos em Welch. Como Lori era a mais velha, mamãe e papai disseram que estava no comando. Todos, claro, obedeceríamos a Erma.

Eles partiram certa manhã durante um degelo. Eu podia dizer pela cor viva nas faces de mamãe que estava excitada com a perspectiva de uma aventura. Papai claramente ansiava por sair de Welch. Ele não conseguira um emprego, e dependíamos de Erma para tudo. Lori havia sugerido que papai trabalhasse nas minas, mas ele disse que as minas eram controladas pelos sindicatos, e os sindicatos eram controlados pela máfia, e a máfia o vetara por investigar a corrupção no sindicato dos eletricistas em Phoenix. Outra razão para ele retornar a Phoenix era reunir sua pesquisa sobre corrupção, pois a única maneira de conseguir um emprego nas minas era ajudar a reformar a União dos Mineiros da América.

Eu queria que todos fôssemos juntos. Queria voltar a Phoenix, sentar embaixo das laranjeiras atrás de nossa casa de adobe, ir de bicicleta à biblioteca, comer bananas de graça em uma escola onde os professores me achavam inteligente.

Queria sentir o sol do deserto no meu rosto, respirar o ar seco do deserto e escalar as íngremes montanhas de pedra enquanto papai nos guiava em uma das longas caminhadas que ele chamava de expedições de pesquisa geológica.

Perguntei se podíamos ir todos, mas papai disse que ele e mamãe fariam uma viagem rápida, apenas a negócios, e só iríamos atrapalhar. Ademais, não podia nos tirar da escola no meio do ano. Eu destaquei que isso nunca o incomodara antes. Ele disse que Welch não era um daqueles outros lugares onde havíamos morado. Havia regras que tinham de ser seguidas, e as pessoas não gostavam que elas fossem violadas.

— Acha que vão voltar? — perguntou Brian enquanto mamãe e papai partiam.

— Claro — respondi, embora eu mesma tivesse minhas dúvidas. Naqueles dias, parecíamos ser mais inconvenientes do que antes. Lori já era adolescente, e em dois anos Brian e eu também o seríamos. Eles não podiam nos jogar na caçamba de um caminhão de mudanças ou nos colocar em caixas de papelão à noite.

Brian e eu começamos a correr atrás do Oldsmobile. Mamãe se virou uma vez e acenou, e papai pôs a mão para fora da janela. Nós os seguimos pela rua Court, onde ganharam velocidade e viraram na esquina. Eu tinha de acreditar que voltariam, dizia a mim mesma. Se não acreditasse, eles não voltariam. Poderiam nos deixar para sempre.

Depois que mamãe e papai partiram, Erma se tornou ainda mais desagradável. Se não gostasse da expressão em nosso rosto, nos batia na cabeça com uma concha. Certa vez, pegou uma fotografia emoldurada do próprio pai e nos disse ter sido a única pessoa que a amara. Ficou falando sem parar sobre quanto sofrera quando órfã nas mãos de tias e tios que não a tinham tratado com metade da gentileza que nos dispensava.

Cerca de uma semana depois de mamãe e papai terem partido, estávamos sentados na sala de estar de Erma, assistindo à TV. Stanley dormia no saguão. Erma, que estivera bebendo desde antes do café da manhã, disse a Brian que sua calça precisava ser costurada. Ele começou a tirá-la, mas Erma disse que não o queria correndo pela casa em roupas íntimas ou com uma toalha amarrada na cintura, fazendo parecer que usava um maldito vestido. Seria mais fácil para ela costurar a calça com ele ainda vestido. Ordenou que a seguisse até o quarto de vovô, onde mantinha seu cesto de costura.

Eles haviam saído havia um ou dois minutos quando ouvi Brian protestando fracamente. Fui até o quarto de vovô e vi Erma ajoelhada no chão diante de Brian, agarrando a entreperna da calça, apertando e esfregando enquanto murmurava a si mesma que Brian ficasse imóvel, maldito seja. Brian, as faces cobertas de lágrimas, mantinha as mãos protetoramente entre as pernas.

— Erma, deixe-o em paz! — gritei.

Erma, ainda de joelhos, virou-se e olhou para mim furiosa.

— O que foi, sua piranhazinha? — reagiu.

Lori ouviu o tumulto e veio correndo. Eu disse a Lori que Erma estava tocando Brian de maneira que não parecia certa. Erma falou que estava somente consertando a costura interna da calça de Brian, e que não tinha de se defender das acusações de uma piranhazinha mentirosa.

— Eu sei o que vi. Ela é uma pervertida! — falei.

Erma esticou a mão para me estapear, mas Lori segurou a mão dela.

— Vamos todos nos acalmar — disse Lori com a mesma voz que usava quando mamãe e papai se exaltavam em uma discussão. — Todos. Acalmem-se.

Erma arrancou a mão do aperto de Lori e bateu nela com tanta força que os óculos de Lori saíram voando pelo quarto. Lori, que fizera treze anos, estapeou-a de volta. Erma acertou Lori de novo, e dessa vez Lori socou o maxilar de Erma. As duas se lançaram uma sobre a outra, brigando, chutando, puxando cabelos, atracadas, com Brian e eu estimulando Lori até acordarmos tio Stanley, que entrou no quarto cambaleando e as separou.

Depois disso, Erma nos relegou ao porão. Uma porta levava diretamente para fora, então nunca subíamos. Não podíamos sequer usar o banheiro de Erma, significando que tínhamos de esperar chegar à escola ou sair depois de escurecer. Tio Stanley, às vezes, nos levava favas que havia fervido, mas tinha medo de ficar conversando, de Erma achar que ele tinha escolhido o nosso lado e ficar furiosa com ele também.

Na semana seguinte, caiu um temporal. A temperatura despencou, e trinta centímetros de neve cobriram Welch. Erma não nos deixou usar carvão — disse que não sabíamos operar o forno e iríamos queimar a casa —, e estava tão frio no porão que Lori, Brian, Maureen e eu ficamos felizes de dividir uma cama. Quando chegávamos em casa da escola, nos enfiávamos sob as cobertas ainda vestidos e fazíamos os deveres ali mesmo.

Estávamos na cama na noite em que mamãe e papai voltaram. Não ouvimos o som do carro chegando. Só ouvimos a porta da frente se abrindo lá em cima, depois a voz de mamãe e papai, e Erma começando a longa narrativa de suas queixas sobre nós. A isso seguiu-se o som de papai descendo a escada para o porão com passos pesados, furioso com todos nós, eu por responder a Erma e fazer acusações loucas, Lori ainda mais por ousar bater em sua própria avó, e Brian por ser um maricas e começar a coisa toda. Achei que papai ficaria do nosso lado quando soubesse o que havia acontecido e tentei explicar.

— Não me interessa o que aconteceu! — berrou.

— Mas estávamos só nos protegendo — falei.

— Brian é um homem, pode aguentar. Não quero ouvir mais nenhuma palavra sobre isso. Entenderam?

Ele balançava a cabeça furiosamente, quase como se achasse que podia barrar o som da minha voz. Nem sequer olhou para mim.

Depois que papai havia subido para tomar a bebida de Erma, e nós estávamos na cama, Brian mordeu meu dedo do pé tentando me fazer rir, porém o chutei para longe. Ficamos deitados na escuridão silenciosa.

— Papai estava realmente esquisito — eu disse, porque alguém tinha de dizer.

— Você também seria esquisita se Erma fosse sua mãe — ralhou Lori.

— Acha que ela um dia fez a papai algo como o que fez a Brian? — perguntei.

Ninguém disse nada.

Era uma coisa ofensiva e repulsiva em que pensar, mas explicaria muito. Por que papai saíra de casa assim que pudera. Por que bebia tanto e ficava com tanta raiva. Por que nunca quisera visitar Welch quando éramos mais novos. Por que inicialmente se recusara a ir à Virgínia Ocidental conosco e apenas no último instante superara a relutância e entrara no carro. Por que sacudia tanto a cabeça, quase como se quisesse tapar os ouvidos com as mãos, quando tentei explicar o que Erma fizera a Brian.

— Não pense nessas coisas — disse-me Lori. — Elas vão enlouquecer você.

Tirei aquilo da cabeça.

Mamãe e papai nos contaram que chegaram a Phoenix para descobrir que o golpe de mamãe da roupa no varal não afastara invasores. Nossa casa na rua Três Norte havia sido saqueada. Praticamente tudo fora levado, incluindo, claro, nossas bicicletas. Mamãe e papai haviam alugado um reboque para levar o pouco que restara — mamãe disse que aqueles ladrões idiotas haviam deixado passar coisas boas, como uma calça de montaria dos anos 1930 de vovó Smith que era da melhor qualidade —, mas o motor do Oldsmobile quebrara em Nashville, e eles tiveram de abandoná-lo juntamente com o reboque e a calça de montaria de vovó Smith e pegar um ônibus para o resto da viagem até Welch.

Pensei que, agora que mamãe e papai tinham voltado, conseguiriam fazer as pazes com Erma. Mas ela disse que nunca poderia nos perdoar e não nos queria mais em sua casa, mesmo que ficássemos no porão silenciosos como ratos de igreja. Havíamos sido banidos. Foi a palavra que papai usou.

— Vocês agiram errado, e agora fomos todos banidos.

— Isto não é exatamente o Jardim do Éden — disse Lori.

Eu estava mais chateada por causa da bicicleta que por Erma nos banir.

— Por que simplesmente não voltamos a Phoenix? — perguntei a mamãe.

— Já estivemos lá — respondeu ela. — E aqui há todo tipo de oportunidade que nem sequer conhecemos.

Ela e papai foram buscar um lugar novo para morarmos. O aluguel mais barato em Welch era o de um apartamento em cima de um restaurante na rua McDowell que custava setenta e cinco dólares por mês e, portanto, estava fora do nosso orçamento. Ademais, mamãe e papai queriam espaço aberto que pudéssemos chamar de nosso, e decidiram comprar algo. Como não tínhamos dinheiro para entrada nem renda fixa, nossas opções eram muito limitadas, mas em dois dias mamãe e papai nos disseram ter encontrado uma casa que podíamos pagar.

— Não é exatamente um palácio, ficaremos bem unidos — disse mamãe. — E também há o lado rústico.

— Rústico como? — perguntou Lori.

Mamãe fez uma pausa. Eu podia ver que estava pensando como formular a resposta.

— Não tem encanamento interno.

Papai ainda procurava um carro para substituir o Olds — nosso orçamento não passava da casa dos dois dígitos —, e naquele fim de semana todos caminhamos para dar a primeira olhada no novo lugar. Descemos o vale, passando pelo centro da cidade e contornando uma encosta, passamos pelas pequenas casas de tijolos instaladas depois que as minas foram sindicalizadas. Cruzamos um córrego que alimentava o rio Tug e subimos uma estrada de uma pista mal pavimentada chamada rua Little Hobart. Ela subia em zigue-zague e em um trecho era tão inclinada que era preciso andar na ponta dos pés; quem tentasse caminhar com o calcanhar no chão estenderia a panturrilha até que doesse.

As casas lá em cima eram mais dilapidadas que as de alvenaria mais abaixo no vale. Eram feitas de madeira, com varandas caídas, telhados afundados, calhas enferrujadas e papel de alcatrão descascado ou placas de betume que lenta e continuamente se soltavam da parede. Em quase todos os quintais havia um ou dois vira-latas acorrentados a uma árvore ou um poste de varal, e eles latiam furiosamente quando passávamos. Como a maioria das casas em Welch, aquelas eram aquecidas a carvão. As famílias mais ricas tinham depósitos de carvão; as mais pobres deixavam seu carvão empilhado na frente. As varandas eram tão mobiliadas quanto o interior da maioria das casas, com geladeiras enferrujadas, mesas de carteado desmontáveis, tapeçarias, sofás ou bancos de carro para se sentar na varanda e talvez um guarda-roupa detonado com um buraco aberto na lateral para que o gato tivesse um lugar confortável onde dormir.

Seguimos a estrada quase até o fim, e papai apontou para nossa nova casa.

— Bem, crianças, bem-vindas ao número 93 da rua Little Hobart! — disse mamãe. — Bem-vindos ao lar, doce lar.

Todos olhamos para ela. A casa era uma coisa mínima encarapitada no alto da estrada, em uma encosta tão íngreme que apenas os fundos da casa tocavam o solo. A frente, incluindo uma varanda torta, projetava-se precariamente no ar, sustentada por altos pilares finos de blocos de cimento. Havia sido pintada de branco muito tempo antes, mas a tinta, onde não descascara totalmente, tornara-se um cinza desalentador.

— Foi bom termos criado vocês como durões — disse papai. — Pois esta não é uma casa para fracos.

Papai nos guiou na subida dos degraus baixos, feitos de pedras coladas com cimento. Por causa da acomodação, da erosão e da construção descuidada, eles se inclinavam perigosamente para a rua. No ponto em que os degraus de pedra terminavam, uma escada instável — mais parecida com uma escada de pintor que uma escadaria — levava à varanda da frente.

Dentro, havia três aposentos, cada um de aproximadamente três por três, voltados para a varanda da frente. A casa não tinha banheiro, mas abaixo, atrás de um dos pilares de blocos de cimento, havia um aposento do tamanho de um armário com um vaso no chão de cimento. O vaso não era ligado a nenhum esgoto ou fossa séptica. Simplesmente ficava sobre um buraco de menos de dois metros de profundidade. Não havia água corrente do lado de dentro. Havia uma bica alguns centímetros acima do chão perto do vaso, era possível pegar um balde e levar água para cima. Embora a casa tivesse instalações elétricas, papai confessou que no momento não tínhamos como ligar a energia.

Em compensação, contou-nos, a casa custara apenas mil dólares, e o dono dispensara entrada. Supostamente pagaríamos a ele cinquenta dólares por mês. Se fizéssemos os pagamentos em dia, seríamos donos do lugar em menos de dois anos.

— Difícil acreditar que um dia tudo isso será nosso — disse Lori. Ela estava desenvolvendo o que mamãe chamava de tendência ao sarcasmo.

— Considere-se abençoada — retrucou mamãe. — Há pessoas na Etiópia que matariam por um lugar como este.

Ela destacou que a casa tinha características atraentes. Na sala, por exemplo, havia um fogareiro a carvão redondo de ferro fundido para aquecer e cozinhar. Era grande e bonito, com pesados pés de urso, e ela tinha certeza de que seria valioso se levado a algum lugar onde as pessoas apreciassem antiguidades. Como a casa não tinha chaminé, o cano saía por uma janela dos fundos. Alguém substituíra o vidro no alto da janela por compensado e enrolara papel-alumínio na abertura para impedir que a fumaça de carvão entrasse na sala. O papel-alumínio não cumprira bem seu papel, e o teto era preto de fuligem. Alguém — provavelmente o mesmo alguém — cometera o erro de tentar limpar o teto em alguns pontos, porém acabara apenas raspando e reduzindo a fuligem, criando pontos esbranquiçados que faziam que se percebesse quão negro estava o restante do teto.

— A casa não é grande coisa, mas não moraremos muito tempo nela — desculpou-se papai.

A coisa importante, a razão pela qual ele e mamãe haviam decidido adquirir aquela propriedade específica, era que tinha muita terra na qual construir nossa nova casa. Ele planejava começar a trabalhar imediatamente. Pretendia seguir as plantas do Castelo de Vidro, porém tinha de fazer muitas modificações e aumentar o tamanho das células solares, considerando que, como estávamos no lado norte da montanha e cercados por colinas dos dois lados, dificilmente receberíamos algum sol.

Nós nos mudamos naquela tarde. Não que houvesse muito para mudar. Papai pegou uma picape emprestada na loja onde tio Stanley trabalhava e levou um sofá-cama que um amigo de vovô estava jogando fora. Papai juntou duas mesas e cadeiras e construiu armários improvisados — que eram até legais —, pendurando canos do teto com arame.

Mamãe e papai ocuparam o aposento com o fogareiro, que se tornou uma mistura de sala de estar, quarto principal, ateliê e estúdio de escritora.

Ali colocamos o sofá-cama, que, assim que foi aberto, nunca mais voltou a ser um sofá. Papai construiu prateleiras ao longo das paredes para guardar o material artístico de mamãe. Ela instalou seu cavalete sob o cano do fogareiro, bem ao lado da janela dos fundos, pois assim receberia luz natural — o que de certa maneira era verdade. Colocou suas máquinas de escrever sob outra janela, com prateleiras para originais e obras em andamento, e imediatamente começou a prender na parede, com tachinhas, fichas com ideias de contos.

Nós, crianças, dormíamos no quarto do meio. Inicialmente, dividimos uma grande cama que havia sido deixada pelo dono anterior, mas papai decidiu que estávamos ficando um pouco velhas para isso. Estávamos grandes demais também para dormir em caixas de papelão, e de todo modo não havia espaço suficiente para elas no chão, então ajudamos papai a construir dois beliches. Fizemos a estrutura com madeiras estreitas; depois, abrimos furos nas laterais e trançamos cordas. Como colchões, colocamos papelão sobre as cordas. Quando terminamos nossos beliches, que pareciam simples demais, pintamos as laterais com spray e enfeitamos com floreios vermelhos e pretos. Papai chegou em casa com uma cômoda descartada com quatro gavetas, uma para cada um. Também construiu para cada um de nós uma caixa com portas deslizantes para objetos pessoais. Nós as pregamos na parede acima de nossas camas, e era lá que eu guardava meu geodo.

A cozinha, o terceiro aposento da rua Little Hobart, 93, era uma categoria muito peculiar. Tinha um fogão elétrico, mas as instalações não eram exatamente de primeira, pois as tomadas eram defeituosas, os fios, desencapados, e os interruptores zumbiam.

— Helen Keller deve ter feito a instalação elétrica desta maldita casa — declarou papai. Ele decidiu que daria trabalho demais tentar consertá-la.

Chamávamos a cozinha de sala da energia à solta, porque nas raras oportunidades em que pagávamos a conta e tínhamos eletricidade levávamos um choque terrível se tocássemos qualquer superfície molhada ou metálica. Na primeira vez, o choque me jogou no chão, e me deixou sem fôlego e trêmula. Aprendemos rapidamente que, sempre que nos aventurávamos na cozinha, era necessário enrolar as mãos nas meias ou nos trapos mais secos que encontrássemos. Se levássemos um choque, anunciávamos a todos os outros, como que fazendo um relatório climático. Dizíamos: "Grande choque ao tocar o fogão hoje. Use trapos extras".

Um canto do teto da cozinha vazava como uma peneira. Sempre que chovia, o teto de placas de gesso ficava encharcado e pesado, com água correndo sem parar do centro da depressão. Em uma tempestade particularmente forte naquela primavera, o teto inchou tanto que explodiu, e água e gesso despencaram. Papai nunca consertou aquilo. Nós, crianças, tentamos remendar o teto sozinhas com papel alcatroado, papel-alumínio, madeira e cola, mas não importava o que fizéssemos, a água encontrava passagem. Acabamos desistindo. Sempre que chovia do lado de fora também chovia na cozinha.

No começo, mamãe tentou fazer a vida no 93 da rua Little Hobart parecer uma aventura. A mulher que morara ali antes de nós deixara para trás uma antiga máquina de costura a pedal. Mamãe disse que vinha a calhar, pois poderíamos fazer nossas próprias roupas, mesmo com a eletricidade cortada. Alegou também não precisar de modelos, bastando ser criativa e ter talento para improvisação. Pouco depois da mudança, mamãe, Lori e eu tiramos nossas medidas e tentamos fazer nossos próprios vestidos.

Demorou um tempão, e eles ficaram largos e caídos, com mangas de tamanhos diferentes e aberturas para os braços no meio das costas. Não consegui passar o meu pela cabeça até mamãe cortar alguns pontos.

— Está fantástico! — elogiou.

Contei a ela, porém, que eu parecia vestir uma grande fronha com trombas de elefante se projetando das laterais. Lori se recusou a usar o dela na rua, ou mesmo em casa, e mamãe teve de concordar que costurar não era a melhor utilização de nossa energia criativa — ou de nosso dinheiro. O tecido mais barato que conseguimos encontrar custava oitenta centavos o metro, e eram necessários mais de dois metros para um vestido. Fazia mais sentido comprar roupas de brechó, e elas tinham as mangas no lugar certo.

Mamãe também tentou deixar a casa alegre. Decorou as paredes da sala com suas pinturas a óleo, e logo cada centímetro quadrado estava coberto, a não ser o espaço acima da máquina de escrever reservado para suas fichas.

Tínhamos vívidos ocasos no deserto, cavalos em disparada, gatos dormindo, montanhas cobertas de neve, tigelas de frutas, flores se abrindo e retratos de nós, crianças.

Mamãe construiu prateleiras nas janelas e colocou ali garrafas de cores brilhantes para receber luz.

— Agora, parece que temos um vitral — anunciou.

Parecia de verdade, mas a casa ainda era fria e úmida. Toda noite, nas primeiras semanas, deitada em meu colchão de papelão, escutando o som da chuva caindo na cozinha, eu sonhava com o deserto, o sol e a casa grande em Phoenix com a palmeira na frente e as laranjeiras e espirradeiras nos fundos. Nós éramos donos daquela casa. Ainda a tínhamos, eu pensava. Era nossa, a única casa de verdade que já tivéramos.

— Vamos voltar para casa um dia? — perguntei a papai certa vez.

— Casa?

— Phoenix.

— Aqui é a nossa casa.

Ao constatarmos que Welch era nossa nova casa, Brian e eu calculamos que seria melhor aproveitar ao máximo. Papai nos mostrara o lugar atrás da casa onde íamos fazer as fundações e o porão do Castelo de Vidro. Ele medira tudo e marcara com estacas e corda. Como papai raramente estava em casa — ficava na rua fazendo contatos e investigando o sindicato, dizia-nos —, e nunca aparecia para cavar o solo, Brian e eu decidimos ajudar. Encontramos pá e picareta em uma fazenda abandonada e passamos todos os minutos livres cavando um buraco. Sabíamos que tínhamos de fazê-lo grande e fundo.

— Não há sentido em construir uma casa boa se não fizermos as fundações certas — papai sempre dizia.

Era trabalho duro, mas depois de um mês tínhamos cavado um buraco grande o suficiente para que desaparecêssemos dentro. Embora não tivéssemos acertado as laterais nem alisado o piso, ainda estávamos muito orgulhosos de nós mesmos. Assim que papai tivesse feito as fundações, poderíamos ajudá-lo com a estrutura.

Entretanto, como não podíamos pagar a taxa de coleta de lixo da cidade, nosso lixo estava se acumulando. Certo dia, papai nos mandou jogá-lo no buraco.

— Mas o buraco é para o Castelo de Vidro! — argumentei.

— É um procedimento temporário — disse papai. Explicou que ia contratar um caminhão para levar o lixo para o depósito de uma vez só. Mas nunca fez isso, e, enquanto Brian e eu observávamos, o buraco para a fundação do Castelo de Vidro lentamente se encheu de lixo.

Mais ou menos nessa época, provavelmente por causa de todo o lixo, um grande rato do rio de aparência nojenta se instalou no 93 da rua Little Hobart. Eu o vi pela primeira vez no açucareiro. Aquela ratazana era grande demais para caber em um açucareiro comum, mas como mamãe era viciada em açúcar, colocando pelo menos oito colheres em uma xícara de chá, mantínhamos nosso açúcar em uma bacia de ponche na mesa da cozinha.

Aquela ratazana não estava somente comendo o açúcar. Banhava-se nele, rolava nele, decididamente se refestelava nele, o rabo agitado pendurado pela lateral da tigela, jogando açúcar na mesa. Quando eu a vi, congelei, depois recuei para fora da cozinha. Contei a Brian, e abrimos a porta cuidadosamente. O rato saíra da bacia de açúcar e pulara para o fogão. Podíamos ver as marcas de seus dentes na pilha de batatas, nosso jantar, em um prato no fogão. Brian jogou a frigideira de ferro fundido no rato. Acertou nele e o derrubou no chão, mas, em vez de fugir, o rato sibilou para nós, como se fôssemos os intrusos. Saímos correndo da cozinha, batemos a porta e enfiamos trapos na fenda abaixo dela.

Naquela noite, Maureen, que tinha cinco anos, estava aterrorizada demais para dormir. Continuava dizendo que o rato ia pegá-la. Ela podia ouvi-lo chegando mais perto. Pedi que deixasse de ser fresca.

— Eu realmente estou ouvindo o rato — disse. — Acho que está perto de mim.

Falei que ela estava se rendendo ao medo e, como era uma das poucas vezes em que tínhamos eletricidade, acendi a luz para provar. E ali, agachado no cobertor lavanda de Maureen, a poucos centímetros de seu rosto, estava o rato. Ela berrou e empurrou as cobertas, e o rato pulou para o chão. Peguei um esfregão e tentei acertar o rato com o cabo, mas ele fugiu de mim. Brian agarrou um taco de beisebol, e nós o encurralamos em um canto, sibilando e batendo os dentes.

Nosso cachorro, Zumbido, um mestiço de jack russell terrier que um dia seguira Brian até em casa, pegou o rato com a boca e o bateu no chão até ele estar morto. Quando mamãe entrou correndo no quarto, Zumbido estava se exibindo, vaidoso como um matador de feras orgulhoso que era. Mamãe disse sentir um pouco de pena do rato.

— Ratos também precisam comer — destacou.

Embora estivesse morto, ele merecia um nome, continuou, então o batizou de Rufus. Brian, que lera que guerreiros primitivos colocavam partes do corpo de suas vítimas em estacas para assustar os inimigos, pendurou Rufus pelo rabo em um álamo na frente de casa na manhã seguinte. Naquela tarde, ouvimos barulho de tiros. O sr. Freeman, que morava ao lado, vira o rato pendurado de cabeça para baixo. Rufus era tão grande que o sr. Freeman pensou que se tratava de um gambá, por isso entrou, pegou o rifle de caça e o explodiu. Não restou nada de Rufus, além de um pedaço de rabo destroçado.

Depois do incidente com Rufus, eu dormia com um taco de beisebol na cama. Brian dormia com seu facão. Maureen mal dormia. Continuava a sonhar que era comida por ratos e usava todas as desculpas possíveis para passar a noite na casa de amigas. Mamãe e papai menosprezaram o incidente com Rufus. Disseram que havíamos lutado com adversários mais ferozes no passado, e faríamos isso novamente um dia.

— O que vamos fazer sobre o buraco de lixo? — perguntei. — Está quase cheio.

— Aumente — disse mamãe.

— Não podemos continuar jogando lixo lá fora — falei. — O que as pessoas vão pensar?

— A vida é curta demais para se preocupar com o que os outros pensam. Além disso, eles devem nos aceitar como somos.

Eu estava convencida de que as pessoas poderiam nos aceitar melhor se fizéssemos um esforço para tornar mais decente a aparência do número 93 da rua Little Hobart. Havia muitas coisas que podíamos fazer, eu pensava, que custariam quase nada. Algumas pessoas em Welch cortavam pneus em semicírculos, pintavam-nos de branco e os usavam para delimitar seus jardins. Talvez ainda não pudéssemos construir o Castelo de Vidro, mas poderíamos colocar pneus pintados ao redor de nosso jardim da frente para reformá-lo.

— Isso nos deixaria um pouco mais adaptados — apelei a mamãe.

— Certamente deixaria — falou mamãe. Mas no que dizia respeito a Welch, ela não tinha interesse em se adaptar. — Eu preferiria ter um pátio cheio de lixo de verdade que de enfeites de jardim vagabundos.

Eu continuava a procurar outras maneiras de fazer melhorias. Certo dia, papai levou para casa uma lata de tinta de parede de dezenove litros que sobrara de algum trabalho que fizera. No dia seguinte, eu abri a lata. Estava quase cheia de uma tinta amarela brilhante. Papai também levara pincéis. Eu me dei conta de que uma camada de tinta amarela transformaria totalmente nossa casa cinzenta. Pelo menos por fora, pareceria quase como as casas onde as outras pessoas moravam.

Fiquei tão excitada com a perspectiva de morar em uma casa amarela alegre que mal consegui dormir naquela noite. Levantei cedo no dia seguinte e prendi os cabelos, pronta para começar a pintar a casa.

— Se todos trabalharmos juntos, poderemos terminar em um dia ou dois — eu disse a todos.

Entretanto, papai falou que o 93 da rua Little Hobart era um lixo tão grande que não deveríamos perder tempo ou energia que poderíamos dedicar ao Castelo de Vidro. Mamãe disse que achava casas amarelo-brilhante de mau gosto. Brian e Lori avisaram que não tínhamos as escadas e os andaimes necessários.

Papai não estava fazendo nenhum progresso visível no Castelo de Vidro, e eu sabia que a lata de tinta amarela ficaria na varanda, a não ser que eu mesma fizesse o serviço. Decidi pedir uma escada emprestada ou fazer uma. Tinha certeza de que, assim que todos vissem o início da impressionante transformação da casa, se juntariam a mim.

Na varanda, abri a lata e agitei a tinta com uma vara, misturando o óleo que subira à superfície até que a tinta, que tinha cor de ranúnculo, ficasse cremosa. Mergulhei um pincel gordo e espalhei a tinta sobre a velha tábua lateral em compridas pinceladas suaves. Ficou brilhante e sedosa e pareceu ainda melhor do que eu esperara. Comecei no ponto mais distante da varanda, ao redor da porta que levava à cozinha. Em algumas horas, havia coberto tudo o que podia ser alcançado da varanda. Partes da frente ainda estavam sem tinta, assim como as laterais, mas eu tinha usado menos de um quarto da tinta. Se todos ajudassem, poderíamos pintar as áreas que eu não conseguia alcançar, e em pouco tempo teríamos uma alegre casa amarela.

Mas nem mamãe, nem papai, nem Brian, Lori ou Maureen ficaram impressionados.

— Parte da frente da casa agora é amarela — disse Lori. — Isso realmente vai melhorar as coisas para nós.

Eu teria de terminar o serviço sozinha. Tentei fazer uma escada com pedaços de madeira, mas desmontava sempre que apoiava peso nela. Continuava tentando fazer uma mais resistente quando, durante uma onda de frio alguns dias depois, minha lata de tinta congelou. Quando esquentou o bastante para a tinta degelar, eu abri a lata. Durante o congelamento, as substâncias químicas haviam se separado, e o líquido antes suave estava viscoso e granulado como leite talhado. Mexi com toda a força que tinha e continuei mexendo mesmo depois de saber que a tinta estava estragada, porque também sabia que não conseguiríamos mais usá-la, e em vez de uma casa amarela recém-pintada, ou mesmo uma cinza triste, tínhamos agora um trabalho vagabundo pela metade de aparência esquisita — que anunciava ao mundo que as pessoas dentro da casa queriam dar um jeito nela, mas não tinham disposição para fazer o trabalho.

A rua Little Hobart levava a um daqueles vales tão profundos e estreitos que as pessoas brincavam que era preciso canalizar a luz do sol. O bairro tinha muitas crianças — Maureen fizera amigos de verdade pela primeira vez —, e todos nós costumávamos passar o tempo no arsenal da Guarda Nacional, no sopé da montanha. Os garotos brincavam de futebol americano no campo de treinamento. A maioria das garotas da minha idade passava as tardes sentada no muro de tijolos que cercava o arsenal, penteando os cabelos, retocando o batom e fingindo se indignar, porém, no fundo, adorando que um reservista de cabelo reco assobiasse para elas. Uma das garotas, Cindy Thompson, fez um esforço especial para ser minha amiga, mas o que ela realmente queria era me recrutar para a Ku Klux Klan júnior. Nem colocar maquiagem, nem vestir um lençol tinham muito apelo para mim, eu jogava futebol com os meninos, que suspendiam a regra de o jogo ser apenas masculino, e eles me deixavam entrar em um time se estivessem com um a menos.

O pessoal mais bem de vida de Welch nunca ia para o nosso lado da cidade. Alguns mineiros moravam ao longo da rua, mas a maioria dos adultos não trabalhava. Algumas das mães não tinham marido, e alguns dos pais estavam com pulmões ruins. O restante estava ou distraído demais pelos próprios problemas ou simplesmente desmotivado, e praticamente todo mundo aceitava de má vontade alguma ajuda pública. Embora fôssemos a família mais pobre da rua Little Hobart, mamãe e papai nunca pediram ajuda governamental ou tíquetes de comida, e sempre recusaram caridade. Quando professores nos davam sacolas de roupas de campanhas de igreja, mamãe nos fazia devolver.

— Podemos cuidar de nós mesmos — mamãe e papai gostavam de dizer. — Não aceitamos doações de ninguém.

Quando as coisas ficavam mais apertadas, mamãe continuava a nos lembrar de que algumas das outras crianças da rua Little Hobart tinham mais problemas que nós. Os doze garotos Grady não tinham pai — ele morrera em um desabamento de mina ou fugira com uma prostituta, dependendo de quem você escutasse —, e a mãe deles passava os dias de cama com enxaqueca. Como resultado, os garotos Grady eram totalmente selvagens. Era difícil diferenciá-los, pois todos usavam calça jeans e camiseta puída, e mantinham a cabeça raspada para evitar piolhos. Quando o garoto mais velho encontrou a velha escopeta do pai embaixo da cama da mãe, decidiu praticar tiro ao alvo em Brian e em mim, mandando chumbo enquanto tentávamos escapar com vida pela floresta.

E havia também os Hall. Todas as seis crianças Hall tinham nascido retardadas e, embora estivessem na meia-idade, ainda moravam em casa com a mãe e o pai. Quando fiz amizade com o mais velho, Kenny Hall, que tinha quarenta e dois anos, ele se apaixonou por mim. Os outros garotos do bairro provocavam Kenny, dizendo que se desse a eles um dólar ou ficasse pelado e batesse uma para eles, marcariam um encontro comigo. Certa noite de sábado, como se tivesse sido armado, ele parou na rua na frente da nossa casa, soluçando e gritando que eu não havia ido ao nosso encontro, e tive de descer e explicar a ele que os outros garotos tinham lhe pregado uma peça e que, embora ele tivesse muitas qualidades admiráveis, eu mantinha uma política de não sair com homens mais velhos.

A família que passava mais dificuldades na rua Little Hobart, eu diria, era a dos Pastor. A mãe, Ginnie Sue Pastor, era a piranha da cidade. Ginnie Sue Pastor tinha trinta e cinco anos e tivera oito filhas e um filho. Todos os nomes terminavam com "y". O marido, Clarence Pastor, tinha pulmão fibroso e passava o dia inteiro sentado na varanda da frente de sua enorme casa inclinada, mas nunca sorria nem acenava para os passantes. Ficava apenas sentado ali, como que congelado. Todos na cidade diziam que era impotente havia anos, e nenhum dos garotos Pastor era dele.

Ginnie Sue Pastor basicamente cuidava da própria vida. Eu, no início, fiquei pensando se ela usava *néglig*é rendado o dia todo, se fumava cigarros e esperava chamadas de cavalheiros. Em Battle Mountain, as mulheres que faziam hora na varanda da frente da Lanterna Verde — havia muito eu descobrira o que realmente faziam — usavam batom branco, rímel preto e blusas parcialmente desabotoadas, que mostravam o alto dos sutiãs. Mas Ginnie Sue Pastor não parecia uma piranha. Era uma mulher desmazelada com cabelos tingidos de louro, e de tempos em tempos a víamos no pátio da frente cortando madeira ou enchendo um balde na pilha de carvão. Normalmente, vestia o mesmo tipo de aventais e casacos rurais de lona usados pelo restante das mulheres da rua Little Hobart. Parecia com as outras mães.

Eu pensava em como Ginnie Sue podia se prostituir tendo de cuidar de todas aquelas crianças. Certa noite, vi um carro parar na frente da casa dos Pastor e piscar os faróis duas vezes. Depois de um minuto, Ginnie Sue passou pela porta correndo e instalou-se no banco da frente. O carro partiu em seguida.

Kathy era a filha mais velha de Ginnie Sue Pastor. As outras crianças a tratavam como pária, guinchando que a mãe era uma "puta" e chamando-a de "piolhenta". Verdade que ela tinha um caso bem avançado de infestação de piolhos. Estava sempre tentando ser minha amiga. Certa tarde, voltando da escola, ela ficou com os olhos iluminados quando lhe contei que tínhamos morado na Califórnia. Disse que a mãe sempre quisera ir lá. Perguntou se eu podia ir à sua casa e contar à sua mãe sobre a vida na Califórnia.

Claro que fui. Nunca entrara na Lanterna Verde, mas agora iria ver de perto uma prostituta de verdade. Havia muitas coisas que desejava saber: a prostituição dava dinheiro fácil? Alguma vez foi divertido, ou apenas grosseiro? Kathy, suas irmãs e seu pai sabiam que Ginnie Sue Pastor era piranha? O que achavam disso? Eu não planejava fazer essas perguntas assim, porém achava que entrando na casa dos Pastor, e conhecendo Ginnie Sue, eu poderia ter alguma ideia das respostas.

Clarence Pastor, sentado na varanda, ignorou Kathy e a mim quando passamos. Lá dentro havia todos aqueles pequenos cômodos unidos como vagões. Em função do modo como a casa estava apoiada em uma encosta erodida, pisos, tetos e janelas se inclinavam em ângulos diferentes. Não havia pinturas nas paredes, mas os Pastor haviam colado fotografias de mulheres bem-vestidas em catálogos da Sears Roebuck.

As irmãzinhas de Kathy corriam por toda parte ruidosamente, seminuas. Nenhuma delas parecia uma com a outra; uma era ruiva, outra loura, uma terceira tinha cabelos pretos, e havia todos os diferentes tons de castanho. Sweet Man, o mais novo, engatinhava pelo chão da sala de estar, chupando um picles gordo. Ginnie Sue Pastor estava sentada à mesa da cozinha. Junto ao cotovelo dela havia a carcaça de um grande e caro frango, do tipo que mal podíamos comprar. Tinha um rosto cansado e enrugado, mas seu sorriso era amplo e alegre.

— Prazer em conhecê-la — disse, limpando as mãos nas fraldas da camisa. — Não costumamos receber visitas.

Ginnie Sue nos ofereceu lugares à mesa. Tinha seios pesados que balançavam quando se movia, e os cabelos louros estavam escuros na raiz.

— Vocês me ajudam com esta ave, e eu faço para vocês dois enrolados de frango especiais de Ginnie Sue — falou, depois virou-se para mim. — Sabe limpar um frango?

— Certamente — respondi. Eu não comera nada o dia todo.

— Bem, me mostre — disse Ginnie Sue.

Primeiro peguei uma asa, separando os ossos duplos finos e arrancando toda a carne presa ali. Depois comecei a trabalhar nos ossos da coxa, soltando-os das articulações, tirando tendões e cavando o tutano. Kathy e Ginnie também trabalhavam na ave, mas logo pararam para me observar. Tirei do rabo aquele belo pedaço de carne que todos esquecem. Virei a carcaça de cabeça para baixo e raspei toda a gordura gelatinosa e os restos de carne com as unhas. Enfiei o braço até o cotovelo na ave, para cavar qualquer carne que houvesse nas costelas.

— Garota, em todos os meus anos eu nunca vi ninguém limpar um frango como você — disse Ginnie Sue.

Ergui a cartilagem em forma de lança do osso do peito, que a maioria das pessoas não come, e a mordi com um estalo satisfeito.

Ginnie Sue raspou a carne para uma tigela, misturou-a com maionese e requeijão, depois esmagou um punhado de batatas fritas e as acrescentou.

Espalhou a mistura em duas fatias de pão de fôrma, enrolou-as como um cilindro e nos deu.

— Pássaros num cobertor — disse. O gosto era ótimo.

— Mamãe, Jeannette morou na Califórnia — disse Kathy.

— É mesmo? — falou Ginnie Sue. — Morar na Califórnia e ser comissária de bordo era meu sonho — disse, suspirando. — Nunca fui além de Bluefield.

Contei a ela e a Kathy sobre a vida na Califórnia. Logo ficou claro que não tinham interesse em cidades mineiras do deserto, então falei sobre San Francisco e depois sobre Las Vegas, que não era na Califórnia, mas elas aparentemente não se importaram. Fiz os dias que passamos lá se transformarem em anos, e as coristas que vira a distância parecerem amigas íntimas e vizinhas. Descrevi os cassinos brilhantes e os grandes apostadores, as palmeiras e as piscinas, os hotéis com ar-condicionado gelado e os restaurantes onde garçonetes de luvas brancas compridas acendiam sobremesas flamejantes.

— Não pode ser melhor que isso! — exclamou Ginnie Sue.

— Não, senhora, certamente não pode — falei.

Sweet Man entrou chorando, e Ginnie Sue o pegou e o deixou chupar um pouco de maionese de seu dedo.

— Trabalhou bem naquele frango — Ginnie Sue me disse. — Você me parece o tipo de garota que um dia vai comer quanto quiser de frango assado e aquelas sobremesas em chamas — disse, e piscou.

Só a caminho de casa me dei conta de que não conseguira respostas para minhas perguntas. Enquanto ficara sentada lá conversando com Ginnie Sue até esqueci que era piranha. Uma coisa sobre ser piranha: isso coloca um frango na mesa.

Brigávamos muito em Welch. Não apenas para afastar nossos inimigos, mas para conseguir nosso espaço. Talvez fosse porque havia muito pouco a fazer em Welch; talvez porque a vida ali fosse dura e deixasse as pessoas duras; talvez por causa de todas as batalhas sangrentas para sindicalizar as minas; talvez porque mineração era perigoso, e um trabalho apertado e sujo, e deixasse todos os mineiros de mau humor, e quando eles chegavam em casa, descontavam nas esposas, que descontavam nos filhos, que descontavam em outros garotos. Seja qual for a razão, parecia que todo mundo em Welch — homens, mulheres, meninos, meninas — gostava de brigar.

Havia brigas de rua, facadas em bares, espancamentos em estacionamentos, tapas em esposas e surras em crianças. Às vezes, era só uma questão de alguém dar um soco, e tudo terminava antes que se soubesse quem havia começado. Outras vezes, era mais como um combate em doze assaltos, com espectadores animando os adversários suados, que sangravam. E havia os ressentimentos e as rixas que duravam anos, dois irmãos espancando um cara porque nos anos 1950 o pai deste espancara o deles, uma mulher atirando na melhor amiga por dormir com seu marido e o irmão da melhor amiga esfaqueando o marido. Ao andar pela rua McDowell, metade das pessoas pelas quais se passava parecia estar com algum ferimento sofrido em combate local. Havia olhos roxos, lábios partidos, malares inchados, braços esfolados, nós dos dedos ralados e lóbulos mordidos. Havíamos morado em alguns lugares bem cheios de brigas no deserto, mas mamãe disse que Welch era a cidade mais brigona que já vira.

Brian, Lori, Maureen e eu nos metíamos em mais brigas que a maioria dos garotos. Dinitia Hewitt e suas amigas foram somente as primeiras em uma longa sequência de pequenas gangues que brigaram com um ou mais de nós. Os outros garotos queriam brigar conosco porque tínhamos cabelos ruivos, porque papai era um bêbado, porque vestíamos farrapos e não tomávamos tantos banhos quanto deveríamos, porque morávamos em uma casa decadente parcialmente pintada de amarelo, que tinha um buraco cheio de lixo, porque eles iam à nossa casa à noite e viam que não podíamos sequer ter eletricidade.

Mas sempre reagíamos, normalmente como equipe. Nossa luta mais espetacular, e nossa vitória tática mais audaciosa — a Batalha da rua Little Hobart —, se deu contra Ernie Goad e seus amigos, quando eu tinha dez anos e Brian, nove. Ernie Goad era um garoto de nariz achatado e pescoço grosso, com olhos pequenos praticamente na lateral da cabeça, como uma baleia. Ele agia como se sua missão fosse expulsar a família Walls da cidade. Começou, certo dia, quando eu estava brincando com outras crianças no tanque estacionado junto ao arsenal. Ernie Goad apareceu e começou a jogar pedras em mim e gritar que os Walls tinham de sair de Welch porque fedíamos demais.

Joguei duas pedras de volta e mandei que me deixasse em paz.

— Me obrigue — provocou Ernie.

— Eu não faço lixo! — gritei. — Eu o queimo.

Normalmente, essa era uma resposta infalível, compensando em desprezo o que carecia em originalidade, mas dessa vez saiu pela culatra.

— Vocês Walls não queimam lixo! — gritou Ernie de volta. — Vocês o jogam em um buraco ao lado de casa! Vocês vivem nele!

Tentei dar uma resposta à resposta dele, mas minha cabeça travou, porque o que Ernie dissera era verdade: nós realmente vivíamos no lixo.

Ernie colou o rosto no meu.

— Lixo! Vocês vivem no lixo porque *são* lixo!

Eu o empurrei com força, depois me virei para as outras crianças, esperando apoio, mas estavam se afastando e baixando os olhos, como se envergonhadas de ser flagradas brincando com uma garota que tinha um depósito de lixo junto a sua casa.

Naquele sábado, Brian e eu líamos no sofá-cama quando um dos vidros da janela se partiu e uma pedra caiu no chão. Corremos para a porta. Ernie e três de seus amigos estavam pedalando de um lado para o outro da rua Little Hobart, gritando loucamente:

— Lixo! Lixo! Vocês todos são um monte de lixo!

Brian saiu na varanda. Um dos garotos jogou outra pedra, que acertou Brian na cabeça. Ele cambaleou para trás, depois desceu correndo os degraus, mas Ernie e seus amigos saíram pedalando, berrando. Brian subiu a escada, sangue escorrendo pela bochecha, sujando a camiseta, e um galo surgindo acima da sobrancelha. A gangue de Ernie voltou alguns minutos depois, jogando pedras e gritando que tinham visto o chiqueiro no qual os garotos Walls moravam, e iam contar à escola toda que era ainda pior do que todos diziam.

Dessa vez, Brian e eu os perseguimos. Embora fossem em maior número que nós, estavam gostando demais do jogo de provocação para permanecer ali. Desceram até a primeira curva e sumiram.

— Eles vão voltar — disse Brian.

— O que vamos fazer? — perguntei.

Brian sentou-se, pensando, depois me disse que tinha um plano. Ele encontrou corda embaixo da casa e me levou a uma clareira na colina acima da rua Little Hobart. Algumas semanas antes, Brian e eu tínhamos arrastado um velho colchão para lá, porque estávamos pensando em acampar. Brian explicou como poderíamos fazer uma catapulta, como as medievais sobre as quais havíamos lido, empilhando pedras no colchão e amarrando-o com cordas passadas sobre galhos de árvore. Rapidamente, montamos o esquema e o testamos uma vez, puxando as cordas e contando até três. Funcionou — uma pequena avalanche de pedras caiu na rua abaixo. Estávamos convencidos de que era suficiente para matar Ernie Goad e sua gangue, que era o que pretendíamos fazer: matá-los e confiscar as bicicletas, deixando os corpos na rua como um aviso aos outros.

Empilhamos as pedras novamente no colchão, refizemos a catapulta e esperamos. Depois de dois minutos, Ernie e sua gangue reapareceram na curva. Cada um deles pilotava com uma mão e levava uma pedra do tamanho de um ovo na outra. Iam em fila indiana, como um grupo de guerra de índios pawnee, a pequena distância uns dos outros. Não conseguiríamos pegar todos de uma só vez, e miramos em Ernie, que seguia à frente do bando.

Quando ele chegou ao alcance, Brian deu o sinal e puxamos as cordas. O colchão disparou para a frente, e nosso arsenal de pedras voou pelo ar. Eu as ouvi bater no corpo de Ernie e cair na rua. Ele gritou e xingou quando sua bicicleta derrapou. O garoto atrás de Ernie bateu nele, e ambos caíram. Os outros dois viraram e fugiram. Brian e eu começamos a jogar as pedras que tínhamos à mão. Como estavam na descida da colina, tínhamos uma boa linha de tiro e conseguimos acertar várias vezes, as pedras quicando nas bicicletas, arrancando tinta e amassando os para-lamas.

Brian gritou:

— Atacar!

E descemos a encosta em disparada. Ernie e seu amigo pularam de volta nas bicicletas e saíram pedalando furiosamente antes que os alcançássemos. Quando desapareceram na curva, Brian e eu fizemos uma dança da vitória na rua tomada por pedras, dando nossos próprios gritos de guerra.

À MEDIDA QUE O CLIMA ESQUENTAVA, uma espécie de beleza bruta tomava as encostas íngremes ao redor da rua Little Hobart. Antúrios selvagens e corações-sangrentos brotavam por toda parte. Flores brancas de cenoura silvestre, flores roxas e grandes lírios-de-um-dia alaranjados se abriam ao longo da rua. Durante o inverno, era possível ver carros e geladeiras abandonados e esqueletos de casas desertas na floresta, mas na primavera as trepadeiras, as ervas daninhas e o musgo cresciam sobre isso, e em pouco tempo tudo desaparecia totalmente.

Uma vantagem do verão era que cada dia tínhamos mais luz para ler. Mamãe empilhava livros. Voltava para casa da biblioteca pública de Welch a cada uma ou duas semanas com uma fronha repleta de romances, biografias e livros de história. Ela se enfiava na cama com eles, erguendo os olhos de tempos em tempos, dizendo que lamentava, sabia que devia fazer algo mais produtivo, mas, assim como papai, tinha seus vícios, e a leitura era um deles.

Todos líamos, mas nunca tínhamos a sensação de proximidade que tivéramos em Battle Mountain, quando todos sentávamos no depósito com nossos livros. Em Welch, as pessoas iam para cantos diferentes da casa. Quando chegava a noite, nós, crianças, nos deitávamos em nossas camas de corda e papelão, lendo à luz de lanterna ou de uma vela que colocávamos em nossas caixas de madeira, cada uma criando seu próprio pequeno halo de luz fraca.

Lori era a leitora mais obsessiva. Fantasia e ficção científica a fascinavam, especialmente *O senhor dos anéis*. Quando não estava lendo, desenhava orcs ou hobbits. Tentou fazer todos na família ler os livros.

— Eles nos transportam para um mundo diferente — disse.

Eu não queria ser transportada para outro mundo. Meus livros preferidos envolviam pessoas lidando com dificuldades. Eu adorava *As vinhas da ira*, *O senhor das moscas* e especialmente *Laços humanos*. Eu achava que Francie Nolan e eu éramos praticamente idênticas, embora ela tivesse vivido cinquenta anos antes no Brooklyn, e sua mãe sempre mantivesse a casa limpa. O pai de Francie Nolan me lembrava papai. Se Francie via algo bom no pai, embora a maioria das pessoas o considerasse um bêbado inútil, talvez eu não fosse uma tola completa por acreditar no meu. Ou tentar acreditar. Estava ficando mais difícil.

Certa noite naquele verão, quando eu estava deitada na cama e todos os outros dormiam, ouvi a porta da frente se abrir e o som de alguém murmurando e tropeçando na escuridão. Papai chegara em casa. Fui à sala de estar, onde ele estava sentado à escrivaninha. À luz da lua que entrava pela janela, eu podia ver que o rosto e os cabelos dele estavam cobertos de sangue. Perguntei o que havia acontecido.

— Briguei com uma montanha, e a montanha venceu — respondeu.

Olhei para mamãe adormecida no sofá-cama, a cabeça enfiada sob um travesseiro. Ela dormia pesado e não se movera. Quando acendi o lampião a querosene, vi que papai tinha um grande talho no antebraço direito e um corte tão fundo na cabeça que eu podia ver seu crânio branco. Peguei um palito de dentes e uma pinça e tirei as pedrinhas do talho. Papai não se encolheu quando joguei álcool no ferimento. Por causa dos cabelos não havia como colocar uma bandagem, e eu disse a papai que teria de raspar a área ao redor do corte.

— Que diabos, querida, isso vai destruir minha imagem. Uma pessoa em minha posição tem de parecer apresentável.

Papai estudou o talho no antebraço. Ele mesmo pôs um torniquete no braço e me mandou pegar a caixa de costura de mamãe. Remexeu nela procurando linha de seda, mas, não conseguindo encontrar, decidiu que a de algodão serviria. Colocou linha preta em uma agulha, me passou e apontou para o talho.

— Costure — disse.

— Papai! Não posso fazer isso.

— Ah, vá em frente, querida. Eu mesmo o faria, mas não posso fazer direito com a mão esquerda — falou, sorrindo. — Não se preocupe comigo. Estou tão embriagado que não vou sentir nada.

Papai acendeu um cigarro e colocou o braço na mesa.

— Vá em frente! — ordenou.

Apertei a agulha sobre a pele de papai e estremeci.

— Vá em frente — repetiu.

Apertei a agulha e senti um leve puxão quando perfurou a pele. Queria fechar os olhos, mas precisava ver. Empurrei com mais força e senti a resistência da carne de papai. Era como costurar carne. *Era* costurar carne.

— Não consigo, papai, lamento; simplesmente não consigo fazer isso — falei.

— Vamos fazer juntos — disse papai.

Usando a mão esquerda, papai guiou meus dedos enquanto eles empurravam a agulha por sua pele até sair do outro lado. Algumas gotinhas de sangue surgiram. Tirei a agulha e dei um puxão suave na linha para apertar. Amarrei as duas pontas do fio como papai mandou, depois repeti para dar o segundo ponto. O talho era bastante grande e eu deveria ter dado mais pontos, mas não consegui me forçar a enfiar aquela agulha no braço de papai mais uma vez. Ambos olhamos para os dois pontos malfeitos.

— Um belo trabalho — disse papai. — Estou orgulhoso de você, Cabra-Montesa.

Quando saí de casa na manhã seguinte, papai ainda estava dormindo. Quando voltei para casa à noite, ele havia saído.

Papai começou a desaparecer por dias seguidos. Quando eu perguntava onde tinha estado, suas explicações eram tão vagas ou tão improváveis que parei de perguntar. Sempre que voltava para casa, ele trazia um saco de compras em cada braço. Engolíamos sanduíches de apresuntado com fatias grossas de cebola enquanto ele nos contava a respeito do progresso de sua investigação sobre o sindicato e seus últimos planos para ganhar dinheiro. As pessoas estavam sempre lhe oferecendo empregos, explicava, mas não tinha interesse em trabalhar para ninguém, batendo continência, bajulando, puxando saco e recebendo ordens.

— Você nunca fica rico trabalhando para o patrão — disse.

Ele estava concentrado em ficar rico. Podia não haver ouro na Virgínia Ocidental, mas havia muitas outras formas de fazer fortuna. Ele, por exemplo, trabalhava em uma tecnologia para queimar carvão de maneira mais eficiente, para que mesmo o carvão de pior qualidade pudesse ser retirado e vendido. Disse que havia um grande mercado para isso, que iria nos deixar mais ricos do que podíamos imaginar.

Eu escutava os planos de papai e tentava encorajá-lo, na esperança de que suas teorias fossem verdadeiras, mas bastante certa de que não eram. Entrava dinheiro — e com ele comida — nas raras oportunidades em que papai fazia um biscate ou mamãe recebia um cheque da companhia de petróleo que alugava os direitos de perfuração de suas terras no Texas. Mamãe sempre era vaga sobre o tamanho dessas terras e sua exata localização, e se recusava a pensar em vendê-las. Tudo o que sabíamos era que a cada dois meses surgia aquele cheque, e tínhamos muita comida por vários dias.

Quando a eletricidade estava ligada, comíamos muito feijão. Um grande saco de feijão-rajado nos alimentava por dias. O gosto era especialmente bom se acrescentássemos uma colher de maionese. Comíamos muito arroz com cavala, que mamãe dizia ser ótima para o cérebro. Cavala não era tão boa quanto atum, mas melhor que comida de gato, que comíamos de tempos em tempos quando as coisas ficavam realmente feias. Algumas vezes, mamãe fazia uma grande bacia de pipoca para o jantar. Tinha muita fibra, dizia, e mandava que colocássemos muito sal, porque o iodo impedia que tivéssemos bócio.

— Não quero que meus filhos pareçam pelicanos — observava.

Uma vez, quando chegou um cheque de *royalties* realmente grande, mamãe comprou para nós uma lata inteira de apresuntado. Comemos isso durante dias, cortando fatias grossas para sanduíches. Como não tínhamos geladeira, deixamos o presunto em uma prateleira da cozinha. Depois de passar mais ou menos uma semana ali, fui pegar minha fatia do jantar e descobri que se enchera de pequenos vermes brancos. Mamãe estava sentada no sofá-cama, comendo o pedaço que cortara.

— Mamãe, esse presunto está cheio de vermes — falei.

— Ah, não seja tão fresca — disse ela. — Apenas tire a parte bichada. O lado de dentro está bom.

Brian e eu nos tornamos especialistas em coleta. Pegávamos maçãs, amoras silvestres e mamão no verão e no outono, e roubávamos espigas de milho da fazenda do velho Wilson. O milho era duro — o velho Wilson o plantava para alimentar o gado —, mas se o mastigássemos bastante, conseguíamos comer. Uma vez, apanhamos um tordo ferido jogando um cobertor sobre ele e imaginamos que poderíamos fazer uma torta de tordo como na canção de roda. Mas não conseguimos matar o pássaro, e, além disso, ele parecia magro demais para comer.

Tínhamos ouvido falar de um prato chamado salada de uva-de-rato, e, como tínhamos uma grande moita de uva-de-rato crescendo atrás da casa, Brian e eu resolvemos experimentar. Se fosse bom, teríamos uma nova fonte de comida. Primeiro, tentamos comer a uva-de-rato crua, mas era terrivelmente amarga, então a fervemos — cantando "Poke Salad Annie" na maior expectativa —, mas ainda tinha gosto amargo e fibroso, e ficamos dias com coceira na língua.

Certo dia, caçando comida, passamos pela janela de uma casa abandonada. Os cômodos eram pequenos, havia piso sujo, mas encontramos prateleiras com fileiras de comida enlatada na cozinha.

— Te-sou-ro! — gritou Brian.

— Hora do banquete! — falei.

As latas estavam cobertas de poeira e começando a enferrujar, mas imaginamos que ainda era seguro comer, já que o objetivo de enlatar era conservar. Passei uma lata de tomates para Brian, que pegou seu canivete. Quando ele furou a lata, o conteúdo explodiu em seu rosto, cobrindo-nos com um suco marrom efervescente. Tentamos algumas outras, mas também explodiram, e voltamos andando para casa sem ter comido nada, com as roupas e os rostos sujos de tomate podre.

Quando comecei a sexta série, as outras crianças debochavam de Brian e de mim por sermos tão magros. Eles me chamavam de pernas de aranha, menina-esqueleto, limpadora de canos, bunda ossuda, mulher-palito, varapau e girafa, e diziam que eu conseguia me manter seca na chuva ficando em pé embaixo de um fio telefônico.

Na hora do almoço, quando as outras crianças desembrulhavam seus sanduíches ou compravam refeições quentes, Brian e eu pegávamos nossos livros e líamos. Brian dizia a todos que precisava manter seu peso baixo porque queria entrar para a equipe de luta quando chegasse ao ensino médio. Eu dizia às pessoas que havia esquecido meu almoço. Ninguém acreditava em mim, e comecei a me esconder no banheiro na hora do almoço. Ficava em um dos reservados com a porta trancada e os pés erguidos para que ninguém reconhecesse meus sapatos.

Quando as outras garotas entravam e jogavam os sacos de lanche nas latas de lixo, eu os resgatava. Não suportava o modo como jogavam fora aquela comida absolutamente boa: maçãs, ovos cozidos, pacotes de biscoito com manteiga de amendoim, picles fatiados, caixas de leite de 260 ml, sanduíches de queijo com apenas uma dentada, porque a criança não gostava de pimentão no queijo. Eu voltava ao reservado e devorava minhas descobertas saborosas.

Às vezes, havia na lata de lixo mais comida do que eu conseguia comer. Na primeira vez em que encontrei comida extra — um sanduíche de mortadela e queijo —, enfiei-o em minha bolsa querendo levar para Brian em casa. Na sala, comecei a me preocupar com a explicação que daria a Brian sobre de onde o sanduíche tinha vindo. Estava bem certa de que ele vasculhava o lixo, mas nunca falamos sobre isso.

Enquanto eu ficava sentada lá, tentando pensar em modos de justificar aquilo para Brian, comecei a sentir o cheiro da mortadela. Parecia tomar a sala. Fiquei aterrorizada de que as outras crianças também pudessem sentir o cheiro, se virassem e vissem minha bolsa estufada, e, como todos sabiam que eu nunca almoçava, imaginariam que eu tinha apanhado o sanduíche no lixo. Assim que a aula terminou, corri para o banheiro e enfiei o sanduíche de volta na lata.

Maureen sempre tinha muita comida, já que fizera amigos no bairro e aparecia na casa deles na hora do jantar. Eu não tinha ideia do que mamãe e Lori faziam para se alimentar. Estranhamente, mamãe ficava mais pesada. Certa noite, quando papai estava fora, não tínhamos nada para comer, e estávamos sentados na sala de estar tentando não pensar em comida, mas mamãe não parava de se esconder sob o cobertor do sofá-cama. Em dado momento, Brian olhou para ela.

— Está mastigando alguma coisa? — perguntou.

— Meus dentes estão doendo — disse mamãe, mas desviava os olhos, olhando para a sala, e nos evitava. — São minhas gengivas ruins. Estou mexendo o maxilar para aumentar a circulação.

Brian arrancou as cobertas. No colchão ao lado de mamãe havia uma daquelas enormes barras de chocolate Hershey's tamanho família, a embalagem prateada brilhante puxada para trás e rasgada. Ela já havia comido metade.

Mamãe começou a chorar.

— Não consigo evitar — soluçou. — Sou viciada em açúcar, assim como seu pai é alcoólatra.

Ela nos disse que devíamos perdoá-la da mesma maneira que sempre perdoávamos papai pela bebida. Nenhum de nós disse nada. Brian tomou-lhe a barra de chocolate e a dividiu em quatro. Enquanto mamãe olhava, nós a engolimos.

O INVERNO CHEGOU FORTE NAQUELE ANO. Logo depois do dia de Ação de Graças caiu a primeira grande neve com flocos gordos e úmidos do tamanho de borboletas. Flutuavam para baixo preguiçosamente, mas eram seguidos por flocos menores e mais secos que não pararam de cair por dias. No começo, adorei o inverno em Welch. O cobertor de neve escondia a fuligem e fazia a cidade inteira parecer limpa e confortável. Nossa casa quase parecia com todas as outras na rua Little Hobart.

Estava tão frio que os galhos mais novos e frágeis se partiam no ar gelado, e eu muito rapidamente comecei a senti-lo. Tinha somente meu fino casaco de lã sem botões. Sentia quase o mesmo frio em casa; embora tivéssemos o fogareiro a carvão, não tínhamos carvão. Havia quarenta e dois vendedores de carvão na lista telefônica de Welch. Uma tonelada de carvão, que duraria a maior parte do inverno, custava uns cinquenta dólares — incluindo frete —, ou apenas trinta dólares pelo produto de pior qualidade. Mamãe disse que lamentava, mas o carvão não cabia no nosso orçamento. Teríamos de conceber outras formas de nos manter aquecidos.

Pedaços de carvão estavam sempre caindo dos caminhões que faziam as entregas, e Brian sugeriu que ele e eu pegássemos um balde para recolher alguns deles. Andávamos pela Little Hobart catando pedaços de carvão, quando nossos vizinhos, os Noe, passaram em sua perua. As garotas Noe,

Karen e Carol, estavam sentadas no banco extra voltado para trás, olhando pela janela traseira do carro.

— Estamos aumentando nossa coleção de pedras! — gritei.

Os pedaços que achamos eram tão pequenos que depois de uma hora só tínhamos enchido metade do balde. Precisávamos de pelo menos um balde para sustentar o fogo por uma noite. Embora de vez em quando fizéssemos expedições de coleta de carvão, basicamente usávamos madeira. Não podíamos comprar madeira mais do que podíamos comprar carvão, e papai não estava por perto para cortá-la e parti-la, o que significava que cabia a nós, crianças, catar galhos mortos e pedaços na floresta.

Encontrar madeira boa e seca era um desafio. Caminhávamos pela encosta procurando pedaços que não estivessem encharcados nem podres, sacudindo a neve de galhos. Mas acabamos com a madeira com uma rapidez medonha, e, enquanto um fogo a carvão é quente, fogo de madeira não produz muito calor. Nós nos aninhávamos ao redor do fogareiro arredondado enrolados em cobertores, esticando as mãos para o calor fraco e enfumaçado. Mamãe dizia que devíamos ser gratos, pois estávamos melhores que os pioneiros, que não tinham facilidades modernas como janelas de vidro e fogões de ferro fundido.

Um dia, conseguimos fazer um fogo grande, mas mesmo assim ainda víamos nossa respiração, e havia gelo dos dois lados das janelas. Brian e eu decidimos que precisávamos aumentar ainda mais o fogo e saímos para pegar mais madeira. No caminho de volta, Brian parou e olhou para nossa casa.

— Não há neve no nosso telhado.

Ele estava certo. Ela derretera totalmente.

— Todas as outras casas têm neve no telhado — falou.

Isso também era verdade.

— Esta casa não tem nenhum isolamento — Brian disse a mamãe quando voltamos para dentro. — Todo o calor está passando direto pelo teto.

— Podemos não ter isolamento, mas temos uns aos outros — mamãe disse quando nos reunimos ao redor do fogareiro.

Ficou tão frio em casa que pendia gelo do teto da cozinha, a água na pia se tornou um sólido bloco de gelo, e os pratos sujos ficaram presos como se cimentados ali. Até a bacia de água que mantínhamos na sala para nos lavar tinha uma camada de gelo. Andávamos pela casa com nossos casacos e enrolados em cobertores. Vestíamos os casacos também na cama. Não havia fogareiro no quarto, e, não importava quantos cobertores eu empilhasse sobre mim, ainda sentia frio. Passei a noite acordada, esfregando os pés com as mãos, tentando aquecê-los.

Brigávamos para ver quem dormia com os cachorros — Zumbido, o terrier jack russel, e Pippin, um vira-lata de pelo encaracolado que descera da floresta um dia —, porque eles nos mantinham aquecidos. Eles normalmente terminavam em uma pilha com mamãe, pois ela tinha o corpo maior, e eles também sentiam frio. Brian comprara um iguana na G. C. Murphy, a lojinha barateira na rua McDowell, porque o fazia lembrar-se do deserto. Batizou-o de Iggy, e dormia com ele sobre o peito para aquecê-lo, mas certa noite ele morreu congelado.

Tínhamos de deixar a torneira debaixo da casa pingando, ou a água congelaria no cano. Mesmo assim, quando ficou realmente frio, a água congelou, e, ao acordar, encontramos uma grande estalactite pendurada na torneira. Tentamos degelar o cano passando um pedaço de madeira em chamas por ele, mas estava tão congelado que não havia nada a fazer senão esperar que esquentasse de novo. Quando o cano congelava daquele jeito, conseguíamos água derretendo neve ou gelo na panela de lata no fogareiro arredondado.

Em duas ocasiões, quando não havia mais neve no chão, mamãe me mandou pegar um balde de água emprestado com o sr. Freeman, um mineiro aposentado que morava com o filho e a filha crescidos, Peanut e Prissy. Ele nunca me mandou embora, mas me olhava um minuto em silêncio, depois balançava a cabeça e desaparecia na casa. Quando passava o balde, dava outra balançada de cabeça de desgosto, mesmo depois de eu garantir que ele poderia pegar quanta água quisesse conosco quando chegasse a primavera.

— Odeio inverno — eu disse a mamãe.

— Todas as estações têm algo a oferecer — respondeu ela. — O frio é bom para você. Mata os germes.

Aquilo parecia ser verdade, porque nenhum de nós, crianças, jamais ficou doente. Mas mesmo se um dia eu acordasse de manhã queimando de febre, nunca admitiria para mamãe. Adoecer significaria ficar em nossa casa gelada em vez de passar o dia em uma sala de aula quentinha.

* * *

Outra coisa boa do clima frio era que ele mantinha os odores no mínimo. Quando chegou o Ano-Novo, tínhamos lavado nossas roupas apenas uma vez desde aquela primeira neve de novembro. No verão, mamãe comprou uma máquina de lavar com centrifugação, como a que tivéramos em Phoenix, e a mantínhamos na cozinha. Havendo eletricidade, lavávamos as roupas e as pendurávamos para secar na varanda da frente. Mesmo quando o clima era mais quente, elas tinham de ficar durante dias lá fora, porque sempre era muito úmido naquele buraco no lado norte da montanha. Mas esfriou, e na única vez em que lavamos roupa, ela congelou na varanda. Levamos as roupas para dentro — as meias haviam endurecido na forma de pontos de interrogação, e as calças estavam tão duras que podiam ser apoiadas na parede — e as batemos sobre o fogareiro, tentando amaciá-las.

— Pelo menos não precisamos comprar goma — disse Lori.

Mesmo com o frio, em janeiro estávamos tão rançosos que mamãe decidiu que era hora de uma extravagância: iríamos à Laundromat. Colocamos nossas roupas sujas em fronhas e as carregamos encosta abaixo e pela rua Stewart.

Mamãe carregou a trouxa na cabeça, do modo como as mulheres fazem na África, e tentou nos convencer a fazer o mesmo. Disse que era melhor para nossa postura e mais leve para a coluna, mas não havia nenhuma chance de nós, crianças, sermos flagradas caminhando por Welch com sacos de roupa suja na cabeça. Seguimos mamãe com nossos sacos nos ombros, revirando os olhos quando passávamos por conhecidos, para mostrar que concordávamos com eles: a senhora com o saco na cabeça parecia bastante peculiar.

A Laundromat, com a vitrine totalmente embaçada, estava tão quente e úmida quanto um banho turco. Mamãe deixou que colocássemos as moedas nas lavadoras, depois subimos e sentamos nelas. O calor das máquinas barulhentas esquentou nosso traseiro e se espalhou por nosso corpo. Quando a lavagem terminou, passamos as braçadas de roupas molhadas para as secadoras e ficamos observando-as enquanto sacudiam como se estivessem em um brinquedo de parque de diversão. Quando o ciclo terminou, tiramos as roupas escaldantes e enfiamos o rosto nelas. Fomos esticando uma a uma nas mesas e dobrando-as com cuidado, casando as mangas das camisas e as costuras das calças e enrolando os pares de meias. Nunca dobrávamos nossas roupas em casa, mas aquela Laundromat estava tão quente e confortável que procuramos qualquer desculpa para prolongar nossa permanência ali.

Um veranico em janeiro pareceu boa notícia, mas a neve começou a derreter, e a madeira da floresta ficou totalmente encharcada. Não conseguíamos um fogo que produzisse mais que fumaça. Se a madeira estava molhada, nós a cobríamos com o querosene usado nos lampiões. Papai desprezava iniciar fogo com querosene. Nenhum pioneiro de verdade se rebaixaria a usar isso. Não era barato e, como não produzia calor, demorava muito para fazer a madeira pegar fogo. Além de ser perigoso. Papai disse que se fôssemos descuidados com querosene, ele poderia explodir. Ainda assim, como a madeira molhada não pegava fogo, e estávamos todos congelando, colocávamos um pouco de querosene.

Certo dia, Brian e eu escalamos a encosta para tentar encontrar madeira seca enquanto Lori cuidava do fogo em casa. Quando Brian e eu sacudíamos neve de alguns galhos promissores, ouvimos uma explosão alta vindo de casa. Eu me virei e vi chamas subindo atrás das janelas.

Largamos nossa madeira e descemos a montanha correndo. Lori estava rolando pela sala, sobrancelhas e franja queimadas, cheiro de cabelo queimado no ar. Usara querosene para tentar melhorar o fogo e ele explodira, exatamente como papai avisara. Nada na casa pegara fogo além dos cabelos de Lori, mas a explosão deslocara o casaco e a saia, e as chamas haviam queimado suas coxas. Brian saiu e pegou neve, que colocamos nas pernas de Lori, agora de um rosa-escuro. No dia seguinte, suas coxas estavam tomadas por bolhas.

— Apenas lembre-se de que o que não a mata, a fortalece — disse mamãe depois de examinar as bolhas.

— Se isso fosse verdade, eu agora seria Hércules — retrucou Lori.

Dias depois, quando as bolhas explodiram, o líquido claro correu para os pés. Durante semanas, a parte da frente das pernas de Lori esteve tomada por feridas abertas, tão sensíveis que ela tinha dificuldade de dormir sob os cobertores. Mas a temperatura havia caído novamente, e se tirasse os cobertores, iria congelar.

* * *

Certo dia naquele inverno, fui à casa de uma colega de turma para um trabalho escolar. O pai de Carrie Mae Blankenship era administrador do hospital do município de McDowell, e sua família morava em uma casa sólida de alvenaria na rua McDowell. A sala era decorada em tons de laranja e marrom, e o padrão xadrez das cortinas combinava com o estofamento do sofá. Em uma parede havia uma foto emoldurada da irmã mais velha de Carrie Mae em sua beca de formatura no ensino médio. Era iluminada por uma lâmpada própria, como em um museu.

Havia também uma pequena caixa de plástico na parede perto da porta da sala. Uma fila de pequenos números aparecia no alto, sob uma alavanca. O pai de Carrie Mae me viu estudando a caixa enquanto Carrie estava fora da sala.

— É um termostato — disse. — Você move a alavanca para deixar a casa mais quente ou mais fria.

Eu achei que estava brincando, mas ele moveu a alavanca e ouvi um ronco abafado começar no porão.

— É a fornalha — disse.

Ele me levou a uma saída de ar no chão e pediu que colocasse a mão acima dela e sentisse o ar quente subindo. Eu não quis dizer nada para não mostrar como estava impressionada, mas durante vários dias sonhei que tínhamos um termostato no número 93 da rua Little Hobart. Sonhei que tudo o que precisávamos fazer para encher nossa casa com aquele calor limpo da fornalha era mover uma alavanca.

Erma morreu durante a última grande nevasca, no final de nosso segundo inverno em Welch. Papai disse que o fígado simplesmente parou de funcionar. Mamãe insistiu que Erma bebeu até morrer.

— Foi suicídio, como se ela tivesse enfiado a cabeça no forno, só que mais lentamente — disse mamãe.

Qualquer que fosse a causa, Erma deixara determinações detalhadas para sua morte. Durante anos, ela lera *The Welch Daily News* apenas por causa dos obituários e dos anúncios fúnebres com margens negras; recortava e guardava seus preferidos. Eles inspiraram seu próprio anúncio de falecimento, que ela escrevera e reescrevera. Deixara por escrito páginas de instruções sobre como queria que fosse seu funeral. Selecionara todos os hinos e preces, escolhera a funerária favorita, encomendara da J. C. Penney uma camisola rendada lavanda com a qual queria ser enterrada e escolhera um caixão lavanda em dois tons com suportes cromados brilhantes no catálogo da funerária.

A morte de Erma despertou o lado religioso de mamãe. Enquanto esperávamos o pastor, ela tirou seu rosário e rezou pela alma de Erma, que temia que estivesse em perigo, já que em sua opinião vovó teria cometido suicídio. Tentou nos fazer beijar o cadáver de Erma. Nós nos recusamos peremptoriamente, mas mamãe se adiantou à frente dos enlutados, ajoelhou com um grande gesto e beijou a bochecha de Erma com tanto vigor que foi possível ouvir o som estalado em toda a capela.

Eu estava sentada ao lado de papai. Era a primeira vez em minha vida que o via de gravata, que ele sempre chamara de forca. O rosto estava contraído e fechado, mas notei que estava perturbado. Mais perturbado do que jamais o vira, o que me surpreendeu, pois Erma parecia ter um tipo de controle malévolo sobre papai, e achei que ele ficaria aliviado de se livrar disso.

Enquanto andávamos de volta para casa, mamãe perguntou se tínhamos algo gentil a dizer sobre Erma, agora que havia falecido. Demos alguns passos em silêncio, e Lori disse:

— *Ding-dong*, a bruxa está morta.

Brian e eu começamos a dar risinhos abafados. Papai se virou e lançou um olhar tão frio e raivoso que achei que poderia bater nela.

— Deus do céu, ela era minha mãe! — disse, olhando furioso para nós. — Vocês, crianças. Vocês me deixam envergonhado. Ouviram? Envergonhado!

Ele desceu a rua até o bar do Junior. Todos o olhamos partir.

— *Você* sente vergonha de *nós*? — gritou Lori.

Papai simplesmente continuou a andar.

Quatro dias depois, quando papai ainda não tinha voltado para casa, mamãe me mandou procurá-lo.

— Por que eu sempre tenho de ir pegar papai?

— Porque ele gosta mais de você — respondeu. — E virá para casa se você pedir que venha.

O primeiro passo para localizar papai era ir à casa vizinha dos Freeman, que nos deixavam usar o telefone se pagássemos dez centavos, e ligar para vovô perguntando se papai estava lá. Vovô disse não ter ideia de onde papai estava.

— Quando vão ter seu próprio telefone? — perguntou o sr. Freeman, depois que desliguei.

— Mamãe é contra telefones — respondi enquanto punha a moeda na mesinha de café. — Acha que é um meio de comunicação impessoal.

Minha primeira parada, como sempre, foi no bar do Junior. Era o melhor de Welch, com uma grande vitrine, uma grelha que fazia hambúrgueres e batatas fritas e uma máquina de fliperama.

— Ei! — chamou um dos frequentadores habituais quando entrei. — É a garotinha do Rex. Como está indo, querida?

— Estou bem, obrigada. Meu pai está aqui?

— Rex? — falou, virando-se para o homem ao seu lado. — Onde está aquele velho gambá do Rex?

— Eu o vi de manhã no Howdy House.

— Querida, você parece precisar de um descanso — disse o barman. — Sente-se e tome uma Coca-Cola por conta da casa.

— Não, obrigada. Tenho mais o que fazer.

Fui ao Howdy House, que era um ponto abaixo do bar do Junior. Era menor e mais escuro, e a única comida servida eram ovos em conserva. O barman me disse que papai estava no Pub, um ponto abaixo do Howdy House, quase escuro como breu, com balcão grudento e nenhuma comida. Lá estava ele, no meio de outros frequentadores, contando uma de suas histórias da Força Aérea.

Quando papai me viu, parou de falar e me olhou como sempre fazia quando eu ia encontrá-lo em um bar. Era sempre um momento constrangedor para ambos. Eu não queria precisar buscá-lo mais do que ele queria sua filha esfarrapada chamando-o para casa como um aluno matando aula. Ele me lançou aquele olhar estranho e frio por um momento, depois deu um grande sorriso caloroso.

— Ei, Cabra-Montesa! — gritou. — O que você está fazendo nesta espelunca?

— Mamãe disse que você tem de ir para casa — falei.

— Ela disse, não é mesmo?

Ele pediu uma Coca-Cola para mim e outro uísque para ele mesmo. Eu continuava a dizer a papai que era hora de ir embora, mas ele continuava a me ignorar e a pedir mais doses, como se tivesse de virar um monte delas antes de poder encarar nossa casa. Foi cambaleando ao banheiro, voltou, pediu uma saideira, bateu o copo no balcão e caminhou até a porta. Perdeu o equilíbrio tentando abri-la e se estatelou no chão. Tentei ajudá-lo a se levantar, mas ele continuava caindo.

— Querida, você não vai conseguir levá-lo a lugar nenhum assim — disse um homem atrás de mim. — Dou uma carona a vocês.

— Eu agradeceria por isso, senhor. Se não estiver fora de seu caminho.

Alguns dos outros frequentadores ajudaram o homem e a mim a colocar papai na caçamba da picape. Apoiamos papai em uma caixa de ferramentas. Era final de tarde do início da primavera, a luz começava a murchar, e as pessoas na rua McDowell trancavam suas lojas e iam para casa.

Papai começou a cantar uma de suas músicas preferidas.

Swing low, sweet chariot
Coming for to carry me home.

[Balance pouco, carruagem de fogo,
Chegando para me levar para casa.]

Papai tinha uma bela voz de barítono, com força, timbre e alcance e, apesar de estar de porre, cantou aquele hino com a potência que merece.

I looked over Jordan, and what did I see
Coming for to carry me home?
A band of angels coming after me
Coming for to carry me home.

[Eu olhei para o Jordão, e o que vi
Chegando para me levar para casa?
Um bando de anjos indo me buscar
Chegando para me levar para casa.]

Subi ao lado do motorista. A caminho de casa — com papai ainda cantando na parte de trás da picape, prolongando tanto a palavra "low" que parecia uma vaca mugindo —, o homem me perguntou sobre a escola. Contei que estava estudando muito porque queria me tornar veterinária ou geóloga especializada no período Miocênico, quando as montanhas do oeste se formaram. Contava a ele como geodos eram criados de bolhas na lava, quando ele me interrompeu:

— Para a filha do bêbado da cidade, você tem grandes planos — falou.

— Pare o carro! — pedi. — Podemos ir sozinhos a partir daqui.

— Uau, eu não quis dizer nada com isso — reagiu ele. — E você sabe que não conseguirá levá-lo para casa sozinha.

Ainda assim ele parou. Abri a caçamba da picape e tentei arrastar papai para fora, mas o homem estava certo. Não conseguia. Voltei a subir ao lado do motorista, cruzei os braços sobre o peito e olhei fixamente para a frente. Quando chegamos ao 93 da rua Little Hobart, ele me ajudou a tirar papai.

— Sei que você se ofendeu com o que eu disse — falou o homem. — Mas estava fazendo um elogio.

Talvez devesse ter-lhe agradecido, mas simplesmente esperei que partisse e chamei Brian para me ajudar a levar papai colina acima para casa.

Dois meses depois de Erma ter morrido, o tio Stanley adormeceu no porão enquanto lia quadrinhos e fumava um cigarro. A grande casa de tábuas queimou totalmente, mas vovô e Stanley saíram vivos e se mudaram para um apartamento de dois cômodos no porão de uma velha casa do outro lado da colina. Os traficantes de drogas que moraram lá antes haviam pichado palavrões e feito desenhos psicodélicos nas paredes e nos canos do teto. O senhorio não os cobrira, tampouco vovô ou Stanley o fizeram.

Vovô e tio Stanley tinham um banheiro funcionando, então todo fim de semana alguns de nós iam lá tomar banho. Uma vez, eu estava sentada ao lado de tio Stanley no sofá de seu quarto, assistindo ao seriado *Hee haw* e esperando minha vez na banheira. Vovô fora à hospedaria Moose, onde passava a maior parte do dia; Lori tomava banho; e mamãe estava à mesa no quarto de vovô, fazendo palavras cruzadas. Senti a mão de Stanley deslizando sobre a minha coxa. Eu o encarei, mas ele olhava para as garotas *Hee haw* com tanta atenção que não pude ter certeza de que fazia de propósito, e afastei a mão dele sem dizer nada. Alguns minutos depois, a mão dele deslizou novamente sobre minha perna. Baixei os olhos e vi que a calça de tio Stanley estava aberta e ele brincava com ele mesmo. Senti vontade de dar um soco nele, mas tive medo de me meter em problemas como acontecera com Lori depois de socar Erma, então corri para mamãe.

— Mãe, tio Stanley está se comportando de maneira inadequada — contei.

— Ah, você provavelmente está imaginando — retrucou ela.

— Ele me agarrou! E está batendo punheta!

Mamãe inclinou a cabeça e pareceu preocupada.

— Pobre Stanley. Ele é tão solitário...

— Mas foi nojento!

Mamãe me perguntou se eu estava bem. Dei de ombros e anuí.

— Está tudo certo — disse, e explicou que agressão sexual era um crime de percepção. — Se você não acha que foi agredida, não foi. Muitas mulheres fazem escândalo demais com essas coisas. Mas você é mais forte que isso — falou, e voltou às palavras cruzadas.

Depois disso me recusei a voltar à casa de vovô. Ser forte, tudo bem, mas a última coisa de que precisava era tio Stanley pensar que eu voltaria ali para mais uma de suas brincadeiras. Eu fazia o que podia para me lavar na casa da Little Hobart. Havia na cozinha uma bacia de alumínio na qual só cabíamos se levássemos as pernas até o peito. Na época, o clima estava quente o bastante para encher a bacia de água na torneira debaixo da casa e tomar banho na cozinha. Depois do banho, eu me acocorava ao lado da bacia, enfiava a cabeça na água e lavava os cabelos. Mas carregar todos aqueles baldes de água até a casa era um esforço, e eu adiava o banho até estar me sentindo muito fedorenta.

Na primavera, começaram as chuvas, encharcando o vale durante dias com cortinas de água. A água corria por valas abertas na colina, levando pedras e pequenas árvores, e escorria pelas ruas, arrancando placas de asfalto. A água desovava nos córregos, que enchiam e ficavam marrom-claros e espumosos, como um milk-shake de chocolate. Os córregos alimentavam o Tug, que transbordou, inundando casas e lojas ao longo da rua McDowell. Havia um metro e vinte de lama em algumas casas, e as picapes e os trailers foram carregados. No vale do riacho Búfalo, uma barragem de mina cedeu, e uma onda de água preta de nove metros de altura matou cento e vinte e seis pessoas. Mamãe disse que era como a natureza se vingava dos homens que violentavam e saqueavam a terra, destruindo o sistema de drenagem da própria natureza ao desmatar florestas e cavar montanhas.

A rua Little Hobart era alta demais em relação ao vale para ser inundada, mas a chuva levou pedaços da rua para o quintal das pessoas que moravam abaixo de nós. A água corroeu parte do solo ao redor dos pilares que sustentavam nossa casa, tornando-a ainda mais precária. O buraco no teto da cozinha aumentou, e depois o teto do quarto no lado de Brian e Maureen começou a vazar. Brian ficava no beliche de cima e, quando chovia, estendia uma lona sobre o corpo para conter a água que pingava.

Tudo na casa estava encharcado. Um fino mofo verde se espalhou sobre livros, papéis e pinturas em pilhas tão altas, e apoiados uns sobre os outros em tantas camadas, que era difícil atravessar a sala. Pequenos cogumelos brotaram nos cantos. A umidade comeu a escada de madeira que levava à casa, e subir por ela se tornou um risco diário. Mamãe caiu de um degrau podre e rolou colina abaixo. Passou semanas com hematomas em pernas e braços.

— Meu marido não bate em mim — dizia quando alguém a encarava. — Ele apenas não conserta a escada.

A varanda começara a apodrecer. A maioria dos pilares e das balaustradas cedera, e as tábuas do piso haviam ficado esponjosas e escorregadias com musgo e algas. Isso era um grande problema quando se precisava ir para baixo da casa usar o banheiro à noite, e todos escorregamos e caímos da varanda pelo menos uma vez. Eram bons três metros até o chão.

— Temos de fazer alguma coisa sobre o caso da varanda — eu disse a mamãe. — Está ficando muito perigoso ir ao banheiro à noite.

Ademais, o banheiro sob a casa estava inutilizável. Ele transbordara, e era melhor cavar um buraco em algum ponto da colina.

— Você está certa — respondeu mamãe. — Algo tem de ser feito.

Ela comprou um balde. Era de plástico amarelo e o deixávamos no chão da cozinha, e era o que usávamos sempre que tínhamos de ir ao banheiro. Quando enchia, alguma alma corajosa o levava para fora, cavava um buraco e o esvaziava.

Certo dia, enquanto Brian e eu vasculhávamos nos limites de nossa propriedade, ele levantou um pedaço de madeira podre, e entre tatuzinhos e minhocas havia um anel de diamante. A pedra era grande. A princípio, achamos que era puro lixo, mas o limpamos com cuspe e raspamos vidro com ele, como papai nos mostrara, e pareceu real. Imaginamos que devia ter pertencido à velha senhora que morara ali. Ela morrera antes de nos mudarmos. Todos diziam que era meio doida.

— Quanto acha que vale? — perguntei a Brian.

— Provavelmente mais que a casa.

Imaginei que poderíamos vender e comprar comida, quitar a casa — mamãe e papai estavam sempre se esquecendo dos pagamentos mensais e já se falava que iríamos ser despejados — e talvez ainda sobrasse o suficiente para algo especial, como um novo par de tênis para cada um de nós.

Levamos o anel para casa e o mostramos a mamãe. Ela o ergueu à luz e disse que precisávamos mandar avaliar. No dia seguinte, pegou o ônibus na rodoviária Trailways para Bluefield. Na volta, confirmou que era um legítimo diamante de dois quilates.

— E quanto vale? — perguntei.

— Isso não importa — disse mamãe.

— Como não?

— Porque não vamos vender.

Ela ia ficar com ele, explicou, para substituir a aliança que sua mãe lhe dera e papai empenhara pouco depois do casamento.

— Mas, mamãe, aquele anel podia garantir muita comida para nós — falei.

— É verdade, mas podia melhorar minha autoestima. E, em momentos como este, autoestima é ainda mais vital que comida.

A autoestima de mamãe precisava mesmo de algum apoio. Às vezes, as coisas acabavam com ela. Ela se recolhia ao sofá-cama e permanecia ali dias seguidos, de vez em quando jogando coisas sobre nós. Poderia ser uma artista famosa se não tivesse tido filhos, gritava, e nenhum de nós valorizava seu sacrifício. No dia seguinte, se o ataque tivesse passado, estava pintando e cantarolando como se nada tivesse acontecido.

Certa manhã de sábado, pouco tempo depois de mamãe ter começado a usar o novo anel de diamante, seu humor estava bom, e ela decidiu que iríamos limpar a casa. Achei uma ótima ideia. Disse a mamãe que devíamos esvaziar cada aposento, limpá-lo por inteiro e devolver apenas as coisas que fossem essenciais. A mim parecia que essa era a melhor maneira de se livrar do amontoado. Mas mamãe disse que minha ideia consumia tempo demais, então tudo o que acabamos fazendo foi arrumar as pilhas de papel e enfiar as roupas sujas no gaveteiro. Mamãe insistiu que recitássemos ave-marias enquanto trabalhávamos.

— É um modo de limpar nossa alma enquanto limpamos a casa. Estamos matando dois coelhos com uma cajadada só.

A razão de se tornar um pouco instável, disse mais tarde naquele dia, era não fazer exercício suficiente.

— Vou começar calistenia — anunciou. — Assim que sua circulação melhora, muda toda a sua postura de vida — disse, inclinando-se e tocando os dedos dos pés.

Quando levantou, disse que já estava se sentindo melhor, e se curvou para outro toque. Acompanhei tudo da escrivaninha com os braços cruzados sobre o peito. Eu sabia que o problema não era termos circulação ruim. Não precisávamos começar a tocar os dedos dos pés. Precisávamos de medidas drásticas. Eu tinha doze anos e estivera analisando nossas opções, fazendo pesquisas na biblioteca pública e coletando fragmentos de informação sobre como outras famílias da rua Little Hobart sobreviviam. Concebera um plano e esperava uma oportunidade de apresentá-lo a mamãe. O momento parecia ser aquele.

— Mamãe, não podemos continuar vivendo assim — falei.

— Não é tão ruim — falou. Entre cada toque nos dedos, ela se esticava para o alto.

— Não tivemos nada para comer a não ser pipoca em três dias — argumentei.

— Você é sempre tão negativa! Lembra a minha mãe: críticas, críticas, críticas.

— Não estou sendo negativa. Estou tentando ser realista.

— Estou fazendo o melhor que posso nessas circunstâncias — disse ela. — Como você nunca culpa seu pai por nada? Ele não é um santo, você sabe.

— Eu sei — respondi. Corri um dedo pela beirada da escrivaninha. Papai sempre colocara seus cigarros ali, e o lugar ficara marcado por queimaduras de cigarro enfileiradas, como uma borda decorativa. — Mamãe, você tem de deixar papai.

Ela parou de tocar os dedos do pé.

— Não posso acreditar que você tenha dito isso. Não posso acreditar que você, de todas as pessoas, ficaria contra seu pai — falou. Eu era a maior defensora de papai, ela continuou, a única que fingia acreditar em todas as suas desculpas e histórias e a ter fé em seus planos para o futuro. — Ele ama você demais. Como pode fazer isso com ele?

— Eu não culpo papai — disse. E era verdade. Mas papai parecia determinado a se destruir, e eu tinha medo de que levasse todos nós com ele. — Precisamos ir embora.

— Mas não posso deixar seu pai! — falou.

Contei a mamãe que se ela deixasse papai poderia receber ajuda do governo, o que não acontecia no momento por ter um marido capaz. Algumas pessoas na escola — para não falar em metade das pessoas da rua Little Hobart — viviam do bem-estar social, e não era tão ruim. Eu sabia que mamãe era contra qualquer tipo de ajuda, mas aqueles garotos recebiam cupons de comida e verba para roupas. O Estado comprava carvão para eles e pagava o almoço na escola.

Mamãe não quis sequer ouvir. Disse que a ajuda do governo causaria danos psicológicos irreparáveis em nós.

— Você pode sentir fome de vez em quando, mas assim que come sente-se bem. E pode sentir frio por algum tempo, mas sempre se aquece. Tão logo comece a receber ajuda do governo, isso mudará você. Mesmo se prescindir da ajuda, nunca escapará do estigma de ser alvo de caridade. Ficará marcada pelo resto da vida.

— Tudo bem — falei. — Se não somos casos para caridade, arrume um emprego.

Havia carência de professores no município de McDowell, da mesma forma que ocorrera em Battle Mountain. Ela poderia conseguir trabalho de imediato, e quando recebesse um salário, poderíamos nos mudar para um pequeno apartamento na cidade.

— Isso parece uma vida medonha — disse mamãe.

— Pior que esta? — retruquei.

Mamãe ficou calada. Parecia pensar. Ergueu os olhos. Tinha um sorriso sereno.

— Não posso largar seu pai. É contra a fé católica — disse, e então suspirou. — Além disso, você conhece sua mãe. Sou viciada em excitação.

Mamãe jamais contou a papai que eu a estimulara a deixá-lo. Naquele verão, ele ainda pensava em mim como sua maior defensora, e, considerando que havia tão pouca disputa pela posição, provavelmente era.

Certa tarde de junho, papai e eu estávamos sentados na varanda, as pernas balançando lateralmente, os olhos observando as casas abaixo. Aquele verão estava tão quente que eu mal conseguia respirar. Parecia mais quente que Phoenix ou Battle Mountain, onde regularmente a temperatura subia acima dos trinta e oito graus. Quando papai me disse que fazia apenas trinta e dois, eu falei que o termômetro devia estar quebrado. Mas ele reforçou que não, que estávamos acostumados ao calor seco do deserto, e aquele era um calor úmido.

Papai destacou que era muito mais quente no vale ao longo da rua Stewart, margeada por aquelas belas casas de alvenaria que tinham arrumados gramados quadrados e passagens de alumínio corrugado. Explicou que os vales retinham o calor. Nossa casa era a mais alta da encosta, o que fazia dela o lugar mais fresco de Welch. Em caso de inundações, como tínhamos visto, era também o mais seguro.

— Você não sabia que eu havia pensado tanto em onde deveríamos viver, sabia? Imóveis se resumem a três coisas, Cabra-Montesa. Localização. Localização. Localização.

Papai começou a rir. Era um riso silencioso que sacudia seus ombros, e, quanto mais ele ria, mais engraçado lhe parecia, o que o fazia rir ainda mais. Tive de começar a rir, e logo estávamos ambos histéricos, deitados de costas, lágrimas correndo pelo rosto, batendo os pés no piso da varanda. Ficamos sem fôlego para continuar rindo, as laterais do corpo com câimbras, e achamos que o acesso havia passado, mas um de nós dava um risinho, isso estimulava o outro, e acabávamos berrando como hienas.

O principal recurso de alívio do calor para as crianças de Welch era a piscina pública, perto dos trilhos do trem junto ao posto Esso. Brian e eu tínhamos ido nadar uma vez, mas Ernie Goad e seus amigos estavam lá e começaram a dizer a todo mundo que os Walls viviam no lixo e deixariam a água da piscina com um fedor medonho. Era a oportunidade de Ernie Goad se vingar da Batalha da rua Little Hobart. Um de seus amigos saiu com a frase "epidemia sanitária", e eles disseram aos pais e salva-vidas que precisávamos ser expulsos para impedir um surto na piscina. Brian e eu decidimos ir embora. Quando saíamos, Ernie Goad foi até a cerca.

— Voltem para o depósito de lixo! — berrou, uma voz aguda de triunfo. — Vão embora, agora, e não voltem!

Uma semana depois, com o calor ainda intenso, encontrei Dinitia Hewitt no centro. Ela acabara de sair da piscina e estava com os cabelos molhados, presos atrás sob um lenço.

— Cara, aquela água estava boooa — disse, estendendo a palavra "boa" e fazendo soar como se tivesse quinze "os". — Você costuma nadar?

— Não gostam de nós lá — respondi.

Dinitia anuiu, embora eu não tivesse explicado. E falou:

— Por que não vai nadar conosco de manhã?

Por "conosco" eu sabia que ela queria dizer os outros negros. A piscina não era segregada, qualquer um podia nadar a qualquer hora — pelo menos em teoria —, mas o fato era que todos os negros nadavam de manhã, quando a piscina era gratuita, e todos os brancos nadavam à tarde, quando a entrada custava cinquenta centavos. Ninguém planejara isso, e não havia regras a respeito. Simplesmente era assim.

Eu queria voltar àquela água, mas não podia deixar de sentir que se aceitasse a oferta de Dinitia, estaria violando alguma espécie de tabu.

— Isso não deixaria alguém com raiva? — perguntei.

— Porque você é branca? — reagiu. — Seu próprio pessoal poderia ficar, mas não nós. E seu pessoal não estará lá.

Na manhã seguinte, eu encontrei Dinitia diante da entrada da piscina, meu maiô de brechó enrolado dentro de minha toalha cinza puída. A garota branca cuidando do guichê me lançou um olhar surpreso quando passamos pelo portão, mas não disse nada. O vestiário feminino era escuro e cheirava a desinfetante, com paredes de blocos de cimento e piso de cimento molhado. Uma canção soul tocava em um gravador de oito faixas, e todas as mulheres negras reunidas entre os bancos de madeira descascada cantavam e dançavam a música.

Nos vestiários em que eu estivera, as mulheres brancas sempre pareciam constrangidas com sua nudez e enrolavam toalhas na cintura antes de tirar a roupa íntima, mas ali a maioria das mulheres estava nua em pelo. Algumas delas eram magras, com quadril anguloso e clavículas projetadas. Outras tinham um grande traseiro e enormes seios balançantes, e batiam o traseiro e empurravam os seios umas sobre as outras enquanto dançavam.

Assim que me viram, pararam de dançar. Uma das peladas se aproximou e parou na minha frente, as mãos no quadril, os seios tão perto que fiquei aterrorizada que os mamilos me tocassem. Dinitia explicou que eu estava com ela e era uma boa pessoa. As mulheres se entreolharam e deram de ombros.

Eu ia fazer treze anos e era tímida, planejara colocar meu traje de banho sob o vestido, mas temi que isso apenas chamasse mais atenção para mim, então respirei fundo e tirei a roupa. A cicatriz nas minhas costelas tinha mais ou menos o tamanho de minha mão esticada, e Dinitia a notou imediatamente. Expliquei que a ganhara aos três anos e que passara seis semanas no hospital fazendo enxertos de pele, por isso nunca usava biquíni. Dinitia passou os dedos de leve sobre a cicatriz.

— Não é tão ruim — disse.

— Ei, Nitia! — gritou uma das mulheres. — Sua amiga branca está ganhando uma mata vermelha!

— O que você esperava? — perguntou Dinitia.

— É verdade — falei. — A touca tem de combinar com a calcinha.

Era uma frase que eu ouvira Dinitia usar. Ela sorriu com isso, e todas as mulheres caíram na gargalhada. Uma das dançarinas bateu seu quadril em mim. Eu me senti suficientemente bem-vinda para devolver uma batida provocante.

Dinitia e eu passamos a manhã na piscina, espalhando água, praticando nado de costas e borboleta. Ela se agitava na água quase tanto quanto eu. Plantamos bananeira e colocamos as pernas para fora da água, como em nado sincronizado, e brincamos de pique e desafio com outras crianças. Saímos para dar saltos, jogando água para todo lado, com o objetivo de molhar o maior número possível de pessoas sentadas ao lado da piscina. A água azul cintilava e ficava branca de espuma. Quando o horário gratuito terminou, meus dedos das mãos e dos pés estavam totalmente enrugados, e meus olhos, vermelhos e ardendo do cloro, tão forte que subia da piscina um vapor que você quase podia ver. Eu nunca me sentira mais limpa.

Naquela tarde, eu estava sozinha em casa, ainda sentindo a pele seca e coçando por causa do cloro, esgotada como se tivesse feito muito exercício, quando ouvi uma batida na porta. O barulho me assustou. Quase ninguém nos visitava no 93 da Little Hobart. Entreabri a porta e espiei. Um homem careca carregando uma pasta sob o braço estava em pé na varanda. Algo nele gritava "governo" — uma espécie que papai nos treinara para evitar.

— O chefe da família está? — perguntou ele.

— Quem quer saber? — retruquei.

O homem sorriu da maneira que se faz para adoçar más notícias.

— Sou do juizado de menores e estou procurando por Rex ou Rose Mary Walls.

— Eles não estão aqui — falei.

— Quantos anos você tem? — perguntou ele.

— Doze.

— Posso entrar?

Eu via que ele estava tentando espiar a casa atrás de mim. Encostei a porta, deixando apenas uma fresta.

— Mamãe e papai não gostariam que eu o deixasse entrar. Até que falem com o advogado deles — acrescentei para impressionar. — Apenas me diga o que deseja e transmitirei o recado.

O homem disse que alguém cujo nome ele não podia revelar telefonara para seu escritório recomendando uma vistoria das condições da casa 93 da Little Hobart, onde era possível que menores estivessem sendo vítimas de negligência.

— Ninguém é negligente conosco! — retruquei.

— Tem certeza?

— Tenho certeza, senhor.

— Seu pai trabalha?

— Claro. Ele faz serviços eventuais. E é um empreendedor. Está desenvolvendo uma tecnologia para queimar carvão betuminoso de baixa qualidade com segurança e eficiência.

— E sua mãe?

— Ela é artista — respondi. — E escritora e professora.

— Realmente? — retrucou o homem, fazendo uma anotação em um bloco. — Onde?

— Não acho que mamãe e papai gostariam que eu conversasse com o senhor sem que estivessem aqui. Volte quando estiverem. Eles responderão às suas perguntas.

— Bom — disse o homem. — Eu voltarei. Diga isso a eles.

Ele passou um cartão de visitas pela fresta da porta. Eu o vi descer da varanda.

— Cuidado com esses degraus — avisei. — Estamos construindo uma nova escada.

Depois que o homem partiu, fiquei tão furiosa que subi a colina correndo e comecei a jogar pedras — grandes pedras que só conseguia levantar com as duas mãos — no buraco do lixo. A não ser por Erma, nunca odiara alguém mais do que aquele homem do juizado de menores. Nem mesmo Ernie Goad. Pelo menos, quando Ernie e sua gangue apareciam gritando que éramos lixo, nós podíamos expulsá-los com pedras. Mas se o homem do juizado de menores enfiasse na cabeça que éramos uma família desajustada, não teríamos como expulsá-lo. Ele iniciaria uma investigação e acabaria mandando a mim, Brian, Lori e Maureen para morar com famílias diferentes, embora todos tirássemos boas notas e soubéssemos o código Morse. Eu não podia deixar aquilo acontecer. Nenhuma chance de perder Brian, Lori e Maureen.

Desejei que pudéssemos dar no pé. Durante muito tempo Brian, Lori e eu tínhamos imaginado que mais cedo ou mais tarde deixaríamos Welch. A cada dois meses perguntávamos a papai se iríamos nos mudar. Algumas vezes, ele falava sobre Austrália ou Alasca, mas nunca fazia nada, e quando perguntávamos a mamãe, ela começava a cantar uma canção sobre como sua disposição murchara. Talvez voltar a Welch tivesse matado a ideia que papai costumava ter de si mesmo como um homem que sempre ia a lugares diferentes. A verdade era que estávamos empacados.

Quando mamãe chegou em casa, dei a ela o cartão do homem e contei sobre a visita. Eu ainda estava agitada. Como nem ela, nem papai se preocupavam em trabalhar, e como ela se recusava a deixar papai, o governo ia fazer o trabalho de separar a família por ela, eu disse.

Eu esperava que mamãe se saísse com uma de suas observações grosseiras, mas ela escutou meu discurso furioso em silêncio. Depois disse que precisava pensar em suas opções. Sentou-se ao cavalete. Ela ficara sem tela e começara a pintar sobre compensado, pegou um pedaço de madeira, a paleta, colocou algumas tintas e escolheu um pincel.

— O que está fazendo? — perguntei.

— Estou pensando — respondeu.

Mamãe trabalhou rápida, automaticamente, como se soubesse com exatidão o que desejava pintar. Uma figura ganhou forma no meio do espaço. Era uma mulher da cintura para cima, braços erguidos. Círculos concêntricos azuis surgiram ao redor da cintura. O azul era água. Mamãe estava pintando um retrato de uma mulher se afogando em um lago agitado. Quando terminou, ficou um longo tempo sentada em silêncio, olhando para o quadro.

— O que vamos fazer? — perguntei afinal.

— Jeannette, você está tão concentrada que é assustador.

— Não respondeu à minha pergunta — falei.

— Vou arrumar um emprego, Jeannette — cortou. Jogou o pincel no pote de terebintina e ficou ali olhando para a mulher se afogando.

Professores qualificados eram tão escassos no município de McDowell que dois dos meus mestres na escola secundária Welch nunca haviam feito faculdade. Mamãe terminaria a semana com um emprego. Passamos aqueles dias tentando freneticamente limpar a casa na expectativa do retorno do homem do juizado de menores. Era uma tarefa desanimadora, considerando as pilhas de lixo de mamãe, o buraco no teto e o repulsivo balde amarelo na cozinha. Mas, por alguma razão, ele nunca voltou.

O trabalho de mamãe era dar aulas complementares de leitura em uma escola primária de Davy, um acampamento de mineiros de carvão a dezenove quilômetros ao norte de Welch. Como ainda não tínhamos carro, a diretora da escola deu um jeito para que mamãe pegasse carona com outra professora, Lucy Jo Rose, que acabara de se formar na faculdade estadual de Bluefield e era tão gorda que mal cabia atrás do volante de seu Dodge Dart marrom. Lucy Jo, que recebera a ordem da diretora de prestar esse serviço, desgostou instantaneamente de mamãe. Ela se recusava a falar muito durante a viagem, e preferia tocar fitas de Barbara Mandrell e fumar Kools com filtro o tempo todo. Assim que mamãe saltava do carro, Lucy Jo fazia uma grande cena de passar spray Lysol no assento do passageiro. Mamãe sentia que Lucy Jo era lamentavelmente desinformada. Quando mamãe, certa vez, mencionou Jackson Pollock, Lucy Jo afirmou ter sangue polonês e ainda disse que não gostava que mamãe usasse nomes depreciativos para poloneses.

Mamãe enfrentava os mesmos problemas que tivera em Battle Mountain para organizar a papelada e disciplinar os alunos. Pelo menos uma manhã por semana, ela tinha um chilique e se recusava a ir trabalhar, e Lori, Brian e eu tínhamos de fazer com que se arrumasse e fosse para a rua, onde Lucy Jo a esperava de cara feia, com a fumaça azul saindo do enferrujado cano de escapamento do Dart.

Mas, pelo menos, tínhamos dinheiro. Era uma boa soma em relação ao que eu ganhava como babá, ao que Brian recebia por cortar a grama dos outros e Lori, por entregar jornais. Agora mamãe recebia cerca de setecentos dólares por mês, e na primeira vez em que vi o contracheque verde-acinzentado, com recibo picotado e assinaturas automatizadas, pensei que nossos problemas haviam terminado. Nos dias de pagamento, mamãe nos levava ao grande banco em frente ao tribunal para descontar o cheque. Depois que o caixa dava o dinheiro, mamãe ia para um canto do banco e o enfiava em uma meia que prendera no sutiã com alfinete de segurança. Todos íamos rapidamente à companhia de eletricidade, à de água e ao senhorio, e pagávamos nossas contas com notas de dez e vinte. Os funcionários desviavam os olhos quando mamãe tirava a meia do sutiã, explicando a quem quisesse ouvir que era sua maneira de garantir que nunca seria roubada.

Mamãe comprou aquecedores elétricos e uma geladeira a prestação, e íamos à loja de eletrodomésticos e pagávamos alguns dólares todo mês, calculando que esses produtos seriam nossos quando o inverno chegasse. Mamãe sempre tinha pelo menos uma "extravagância" comprada a prestação, algo de que realmente não precisávamos — uma echarpe de seda com borlas ou um vaso de cristal bisotado —, porque, segundo ela, a melhor forma de se sentir rico era investir em supérfluos de qualidade. Depois disso, íamos à mercearia na base da colina e estocávamos produtos básicos como feijão e açúcar, leite em pó e enlatados. Mamãe sempre comprava as latas amassadas, mesmo que não tivessem desconto, dizendo que elas também precisavam ser amadas.

Em casa, esvaziávamos a bolsa de mamãe no sofá-cama e contávamos o dinheiro que sobrara. Eu achava que devia haver centenas de dólares, mais do que suficiente para cobrir nossas despesas até o final do mês. Mas, a cada mês, o dinheiro desaparecia antes do pagamento seguinte, e mais uma vez eu me via revirando o lixo na escola em busca de comida.

No final de um mês naquele outono, mamãe anunciou que só tínhamos um dólar para o jantar. Isso era suficiente para comprar um balde de sorvete napolitano, que disse ser não apenas delicioso, mas ter muito cálcio e ser bom para os ossos. Levamos o sorvete para casa, Brian abriu a caixa e cortou o bloco em cinco fatias iguais. Eu reivindiquei ser a primeira a escolher. Mamãe nos disse para saborear, pois não tínhamos dinheiro para a noite seguinte.

— Mãe, o que aconteceu com todo o dinheiro? — perguntei enquanto comíamos nossas fatias de sorvete.

— Acabou, acabou, acabou! Acabou tudo.

— Mas como? — perguntou Lori.

— Eu tenho uma casa cheia de crianças e um marido que enxuga álcool como uma esponja — disse mamãe. — Pagar as contas é mais difícil do que vocês pensam.

Não podia ser assim tão difícil, pensei. Outras mães conseguiam. Tentei questioná-la. Estava gastando o dinheiro com ela mesma? Estava dando a papai? Papai estava roubando? Ou gastamos rápido demais? Não consegui uma resposta.

— Nos dê o dinheiro — falei. — Montamos um orçamento e o seguiremos.

— Fácil para você dizer — retrucou mamãe.

Lori e eu montamos um orçamento e incluímos uma mesada generosa para mamãe comprar luxos como barras Hershey's gigantes e vasos de cristal bisotados. Acreditávamos que, se seguíssemos o orçamento, poderíamos ter roupas, sapatos e casacos novos, e comprar uma tonelada de carvão mais barato fora da temporada. Acabaríamos instalando um isolamento, levando um cano de água até a casa e talvez até acrescentando um aquecedor de água. Mas mamãe nunca nos deu o dinheiro. Ainda que ela tivesse um emprego fixo, vivíamos praticamente como antes.

Naquele outono, eu passara para a sétima série, o que significava frequentar a escola secundária Welch. Era uma escola grande, perto do alto de uma montanha, voltada para a cidade, aonde se chegava por uma rua íngreme. As crianças eram levadas de ônibus dos vales e de acampamentos de mineiros como Davy e Hemphill, pequenos demais para ter sua própria escola secundária. Alguns dos garotos pareciam tão pobres quanto eu, com cabelos cortados em casa e buracos nos sapatos. Achei muito mais fácil me enturmar do que na escola fundamental Welch.

Dinitia Hewitt também estava lá. Aquela manhã de verão que passara nadando com Dinitia na piscina pública havia sido o momento mais feliz que tivera em Welch, porém ela nunca mais me convidou, e, embora fosse uma piscina pública, eu não achava que podia ir ao horário gratuito sem um convite dela. Só a vi novamente no começo das aulas, e nenhuma de nós mencionou aquele dia na piscina. Acho que ambas sabíamos que, considerando o que as pessoas de Welch pensavam de integração, seria esquisito demais para nós sermos amigas íntimas. Durante o almoço, Dinitia ficava com os outros garotos negros, mas tínhamos uma sala de estudos juntas e trocávamos bilhetes lá.

Quando chegou à escola secundária Welch, Dinitia havia mudado. Perdera o brilho. Começara a beber cerveja durante as aulas. Enchia uma lata de refrigerante com vinho fortificado Mad Dog 20/20 e levava para a sala. Tentei descobrir o que estava errado, mas só o que consegui arrancar foi que o novo namorado da mãe fora morar com eles e as coisas estavam difíceis.

Certo dia, pouco antes do Natal, Dinitia me passou um bilhete pedindo nomes de menina começando com D. Escrevi todos em que consegui pensar — Diane, Donna, Dora, Dreama, Diandra — e acrescentei: *Por quê?* Ela devolveu um bilhete dizendo: *Acho que estou grávida.*

Dinitia não voltou à escola após o Natal. Depois que um mês havia se passado, contornei a montanha até a casa dela e bati na porta. Um homem abriu e me encarou. Tinha pele parecida com uma frigideira de aço e olhos amarelo-nicotina. Ele deixou a porta de tela fechada, tive de falar através dela.

— Dinitia está em casa?

— Por que quer saber?

— Quero vê-la.

— Ela não quer ver você — disse, e fechou a porta.

Eu vi Dinitia na cidade uma ou duas vezes depois disso e acenamos, mas nunca mais nos falamos. Mais tarde, todos soubemos que ela havia sido presa por matar o namorado da mãe a facadas.

As outras garotas falavam sem parar entre si sobre quem ainda era virgem e até onde tinham deixado os namorados chegar. O mundo parecia dividido entre garotas com namorados e garotas sem eles. Era a distinção que mais importava, praticamente a única que importava. Mas eu sabia que garotos eram perigosos. Eles diziam que amavam você, mas sempre estavam atrás de algo.

Embora não confiasse em garotos, desejava que um deles demonstrasse algum interesse por mim. Kenny Hall, o cara velho da rua que ainda sofria por mim, não contava. Se algum garoto estivesse interessado em mim, eu imaginava que teria meios de dizer a ele, quando fosse longe demais, que não era aquele tipo de garota. Mas a verdade é que eu não precisava me preocupar muito com cortar avanços, já que — Ernie Goad me dizia sempre que podia — eu era feia de salsicha. E com isso ele queria dizer tão feia que, se quisesse que um cachorro brincasse comigo, teria de pendurar uma salsicha no pescoço.

Eu tinha o que mamãe chamava de aparência marcante. Esse era um modo de me definir. Tinha quase um metro e oitenta, era branca como a barriga de um sapo e tinha cabelos ruivos brilhantes. Meus cotovelos eram cunhas, e meus joelhos, pires de chá. Mas minha característica mais marcante — a pior — eram os dentes. Não eram cariados nem tortos. Eram grandes e saudáveis. Mas se projetavam para fora. Os de cima se projetavam com tanto entusiasmo que eu tinha dificuldade em fechar a boca direito, e estava sempre esticando o lábio superior para tentar cobri-los. Quando ria, colocava a mão sobre a boca.

Lori me disse que eu tinha uma imagem exagerada de como era ruim a aparência dos meus dentes.

— Eles são só um pouco para fora — dizia. — Eles têm certo charme de coelhinho.

Mamãe dizia que a projeção superior dava personalidade ao meu rosto. Brian dizia que os dentes proeminentes seriam úteis se um dia eu precisasse comer uma maçã pelo buraco de uma cerca.

O que eu precisava, eu sabia, era de um aparelho. Sempre que olhava no espelho sonhava com o que as outras crianças chamavam de boca de arame farpado. Mamãe e papai não tinham dinheiro para um aparelho, claro — nenhum de nós, crianças, jamais fora ao dentista —, mas, como estava trabalhando de babá e fazendo os deveres de casa de outras crianças por dinheiro, resolvi poupar até poder pagar o aparelho eu mesma. Não tinha ideia de quanto custava, abordei a única garota de minha turma que usava e, depois de elogiar sua ortodontia, perguntei despreocupadamente quanto custara aos pais dela. Quando ela disse mil e duzentos dólares, quase caí para trás. Eu recebia um dólar por hora como babá. Trabalhava cinco ou seis horas por semana, e isso significava que, se poupasse cada centavo que ganhasse, levaria quase quatro anos para levantar o dinheiro.

Decidi fazer meu próprio aparelho.

Fui à biblioteca e pedi um livro sobre ortodontia. A bibliotecária olhou para mim de um jeito engraçado e disse que não tinha nenhum ali, então me dei conta de que teria de descobrir as coisas enquanto ia adiante. O processo envolveu algumas experiências e vários começos falsos. No início, eu simplesmente usei uma tira de borracha. Antes de ir para a cama, eu a esticava sobre os dentes superiores. A tira de borracha era pequena, mas grossa, e se encaixava bem apertada neles. Porém pressionava minha língua para baixo de modo desconfortável, e algumas vezes se soltava à noite e eu acordava engasgada com ela. Mas, normalmente, permanecia presa a noite toda, e de manhã minha gengiva doía da pressão que fazia em meus dentes.

Aquilo parecia promissor, mas comecei a temer que, em vez de empurrar os dentes da frente para dentro, a faixa de borracha poderia puxar os dentes de trás para fora. Consegui faixas de borracha maiores e as coloquei sobre a cabeça, para que pressionassem os dentes da frente. O problema com essa técnica era que as faixas de borracha eram apertadas — tinham de ser, para funcionar —, e eu acordava com dor de cabeça e marcas vermelhas fundas nas laterais do rosto, justamente onde as faixas haviam feito pressão.

Eu precisava de tecnologia mais avançada. Dobrei um cabide em forma de ferradura de modo que se encaixasse na parte de trás de minha cabeça. Depois curvei as duas extremidades para fora, para que no momento em que o cabide estivesse em minha cabeça, as pontas se afastassem de meu rosto, formando ganchos para segurar a faixa de borracha no lugar certo. Quando experimentei, o cabide cravou atrás de minha cabeça, e usei um absorvente higiênico Kotex como proteção.

A geringonça funcionou perfeitamente, a não ser pelo fato de que eu tinha de dormir de costas, algo que sempre achei difícil, especialmente no frio: eu gostava de me aninhar nos cobertores. E as faixas de borracha ainda se soltavam no meio da noite. Outro contratempo era que o dispositivo demorava muito para ser instalado corretamente. Eu esperava até escurecer, para que ninguém mais visse.

Certa noite, eu estava deitada em meu beliche com meu sofisticado aparelho de cabide quando a porta do quarto se abriu. Pude ver uma figura apagada na escuridão.

— Quem está aí? — perguntei, mas, como estava de aparelho, soou como "guemdaí?".

— É seu velho — respondeu papai. — Por que o murmúrio?

Ele foi até meu beliche, ergueu seu Zippo e o acendeu. Uma chama subiu.

— Que porcaria é essa na sua cabeça?

— Meu abaêo — respondi.

— Seu o quê?

Tirei o aparelho e expliquei a papai que, por causa dos meus dentes da frente tão projetados, eu precisava de aparelho, mas, como eles custam mil e duzentos dólares, havia feito o meu próprio.

— Coloque-o de volta — disse papai. Ele estudou meu artesanato atentamente, depois anuiu. — Esse aparelho tem um maldito brilhantismo em engenharia. Você puxou ao seu velho.

Ele pegou meu queixo e abriu minha boca.

— E acho que, por Deus, está funcionando.

NAQUELE ANO, comecei a trabalhar no jornal da escola, *The Maroon Wave*. Queria entrar para algum clube, grupo ou organização em que pudesse me sentir entrosada, em que as pessoas não se afastassem caso me sentasse perto delas. Como era boa corredora, pensei em entrar para a equipe de corrida, mas precisaria pagar meu uniforme, e mamãe disse que não tínhamos dinheiro. Para trabalhar no *Wave*, não era necessário comprar uniforme, instrumento musical nem pagar nenhuma taxa.

A srta. Jeanette Bivens, uma das professoras de inglês da escola, era a conselheira da equipe do *Wave*. Era uma mulher quieta e distinta que estava na escola secundária Welch havia tanto tempo que também fora professora de inglês de papai. Foi a primeira pessoa em sua vida, certa vez ele me disse, a demonstrar alguma fé nele. Achava que era um escritor talentoso e o estimulou a inscrever um poema de vinte e quatro versos intitulado "Temporal de verão" em um concurso estadual de poesia. Quando ele ganhou o primeiro prêmio, os outros professores de papai ficaram pensando em voz alta se o filho de dois alcoólatras desprezíveis, como Ted e Erma Walls, poderia tê-lo escrito ele mesmo. Papai sentiu-se tão ofendido que saiu da escola. Foi a srta. Bivens quem o convenceu a retornar e receber o diploma, dizendo que ele tinha o necessário para ser alguém. Papai me batizou em homenagem a ela; mamãe sugeriu acrescentar o segundo "n" para tornar o nome mais elegante e francês.

A srta. Bivens me disse que, pelo que lembrava, eu era a única aluna da sétima série a ter trabalhado para o *Wave*. Comecei como revisora. Nas noites de inverno, em vez de me aninhar ao redor do fogareiro no 93 da Little Hobart, eu ia para a redação quente e seca de *The Welch Daily News*, onde *The Maroon Wave* era diagramado, composto e impresso. Adorava o clima objetivo da redação, máquinas de teletipo estalando junto à parede enquanto rolos de papel com notícias de todo o mundo se acumulavam no chão. Luminárias fluorescentes pendiam a quarenta e cinco centímetros acima das mesas inclinadas de tampo de vidro, onde homens usando palas verdes discutiam junto a pilhas de textos e fotografias.

Eu pegava as provas do *Wave* e me sentava a uma das mesas, as costas retas, um lápis atrás da orelha, estudando as páginas em busca de erros. Os anos passados ajudando mamãe a verificar a ortografia nos deveres de casa dos alunos tinham me dado muita prática para aquele trabalho. Fazia as correções com um marcador de feltro azul-claro, que não era registrado pela câmera que fotografava as páginas para impressão. Os tipógrafos refaziam as linhas corrigidas e as imprimiam. Eu passava as linhas corrigidas pela máquina de cera quente que deixava o verso grudento, depois cortava as linhas com um estilete e aplicava-as sobre as linhas originais.

Eu tentava não chamar atenção na redação, mas um dos tipógrafos, uma mulher ranzinza que fumava um cigarro atrás do outro e sempre usava rede nos cabelos, não gostava de mim. Achava que eu era suja. Quando eu entrava, ela se virava para os outros tipógrafos e dizia em voz alta:

— Estão sentindo um cheiro estranho?

Assim como Lucy Jo Rose havia feito com mamãe, ela começou a jogar desinfetante e purificador de ar na minha direção. Depois reclamou com o editor, o sr. Muckenfuss, que eu poderia ter piolhos e infectar a equipe toda. O sr. Muckenfuss conversou com a srta. Bivens, e ela me disse que, desde que me mantivesse limpa, lutaria por mim. Comecei a voltar ao apartamento de vovô e tio Stanley para um banho semanal, embora, quando estava lá, mantivesse grande distância de tio Stanley.

Sempre que ia ao *Daily News*, via os editores e repórteres trabalhando na redação. Eles mantinham um rádio da polícia ligado o tempo todo, e quando havia um acidente, incêndio ou crime, um editor mandava um repórter descobrir o que havia acontecido. Ele voltava algumas horas depois, datilografava uma matéria, e ela saía no jornal do dia seguinte. Isso me atraía enormemente. Até então, quando pensava em escritores, o que vinha à minha cabeça era mamãe, curvada sobre a máquina de escrever, datilografando romances, peças e filosofias de vida, e eventualmente recebendo uma carta de recusa personalizada. Mas um repórter de jornal, em vez de se manter isolado, estava em contato com o restante do mundo. O que o repórter escrevia influenciava o que as pessoas pensavam e conversariam no dia seguinte; ele sabia o que realmente acontecia. Decidi que queria ser uma dessas pessoas.

Quando meu trabalho terminava, eu lia as matérias das agências de notícias. Como nunca tínhamos assinado jornais e revistas, eu nunca sabia o que acontecia no mundo, a não ser pela versão distorcida dos fatos que recebíamos de mamãe e papai — na qual todo político era pilantra, todo policial era bandido e todo criminoso havia sido incriminado. Comecei a me sentir como se estivesse recebendo a história completa pela primeira vez, como se tivesse em mãos as peças que faltavam do quebra-cabeça, e assim o mundo fazia um pouco mais de sentido.

Às vezes, eu sentia que falhava com Maureen, que não estava mantendo minha promessa de protegê-la, a promessa que lhe fizera quando a embalei de volta para casa do hospital onde havia nascido. Não conseguia lhe dar o que mais precisava — banhos quentes, tigelas fumegantes de creme de trigo antes da escola de manhã —, mas tentava fazer pequenas coisas. Quando ela fez sete anos, eu disse a Brian e Lori que ela precisava de uma celebração especial de aniversário. Sabíamos que mamãe e papai não lhe dariam presentes, poupamos durante meses, fomos à Dollar General Store e compramos para ela uma cozinha de brinquedo que era muito real: o agitador na máquina de lavar girava, e a geladeira tinha prateleiras de metal. Imaginamos que, quando estivesse brincando, ela poderia fingir ter, pelo menos, roupas limpas e refeições regulares.

— Conte novamente sobre a Califórnia — pediu Maureen, depois de abrir os presentes. Embora tivesse nascido lá, não conseguia se lembrar. Sempre adorava ouvir nossas histórias sobre a vida no deserto da Califórnia, repetíamos para ela como o sol brilhava o tempo todo, como era tão quente que corríamos descalços mesmo no meio do inverno, como comíamos alface nas fazendas, pegávamos cargas pesadas de uvas verdes e dormíamos sobre cobertores sob as estrelas. Contamos a ela que era loura por ter nascido em um estado onde tanto ouro havia sido minerado e que tinha olhos azuis da cor do oceano que banhava as praias da Califórnia.

— É onde eu vou morar quando crescer — disse Maureen.

Embora ela ansiasse pela Califórnia, o lugar mágico de luz e calor, parecia mais feliz em Welch que o restante de nós, crianças. Ela era uma garota bonita de anúncio, com cabelos louros compridos e olhos azuis impressionantes. Passava tanto tempo com as famílias dos amigos que, com frequência, não parecia ser da nossa família. Muitos de seus amigos eram pentecostais, cujos pais consideravam mamãe e papai lamentavelmente irresponsáveis e se encarregavam de salvar a alma de Maureen. Cuidavam dela como filha postiça e a levavam para reuniões da igreja e cerimônias com cobras em Jolo.

Sob a influência dos pentecostais, Maureen desenvolveu uma forte religiosidade. Foi batizada mais de uma vez, e o tempo todo voltava para casa proclamando ter renascido. Certa vez, insistiu que o diabo assumira a forma de uma cobra mítica com o rabo na boca, que rolara atrás dela pela montanha sibilando que ia levar sua alma. Brian contou a mamãe que precisávamos afastar Maureen daqueles pentecostais malucos, mas mamãe disse que todos chegávamos à religião à própria maneira e todos precisávamos respeitar as práticas religiosas dos outros, considerando que cabia a cada ser humano descobrir seu próprio caminho para o céu.

Mamãe podia ser sábia como um filósofo, mas seu humor estava me dando nos nervos. Às vezes, passava dias seguidos feliz, anunciando que decidira ter apenas pensamentos positivos, pois a quem tinha pensamentos positivos coisas positivas aconteciam. Mas os pensamentos positivos davam lugar a pensamentos negativos, e os pensamentos negativos pareciam penetrar em sua mente como uma grande revoada de corvos pretos domina a paisagem, sentados em árvores, cercas e gramados, olhando para nós em um silêncio soturno. Quando isso acontecia, mamãe se recusava a se levantar da cama, mesmo quando Lucy Jo aparecia para levá-la à escola, buzinando impaciente.

Certa manhã, no final do ano letivo, mamãe desmoronou totalmente. Ela deveria fazer avaliações da evolução dos alunos, mas passou todos os minutos livres pintando, e chegara o prazo final, e as avaliações não haviam sido feitas. O programa de reforço de leitura perderia o financiamento, e a diretora ficaria furiosa ou totalmente infeliz. Mamãe não suportaria encarar a mulher. Lucy Jo, que estivera esperando por mamãe no Dart, foi embora sem ela, e mamãe ficou enrolada em cobertores no sofá-cama, soluçando sobre quanto odiava a vida.

Papai não estava em casa, nem Maureen. Como era de praxe, Brian começou a imitar mamãe perturbada e soluçando, mas ninguém estava rindo, ele pegou seus livros e saiu de casa. Lori sentou junto a mamãe na cama, tentando consolá-la. Eu fiquei em pé junto à porta com os braços cruzados, olhando para ela.

Era difícil acreditar que aquela mulher com a cabeça sob os cobertores, sentindo pena de si mesma, e chorando como uma criança de cinco anos, era minha mãe. Mamãe tinha trinta e oito anos, não era jovem, mas também não era velha. Em vinte e cinco anos, disse a mim mesma, eu teria a idade dela. Não tinha ideia de como a minha vida seria a partir daí, mas, enquanto juntava meus livros escolares e passava pela porta, jurei a mim mesma que nunca seria igual à de mamãe, que não ficaria em lágrimas em um barraco sem aquecimento esquecido por Deus.

Eu descia a rua Little Hobart. Havia chovido na noite anterior, e o único som era o gorgolejo da água descendo pelas valas erodidas na encosta. Finos riachos de água enlameada cruzavam a rua, penetrando em meus sapatos e encharcando minhas meias. A sola do sapato direito se soltara e fazia barulho a cada passo.

Lori me alcançou, e por um tempo caminhamos em silêncio.

— Pobre mamãe — disse Lori finalmente. — É duro para ela.

— Não mais duro que para o restante de nós — retruquei.

— É, sim. Foi ela quem se casou com papai.

— Escolha dela. Ela precisa ser mais firme, estabelecer regras para papai em vez de ficar histérica o tempo todo. Papai precisa de uma mulher forte.

— Uma cariátide não seria forte o bastante para papai.

— O que é isso?

— Um pilar com o formato de uma mulher — explicou Lori. — Aqueles que sustentam os templos gregos com a cabeça. Eu estava olhando uma imagem de alguns outro dia e pensando: essas mulheres têm o segundo pior trabalho do mundo.

* * *

Eu discordava de Lori. Achava que uma mulher forte conseguiria lidar com papai. Ele precisava de alguém concentrado e determinado, alguém que desse ultimatos e os cumprisse. Eu imaginava ser forte o bastante para manter papai na linha. Quando mamãe me disse que eu era muito concentrada foi assustador, sabia que ela não estava fazendo um elogio, mas entendi dessa forma.

Minha chance de provar que papai podia ser controlado chegou naquele verão, ao final do ano letivo. Mamãe tinha de passar oito semanas em Charleston, fazendo cursos universitários para renovar seu diploma de professora. Ou foi o que ela disse. Fiquei pensando se ela estaria buscando um modo de ficar longe de todos nós por algum tempo. Por causa de suas notas e seu portfólio artístico, Lori fora aceita em um acampamento de verão patrocinado pelo governo para alunos com aptidões especiais. Isso me deixava como chefe da casa aos treze anos.

Antes de partir, mamãe me deu duzentos dólares. Disse que era suficiente para comprar comida para mim, Brian e Maureen por dois meses e pagar as contas de água e eletricidade. Fiz as contas. Dava vinte e cinco dólares por semana, ou pouco mais de três e cinquenta por dia. Fiz um orçamento e calculei que poderíamos sobreviver se eu ganhasse algum dinheiro extra, trabalhando como babá.

Na primeira semana, tudo funcionou como planejado. Comprei comida e fiz refeições para mim, Brian e Maureen. Havia se passado quase um ano desde que o homem do juizado de menores nos assustara e nos levara a limpar a casa, e ela estava novamente uma bagunça completa. Mamãe teria um ataque se eu jogasse algo fora, mas passei horas arrumando e tentando organizar as enormes pilhas de lixo.

Papai normalmente ficava fora até estarmos na cama, e ainda dormia quando acordávamos e saíamos de manhã. Mas certa tarde, mais ou menos uma semana depois de mamãe ter ido a Charleston, ele me flagrou sozinha em casa.

— Querida, preciso de algum dinheiro — disse.

— Para quê?

— Cerveja e cigarros.

— Estou com o orçamento meio apertado, papai.

— Não preciso de muito. Só uns cinco dólares.

Aquilo correspondia a dois dias de comida. Meio galão de leite, um pão de fôrma, uma dúzia de ovos, duas latas de peixe, um saquinho de maçãs e um pouco de pipoca. E papai nem sequer me fazia a gentileza de fingir que precisava do dinheiro para algo útil. Tampouco discutiu, argumentou, bajulou ou jogou charme. Simplesmente esperou que lhe desse o dinheiro, como se soubesse que eu não podia dizer não. E não disse. Peguei minha bolsinha de plástico verde, tirei uma nota de cinco amassada e a entreguei a ele lentamente.

— Você é um amor — disse papai, e me deu um beijo.

Eu afastei a cabeça. Dar a ele aquele dinheiro me deixou furiosa. Estava com raiva de mim mesma, mas ainda mais dele. Ele sabia que eu tinha um fraco por ele, que ninguém mais na família tinha, e estava tirando vantagem disso. Eu me senti usada. As garotas na escola sempre falavam sobre como esse ou aquele cara eram manipuladores, e como tal e tal garota foram manipuladas, e naquele momento eu entendi, bem no fundo, o significado daquela palavra.

Quando papai me pediu mais cinco pratas alguns dias depois, dei a ele. Eu me senti enojada ao pensar que agora estava dez dólares fora do orçamento. Em mais alguns dias, ele pediu vinte.

— Vinte dólares? — perguntei, espantada. Eu não podia acreditar que papai estivesse me pressionando dessa forma. — Por que vinte?

— Maldição, desde quando preciso me explicar a meus filhos? — reagiu papai. Depois, disse que havia pegado emprestado o carro de um amigo e precisava colocar gasolina para poder ir a uma reunião de negócios em Gary. — Preciso de dinheiro para ganhar dinheiro. Eu devolverei — falou, olhando para mim, me desafiando a não acreditar nele.

— As contas estão se acumulando — eu disse. Ouvi minha voz ficando aguda, mas não conseguia controlar. — Tenho crianças para alimentar.

— Não se preocupe com comida e contas — disse papai. — Eu me preocupo com isso. Certo?

Coloquei a mão no bolso. Não sabia se estava pegando meu dinheiro ou tentando protegê-lo.

— Eu já a deixei na mão? — perguntou papai.

Eu ouvira aquela pergunta pelo menos duzentas vezes e sempre respondera do modo como sabia que ele desejava, pois achava que era minha fé em papai que o sustentara todos aqueles anos. Estava prestes a lhe dizer a verdade pela primeira vez, prestes a deixar que soubesse que nos deixara na mão muitas vezes, mas me contive. Não podia fazer aquilo. Enquanto isso, papai dizia que não estava me pedindo o dinheiro; estava me dizendo para dar a ele. Precisava dele. Eu achava que ele mentia quando dizia que iria devolver?

Dei a ele os vinte dólares.

Naquele sábado, papai me disse que, para me pagar, primeiro precisava ganhar o dinheiro. Queria que o acompanhasse em uma viagem de negócios. Disse que eu precisava vestir algo legal. Examinou nossos vestidos pendurados em um cano no quarto e escolheu o de flores azuis que era abotoado na frente. Ele tinha pegado emprestado um carro, um Plymouth verde-ervilha com a janela do carona quebrada, e cruzamos as montanhas até uma cidade vizinha, parando em um bar de estrada.

O lugar era escuro e tão enevoado por fumaça de cigarro quanto um campo de batalha. Anúncios em néon de cerveja Pabst Blue Ribbon e Old Milwaukee brilhavam nas paredes. Homens emaciados com bochechas fundas e mulheres com batom vermelho-escuro estavam sentados ao longo do bar. Dois caras com botas de biqueira de aço jogavam sinuca.

Papai e eu nos acomodamos no bar. Papai pediu cerveja para ele e para mim, embora eu dissesse que queria uma Sprite. Depois de um tempo, ele foi jogar sinuca, e assim que desceu do banco, um homem chegou e se sentou nele. Tinha um bigode preto curvo nas laterais da boca e sujeira de carvão sob as unhas. Jogou sal na cerveja, o que papai disse que alguns caras faziam para produzir mais espuma.

— Meu nome é Robbie — falou. — Aquele é seu homem? — perguntou, apontando para papai.

— Sou filha dele — respondi.

Ele lambeu a espuma e começou a fazer perguntas sobre mim, inclinando-se mais para perto enquanto falava.

— Quantos anos tem, garota?

— Quantos anos você acha? — retruquei.

— Uns dezessete.

Sorri, colocando a mão sobre os dentes.

— Sabe dançar? — perguntou ele.

Balancei a cabeça.

— Claro que sabe — disse, e me puxou do banco. Olhei para papai, que sorriu e acenou.

Na *jukebox*, Kitty Wells cantava sobre homens casados e anjos insinuantes. Robbie se colou em mim, com a mão na base das minhas costas. Dançamos uma segunda música e, quando voltamos a nos sentar nos bancos virados para a mesa de sinuca, as costas para o bar, ele deslizou o braço por trás de mim. Aquele braço me deixou tensa, mas não inteiramente infeliz. Ninguém flertara comigo desde Billy Deel, sem contar Kenny Hall.

Ainda assim, eu sabia o que Robbie queria. Ia lhe dizer que não era aquele tipo de garota, mas pensei que ele diria que estava me precipitando. Afinal, a única coisa que ele fizera foi dançar uma música lenta comigo e colocar o braço ao redor de mim. Procurei papai. Esperei que cruzasse o salão e acertasse Robbie com um taco de sinuca por se insinuar para a filha. Em vez disso, ele berrou para Robbie:

— Faça algo útil com as suas malditas mãos. Venha aqui e jogue uma partida comigo!

Eles pediram uísque e passaram giz nos tacos. Papai inicialmente se segurou e perdeu algum dinheiro para Robbie, depois começou a aumentar as apostas e derrotá-lo. Depois de cada jogo, Robbie queria dançar comigo de novo. Isso durou duas horas, com Robbie ficando bêbado e desajeitado, perdendo para papai e me agarrando quando dançávamos ou sentávamos no bar entre as partidas. Tudo o que papai me disse foi:

— Mantenha as pernas cruzadas, querida, e bem cruzadas.

Depois de papai ter arrancado oitenta pratas dele, Robbie começou a murmurar raivosamente consigo mesmo. Ele quebrou o giz de taco, produzindo uma nuvem de pó azul, e perdeu a última tacada. Jogou o taco na mesa e anunciou que estava farto, depois sentou-se ao meu lado. Seus olhos estavam desfocados. Continuava repetindo que não podia acreditar que aquele velho cretino havia tomado oitenta pratas dele, como se não pudesse decidir se estava zangado ou impressionado.

Depois disse que morava em um apartamento em cima do bar. Tinha um disco de Roy Acuff, que não estava na *jukebox,* e quis que eu subisse e o escutasse. Se tudo o que ele queria era dançar um pouco mais e talvez dar alguns beijos, eu poderia lidar com isso. Mas tinha a sensação de que ele se considerava com direito a algo em troca por perder tanto dinheiro.

— Não sei, não — falei.

— Ah, vamos lá — falou, e depois gritou para papai: — Vou levar sua garota lá em cima!

— Certo. Apenas não faça nada que eu não faria — respondeu papai, depois apontou o taco para mim. — Grite se precisar de mim.

Ele piscou como se dissesse que eu podia cuidar de mim mesma, que aquilo era somente parte do meu trabalho.

Então, com a bênção de papai, eu subi. No apartamento, nós passamos por uma cortina feita de lacres de lata de cerveja unidos. Havia dois homens sentados em um sofá assistindo a uma luta na TV. Quando me viram, deram um sorriso lascivo para Robbie, que colocou o disco de Roy Acuff sem baixar o volume da televisão. Ele grudou em mim e começamos a dançar novamente, mas eu sabia que aquilo não estava indo na direção que queria, e resisti. Ele baixou as mãos. Apertou meu traseiro, me empurrou para a cama e começou a me beijar.

— É isso aí — disse um amigo.

O outro gritou:

— Vamos lá!

— Não sou esse tipo de garota — disse, mas ele me ignorou.

Quando tentei rolar para longe, ele prendeu meus braços. Papai me disse para gritar se precisasse dele, mas eu não queria gritar. Estava com tanta raiva de papai que não suportava a ideia de ele me resgatar. Enquanto isso, Robbie dizia algo sobre eu ser ossuda demais para transar.

— É, a maioria dos caras não gosta de mim. Além de magra, tenho essas cicatrizes.

— Ah, claro — disse ele, e parou.

Rolei para fora da cama, desabotoei rapidamente meu vestido na cintura e o abri para mostrar a cicatriz no lado direito. Assim ele pôde constatar que meu tronco inteiro era uma gigantesca massa de tecido cicatrizado. Robbie olhou para os amigos, inseguro. Foi como ver um buraco em uma cerca.

— Acho que ouvi papai me chamar — disse, e fui para a porta.

No carro, papai tirou o dinheiro que havia ganhado e contou quarenta dólares, que me passou.

— Formamos uma boa equipe — falou.

Senti vontade de jogar o dinheiro nele, mas nós precisávamos dele, e coloquei as notas na bolsa. Não tínhamos enganado Robbie, mas trabalhamos com ele de modo que parecia totalmente desonesto, e eu acabara em apuros. Se Robbie havia sido enganado por papai, eu também havia.

— Chateada com alguma coisa, Cabra-Montesa?

Por um momento pensei em não contar a papai. Tive medo de que corresse sangue, já que ele falava sempre sobre como mataria qualquer um que colocasse um dedo em mim. Depois, decidi que queria ver o cara espancado.

— Papai, aquele cretino me atacou quando estávamos lá em cima.

— Estou certo de que ele só apalpou você um pouco — disse papai enquanto saíamos do estacionamento. — Eu sabia que você saberia se cuidar.

A estrada de volta a Welch estava escura e vazia. O vento assobiava pela janela quebrada do meu lado do Plymouth. Papai acendeu um cigarro.

— Foi como naquela vez em que joguei você na fonte sulfurosa para ensiná-la a nadar. Você estava convencida de que ia se afogar, mas eu sabia que se sairia bem.

Na noite seguinte, papai desapareceu. Depois de dois dias, ele quis que eu fosse novamente com ele a um bar, mas recusei. Papai ficou com raiva e falou que se não ia ser sua parceira, o mínimo que eu podia fazer seria lhe dar algum dinheiro para a sinuca. Eu me vi dando uma de vinte, depois outra alguns dias depois.

Mamãe me pedira para esperar um cheque pelo aluguel das terras no Texas no começo de julho. Alertou que papai tentaria pôr as mãos nele. Papai, de fato, esperou o carteiro ao pé da encosta e tomou o cheque dele no dia em que chegou, mas, quando o carteiro me contou o que havia acontecido, desci a Little Hobart correndo e alcancei papai antes que chegasse à cidade. Disse a ele que mamãe queria que escondesse o cheque até sua volta.

— Vamos esconder juntos — disse papai, sugerindo que o colocássemos na *World Book Encyclopedia* de 1933, que mamãe pegara emprestado na biblioteca.

No dia seguinte, quando fui esconder o cheque de novo, ele havia sumido. Papai jurou não ter ideia do que acontecera. Eu sabia que estava mentindo, e também que se o acusasse, ele negaria e haveria uma grande disputa de gritos, que não me faria nenhum bem. Pela primeira vez, tive uma ideia clara do que mamãe enfrentava. Ser uma mulher forte era mais difícil do que eu pensara. Mamãe ainda tinha mais um mês em Charleston; estávamos ficando sem dinheiro para comida; e minha renda como babá não compensava a diferença.

Eu vira um cartaz pedindo um funcionário na vitrine de uma joalheria na rua McDowell, a Becker's Jewel Box. Passei muita maquiagem, coloquei meu melhor vestido — era roxo, com bolinhas brancas, e uma faixa amarrada às costas — e um par de sapatos de salto alto de mamãe, já que calçávamos o mesmo número. Dei a volta na montanha para me candidatar ao emprego.

Abri a porta, fazendo tilintar os sinos pendurados acima dela. A Becker's era uma loja elegante, o tipo de lugar onde eu nunca tivera oportunidade de entrar, com um ar-condicionado que ronronava e luzes fluorescentes que zumbiam. Mostruários de vidro trancados expunham anéis, colares e broches, e uns poucos violões e banjos pendiam nas paredes revestidas de tábuas de pinho para diversificar a mercadoria. O sr. Becker estava apoiado no balcão com os dedos entrelaçados. Tinha uma barriga tão grande que seu cinto preto fino me lembrou do equador circulando o globo.

Eu temia que o sr. Becker não me desse o emprego se soubesse que eu tinha somente treze anos, então disse a ele ter dezessete. Ele me contratou imediatamente por quarenta dólares semanais, em dinheiro. Fiquei excitada. Era meu primeiro emprego de verdade. Trabalhar de babá, dar aulas, fazer os deveres de casa de outros garotos, aparar gramados, reciclar garrafas e vender ferro-velho não contavam. Quarenta dólares por semana era dinheiro de verdade.

Gostei do trabalho. Pessoas que compravam joias estavam sempre alegres, e, embora Welch fosse uma cidade pobre, a Becker's tinha muitos clientes: velhos mineiros comprando alfinetes de mãe para suas esposas, um broche com pedra para cada um dos filhos, casais adolescentes comprando alianças, a garota dando risinhos de excitação, o garoto posando de orgulhoso e másculo.

Nas ocasiões de movimento fraco, o sr. Becker e eu acompanhávamos as audiências de Watergate em um pequeno televisor preto e branco. O sr. Becker era fascinado pela esposa de John Dean,* Maureen, que sentava

* John Dean foi membro do conselho presidencial de Richard Nixon, de 1970 a 1973. (N. E.)

atrás do marido enquanto ele depunha, vestindo roupas elegantes e prendendo os cabelos louros em um coque apertado.

— Que diabos, essa é uma garota de classe — dizia o sr. Becker. Às vezes, depois de ver Maureen Dean, o sr. Becker ficava tão excitado que ia para trás de mim enquanto eu limpava o mostruário e se esfregava em meu traseiro. Eu empurrava as mãos dele e me afastava sem dizer uma palavra, e aquele cachorro no cio voltava à televisão como se nada tivesse acontecido.

Quando o sr. Becker atravessava a rua para almoçar no restaurante Montanheiro, sempre levava a chave do mostruário com os anéis de diamantes. Se aparecessem clientes querendo ver os anéis, eu tinha de atravessar a rua correndo para chamá-lo. Certa vez, ele se esqueceu de levar a chave, e quando voltou fez questão de contar os anéis na minha frente. Era sua maneira de me fazer saber que não confiava nem um pouco em mim. Certo dia, depois de o sr. Becker ter voltado do almoço e conferido ostensivamente os mostruários, fiquei tão furiosa que olhei ao redor para ver se havia alguma coisa em toda a maldita loja que merecesse ser roubada. Colares, broches, banjos — nada disso me dizia nada. E o mostruário dos relógios chamou minha atenção.

Eu sempre quisera um relógio. Ao contrário de diamantes, relógios eram práticos. Eram para pessoas apressadas, pessoas com encontros marcados e horários a cumprir. O tipo de pessoa que eu queria ser. Dezenas de relógios tiquetaqueavam no balcão atrás da registradora. Havia um em particular que me atraía. Tinha quatro pulseiras coloridas — preta, marrom, azul e branca —, o que permitia mudar a pulseira para combinar com a roupa. O preço era de vinte e nove dólares e noventa e cinco centavos, dez a menos que o salário de uma semana. Mas, se eu quisesse, poderia ser meu em um instante, e de graça. Quanto mais pensava naquele relógio, mais ele me chamava.

Certo dia, a mulher que trabalhava na loja que o sr. Becker tinha na cidade de War passou por lá. O sr. Becker queria que ela me desse dicas de beleza. Enquanto me mostrava seus vários aplicadores de maquiagem, a mulher, que tinha cabelos platinados duros e cílios cobertos de rímel, me disse que eu deveria receber uma fortuna em comissões. Quando perguntei o que queria dizer, ela me contou que, além de seu salário de quarenta dólares semanais, recebia dez por cento sobre todas as vendas. As comissões, às vezes, dobravam o salário.

— Que diabos, a pensão do governo lhe daria mais de quarenta pratas por semana. Se você não está recebendo comissões, Becker a está roubando.

Quando perguntei ao sr. Becker sobre comissões, ele disse que eram para os vendedores, e eu era apenas assistente. No dia seguinte, quando o sr. Becker foi ao Montanheiro, abri o mostruário e tirei o relógio de quatro pulseiras. Deslizei-o para dentro de minha bolsa e rearrumei os relógios remanescentes para cobrir a lacuna. Eu havia feito muitas vendas enquanto o sr. Becker estava ocupado. Como ele não me pagava comissões, só estava pegando o que me devia.

Quando o sr. Becker voltou do almoço, estudou a vitrine de anéis de diamante como sempre fazia, e nem sequer olhou para os relógios. Caminhando para casa naquela noite com o relógio escondido em minha bolsa, eu me sentia leve e com a cabeça girando. Depois do jantar, subi em meu beliche, onde ninguém podia me ver, e experimentei o relógio com cada pulseira, fazendo gestos como aqueles que os ricos deveriam fazer.

Usar o relógio no trabalho estava fora de questão, claro. Também me dei conta de que podia me deparar com o sr. Becker na cidade a qualquer momento, e decidi que até o início das aulas só usaria o relógio em casa. Mas comecei a pensar em como explicaria o relógio a Brian, Lori, mamãe e papai. E fiquei com medo de o sr. Becker perceber alguma culpa em minha expressão. Mais cedo ou mais tarde, ele notaria o relógio faltando, me questionaria, e eu teria de mentir de maneira convincente, algo em que não era muito boa. Se não fosse convincente, seria mandada para um reformatório com pessoas como Billy Deel, e o sr. Becker teria a satisfação de saber que estivera certo desde o início em não confiar em mim.

Eu não iria dar a ele essa satisfação. Na manhã seguinte, tirei o relógio da caixa de madeira onde mantinha meu geodo, coloquei-o na bolsa e levei--o de volta à loja. Esperei nervosa a manhã toda até o sr. Becker ir almoçar. Quando finalmente saiu, eu abri o mostruário, deslizei o relógio para dentro e rearrumei os outros ao redor. Agi rápido. Na semana anterior, eu roubara o relógio sem suar. Mas agora estava em pânico de alguém me flagrar colocando-o de volta.

No final de agosto, eu estava lavando roupas na bacia de lata na sala quando ouvi alguém subir a escada cantando. Era Lori. Ela irrompeu na sala de estar, sacola no ombro, rindo e berrando uma daquelas canções bobas de acampamento de verão que os garotos cantam à noite ao redor da fogueira. Eu nunca a vira tão relaxada. Ela decididamente brilhava ao me contar sobre as refeições quentes, os banhos quentes e todos os amigos que havia feito. Até um namorado que a beijara.

— Todos imaginaram que eu era uma pessoa normal. Foi estranho — falou.

Depois me disse que lhe ocorrera que se saísse de Welch, e ficasse longe da família, poderia ter chance de uma vida feliz. A partir de então, começou a ansiar pelo dia em que deixaria a casa da Little Hobart e viveria sozinha.

Alguns dias depois, mamãe voltou. Parecia diferente. Morara em um dormitório no campus da universidade, sem ter de cuidar de quatro crianças, e adorara isso. Assistira a palestras e pintara. Lera pilhas de livros de autoajuda que a fizeram se dar conta de que estava vivendo para outras pessoas. Pretendia deixar o emprego de professora e se dedicar à sua arte.

— Chegou a hora de fazer algo por mim. Chegou a hora de começar a viver minha própria vida.

— Mamãe, você passou o verão inteiro revalidando seu diploma.

— Se não tivesse feito isso, nunca teria tido essa revelação.

— Você não pode largar o emprego — falei. — Precisamos do dinheiro.

— Por que eu sempre tenho de ser aquela que ganha dinheiro? — perguntou mamãe. — Você tem um emprego. Você pode ganhar dinheiro. Lori também pode ganhar dinheiro. Tenho coisas mais importantes a fazer.

Achei que mamãe estava tendo outro chilique. Imaginei que, quando chegasse o primeiro dia, ela partiria no Dart de Lucy Jo para a escola fundamental Davy, mesmo que tivéssemos de adulá-la. Mas, naquele primeiro dia de aula, mamãe se recusou a levantar da cama. Lori, Brian e eu arrancamos as cobertas e tentamos arrastá-la para fora, mas ela não se moveu.

Eu disse que ela tinha responsabilidades. Disse que o juizado de menores poderia se lançar sobre nós novamente, caso não estivesse trabalhando. Ela cruzou os braços no peito e nos encarou.

— Não vou à escola — disse.

— Por que não? — perguntei.

— Estou doente.

— O que há de errado? — perguntei.

— Meu muco está amarelo — respondeu.

— Se todo mundo com muco amarelo ficasse em casa, as escolas ficariam vazias — retruquei.

Mamãe levantou a cabeça.

— Não pode falar assim comigo. Sou sua mãe.

— Se você quer ser tratada como uma mãe, deveria agir como uma — falei.

Mamãe raras vezes ficava com raiva. Normalmente estava cantando ou chorando, mas dessa vez o rosto se levantou em fúria. Ambas sabíamos que eu ultrapassara um limite, mas eu não ligava. Eu também mudara durante o verão.

— Como ousa? — berrou ela. — Você agora está em apuros, grandes apuros. Vou contar ao seu pai. Espere até ele chegar em casa.

A ameaça de mamãe não me preocupou. Do meu ponto de vista, papai me devia. Eu cuidara dos filhos dele o verão todo, dera-lhe dinheiro para cerveja e cigarro e o ajudara a roubar aquele mineiro, Robbie. Imaginei que tinha papai no bolso.

Quando voltei para casa da escola naquela tarde, mamãe ainda estava encolhida no sofá-cama, uma pequena pilha de livros ao lado. Papai estava sentado à escrivaninha, enrolando um cigarro. Ele me chamou para segui-lo até a cozinha. Mamãe nos observou.

Papai fechou a porta e me olhou gravemente.

— Sua mãe alega que você respondeu a ela.

— Sim. É verdade.

— Sim, senhor — ele me corrigiu, mas não falei nada. Ele continuou: — Estou desapontado com você. Sabe muito bem que deve respeitar seus pais.

— Papai, mamãe não está doente, está matando aula. Ela deveria levar mais a sério suas obrigações. Ela tem de crescer um pouco.

— Quem você pensa que é? Ela é sua mãe.

— Por que ela não age como uma? — retruquei, depois encarei papai por um tempo muito longo. E soltei: — E por que o senhor não age como pai?

Eu podia ver o sangue subindo-lhe ao rosto. Ele agarrou meu braço.

— Peça desculpas por esse comentário!

— Ou o quê?

Papai me empurrou contra a parede.

— Ou, por Deus, eu vou mostrar quem manda aqui.

O rosto dele estava a centímetros do meu.

— E o que vai fazer para me punir? Parar de me levar a bares?

Papai ergueu a mão como se fosse me estapear.

— Olhe sua boca, jovem. Ainda posso lhe dar umas palmadas, e não pense que não faria isso.

— Não está falando sério.

Papai baixou a mão. Tirou o cinto dos passadores da calça de trabalho e o enrolou duas vezes sobre os nós dos dedos.

— Peça desculpas a mim e à sua mãe — mandou.

— Não.

Papai ergueu o cinto.

— Peça desculpas.

— Não.

— Curve-se.

Papai estava em pé entre mim e a porta. Não havia como sair, a não ser passando por ele. Mas nunca me ocorrera correr ou lutar. Pelo que pude ver, ele tinha menos espaço de manobra que eu. Ele tinha de recuar, pois, se ficasse ao lado de mamãe e me desse uma surra, me perderia para sempre.

Nós nos encaramos. Papai parecia esperar que eu baixasse os olhos, pedisse desculpas e dissesse que estava errada, para que tudo pudesse ser como antes, mas continuei a sustentar o olhar. Por fim, pagando para ver, me virei, curvei-me ligeiramente e apoiei as mãos nos joelhos.

Esperava que ele desse as costas e fosse embora, mas deu seis golpes ardentes atrás das minhas coxas, cada um deles acompanhado por um assobio. Podia sentir a carne inchando antes mesmo de me empertigar.

Saí da cozinha sem olhar para papai. Mamãe estava do outro lado da porta. Ficara em pé ali, escutando tudo. Não olhei para ela, mas pude ver com os cantos dos olhos sua expressão triunfante. Mordi o lábio para não chorar.

Assim que saí, corri para a floresta, afastando do rosto galhos de árvores e trepadeiras selvagens. Pensei que iria chorar quando estivesse longe de casa, mas em vez disso vomitei. Comi um pouco de hortelã selvagem para tirar o gosto de bile e caminhei pelo que pareceram horas pelas montanhas silenciosas. O ar estava limpo e fresco, e o piso da floresta, coberto de folhas caídas de castanheiros e álamos. No final da tarde, me sentei em um tronco de árvore inclinada para a frente, pois a parte de trás de minhas coxas ainda ardia. Durante a longa caminhada, a dor me mantivera pensando, e quando cheguei ao tronco havia tomado duas decisões.

A primeira era que havia sido minha última surra. Ninguém iria fazer aquilo comigo novamente. A segunda era que, como Lori, iria sair de Welch. Quanto mais cedo, melhor. Antes de terminar o ensino médio, se pudesse. Não tinha ideia de para onde iria, mas sabia que iria. Sabia que não seria fácil. As pessoas ficavam empacadas em Welch. Eu contara com mamãe e papai para nos levar dali, mas descobri que teria de fazer isso sozinha. Seria necessário poupar e planejar. Decidi que no dia seguinte iria à G. C. Murphy comprar um cofrinho de porquinho rosa de plástico que vira lá. Colocaria nele os setenta e cinco dólares que conseguira poupar trabalhando na Becker's. Seria o começo da minha reserva de fuga.

Naquele outono, apareceram em Welch dois caras diferentes de quaisquer outros que eu já tivesse conhecido. Eram cineastas de Nova York e tinham sido enviados a Welch como parte de um programa governamental para levar cultura à região rural dos Apalaches. Seus nomes eram Ken Fink e Bob Gross.

No começo, achei que eles estavam brincando. Fink e Gross. Informante e Grosso? No que me dizia respeito, poderiam ter dito se chamar Ken Idiota e Bob Feio. Mas Ken e Bob não estavam brincando. Não achavam seus nomes nada engraçados e não sorriram quando perguntei se estavam me sacaneando.

Ken e Bob falavam tão rápido — conversas cheias de referências a pessoas de quem eu nunca tinha ouvido falar, como Stanley Kubrick e Woody Allen — que, às vezes, era difícil acompanhá-los. Embora não tivessem nenhum senso de humor em relação a seus nomes, Ken e Bob gostavam muito de brincar. Não era o tipo de humor da escola secundária Welch ao qual estava acostumada — piadas de poloneses e caras colocando a mão no sovaco para fazer barulhos de peido. Ken e Bob tinham um modo inteligente e competitivo de brincar, e enquanto um fazia um comentário ácido, o outro retrucava e o primeiro se saía com a tréplica. Eles conseguiam sustentar isso até minha cabeça começar a girar.

Durante um fim de semana, Ken e Bob exibiram um filme sueco no auditório da escola. Era filmado em preto e branco, tinha legendas e uma trama com muito simbolismo, e, embora fosse de graça, apareceram menos de doze pessoas. Depois, Lori mostrou a Ken e Bob algumas de suas ilustrações. Eles disseram que Lori tinha talento e que, se pensava seriamente em se tornar artista, precisava ir para Nova York. Era um lugar cheio de energia, criatividade e estímulo intelectual como nunca tínhamos visto. Era cheia de pessoas que, por serem indivíduos tão únicos, não se encaixavam em outro lugar.

Naquela noite, Lori e eu nos deitamos em nossas camas de corda e conversamos sobre Nova York. As coisas que eu ouvira sempre tinham feito a cidade parecer um lugar grande e barulhento com muita poluição e bandos de pessoas de terno esbarrando umas nas outras nas calçadas. Mas Lori começou a ver Nova York como uma espécie de Cidade das Esmeraldas — aquele lugar brilhante e agitado no final de uma longa estrada, onde ela poderia se tornar quem deveria ser.

Aquilo de que Lori mais gostara na descrição de Ken e Bob fora que a cidade atraía pessoas diferentes. Lori era o mais diferente possível em Welch. Enquanto quase todas as crianças usavam jeans, tênis Converse e camiseta, ela aparecia na escola de botas militares, um vestido branco com bolinhas vermelhas e uma jaqueta jeans em cujas costas pintara poesia *dark*. As outras crianças jogavam barras de sabão nela, postavam-se na sua frente e escreviam grafites sobre ela nas paredes do banheiro. Ela se vingava xingando em latim.

Em casa, ela lia e pintava até tarde da noite, à luz de vela ou lampião de querosene, caso a eletricidade tivesse sido cortada. Gostava de detalhes góticos: neblina pairando sobre um lago silencioso, raízes retorcidas se erguendo da terra, um corvo solitário nos galhos de uma árvore nua no litoral. Eu achava Lori impressionante e não tinha dúvida de que se tornaria uma artista de sucesso, mas somente se fosse para Nova York. Decidi que queria ir para lá, e naquele inverno fizemos um plano. Lori partiria sozinha para Nova York em junho, depois de ter se formado. Iria se instalar, achar um lugar para nós, e eu a seguiria logo que pudesse.

Contei a Lori sobre meu fundo de fuga, os setenta e cinco dólares que havia poupado. A partir daquele momento, disse, seria nosso fundo conjunto. Faríamos trabalho extra depois da escola e colocaríamos tudo o que ganhássemos no porquinho. Lori poderia levá-lo para Nova York e usá-lo para se estabelecer, de modo que quando eu chegasse, tudo estaria pronto.

Lori sempre tinha feito cartazes muito bons, para partidas de futebol, peças montadas pelo clube de teatro e para candidatos ao conselho estudantil. Começou a fazer pôsteres por encomenda por um dólar e cinquenta cada. Era tímida demais para promover seu trabalho, então eu fazia isso por ela. Muitos na escola secundária Welch queriam cartazes personalizados para pendurar na parede dos quartos — com o nome de namorados e namoradas, de seu carro, do signo ou da banda preferida. Lori fazia os nomes em grandes letras gordas tridimensionais superpostas como aquelas em discos de rock, depois os pintava com cores fluorescentes traçadas a nanquim, de modo que as letras pulavam, e cercava os nomes com estrelas, pontos ou linhas onduladas para parecer que se moviam. Os cartazes eram tão bons que a notícia se espalhou, e sem demora Lori tinha tantas encomendas que ficava trabalhando até uma ou duas horas da manhã.

Eu ganhava dinheiro como babá, e também fazendo os deveres de casa de outros alunos. Redigia relatórios de livros, ensaios de ciências e matemática. Cobrava um dólar por tarefa e garantia pelo menos um A-, ou o cliente recebia o dinheiro de volta. Depois da escola, trabalhava como babá por um dólar a hora, e normalmente era quando fazia os deveres de casa. Também dava aulas particulares para crianças por dois dólares a hora.

Contamos a Brian sobre o fundo de fuga e ele passou a contribuir, embora não o tivéssemos incluído no plano por estar apenas na sétima série. Ele aparava grama, rachava madeira ou cortava ervas daninhas das encostas com uma foice. Trabalhava depois das aulas até o sol se pôr e o dia inteiro aos sábados e domingos, e chegava em casa com braços e rosto arranhados dos arbustos que havia arrancado. Sem esperar agradecimento ou parabéns, somava seus ganhos ao porquinho que tínhamos batizado de Oz.

Mantínhamos Oz na velha máquina de costura do quarto. Oz não tinha uma abertura no fundo, e a fenda no alto era estreita demais para tirar moedas, mesmo usando uma faca; portanto, assim que se colocava dinheiro em Oz, ele ficava lá. Nós o testamos para ter certeza. Não podíamos contar o dinheiro, mas como Oz era translúcido, podíamos vê-lo se acumulando quando o erguíamos à luz.

Certo dia de inverno, quando voltei da escola, havia um Cadillac Coupe DeVille dourado estacionado na frente de casa. Fiquei pensando se o juizado de menores teria encontrado milionários para ser nossos pais adotivos e se teriam chegado para nos levar embora, mas papai estava dentro de casa, girando um chaveiro no dedo. Explicou que o Cadillac era o novo veículo oficial da família Walls. Mamãe falava que uma coisa era viver em um barraco de três aposentos sem eletricidade, já que havia certa dignidade na pobreza, mas viver em um barraco de três aposentos e ter um Cadillac dourado significava que você era um legítimo lixo branco pobre.

— Como conseguiu isso? — perguntei a papai.

— Uma mão de pôquer infernal e um blefe ainda melhor — respondeu.

Havíamos tido dois carros desde que chegáramos a Welch, mas eram latas-velhas, com motor sacudindo e para-brisa rachado, e enquanto circulávamos, podíamos ver o asfalto através do piso enferrujado. Aqueles carros nunca duraram mais que dois meses, e assim como o Oldsmobile no qual viemos de Phoenix, nunca os batizamos, muito menos os registramos ou fizemos vistoria neles. O Coupe DeVille já estava com a vistoria vencida. Era tão bonito que papai declarou que chegara a hora de reviver a tradição de batizar os carros.

— Aquele Caddy me parece Elvis — disse.

Passou pela minha cabeça que papai deveria vender Elvis e usar o dinheiro para construir um banheiro interno e comprar roupas novas para nós. Os sapatos de couro preto que eu comprara por cinquenta centavos na Dollar General Store estavam presos por alfinetes de segurança, que eu tentara escurecer com pincel atômico para que ninguém percebesse. Também usara marcadores para colorir manchas em minha perna que, esperava, camuflassem os buracos em minhas calças. Imaginei que chamaria menos atenção que se costurasse remendos. Eu tinha uma calça azul e uma verde, e quando tirava as calças, minhas pernas estavam cobertas de pontos azuis e verdes.

Mas papai gostava demais de Elvis para considerar vendê-lo. E a verdade era que eu gostava de Elvis quase o mesmo tanto. Elvis era comprido e esguio como um iate de competição. Tinha ar-condicionado, estofamento dourado grosso, janelas que subiam e desciam apertando um botão e setas que funcionavam, de modo que papai não tinha de colocar o braço para fora.

Sempre que cruzávamos a cidade no Elvis, eu acenava elegantemente e sorria para as pessoas na calçada, me sentindo uma herdeira.

— Você tem *noblesse oblige*, Cabra-Montesa — dizia papai.

Mamãe passou a gostar de Elvis. Ela não voltara a dar aulas, pintava todo o tempo, e nos fins de semana íamos a feiras de artesanato por toda a Virgínia Ocidental: víamos espetáculos nos quais homens barbados de macacão tocavam címbalos e mulheres em vestidos de vovó vendiam coçadores de costas feitos de espiga de milho e esculturas em carvão de mineiros e ursos negros. Enchíamos o porta-malas de Elvis com as pinturas de mamãe e tentávamos vendê-las nas feiras. Mamãe também fazia na hora retratos a pastel de qualquer um disposto a pagar dezoito dólares e, de vez em quando, recebia uma encomenda.

Todos dormíamos no Elvis nessas viagens, porque muitas vezes só ganhávamos o suficiente para pagar a gasolina, ou nem mesmo isso. Ainda assim era bom estar novamente em movimento. Nossas viagens no Elvis me lembraram como era fácil juntar as coisas e seguir em frente quando dava vontade. Assim que se tivesse resolvido ir, não havia problema algum.

À MEDIDA QUE SE APROXIMAVAM A PRIMAVERA e o dia da formatura de Lori, eu ficava acordada à noite pensando na vida dela em Nova York.

— Em exatamente três meses você estará morando em Nova York — eu disse a ela.

Na semana seguinte falei:

— Em exatamente dois meses e três semanas você estará morando em Nova York.

— Quer calar a boca, por favor? — falou.

— Você não está nervosa, está? — perguntei.

— O que você acha?

Lori estava aterrorizada. Ela não sabia o que deveria fazer quando chegasse a Nova York. Aquela sempre fora a parte mais vaga de nosso plano de fuga. No outono, eu não tinha dúvida de que ela poderia conseguir uma bolsa em uma das universidades da cidade. Fora finalista de uma Bolsa Nacional de Mérito, mas tivera de pegar carona até Bluefield para fazer a prova e ficara abalada quando o caminhoneiro que lhe dera carona a assediou; chegou quase uma hora atrasada e fracassou na prova.

Mamãe, que apoiava os planos nova-iorquinos de Lori e continuava dizendo que gostaria de ir ela mesma para a cidade grande, sugeriu que Lori se candidatasse à escola de arte da Cooper Union. Lori montou um portfólio de desenhos e pinturas, mas, pouco antes do prazo final de inscrições, derramou um bule de café sobre ele, o que levou mamãe a pensar em voz alta se Lori teria medo do sucesso.

Lori ouviu falar de uma bolsa patrocinada por uma sociedade literária para o estudante que criasse a melhor obra de arte inspirada por um dos gênios da língua inglesa. Decidiu fazer um busto em argila de Shakespeare. Trabalhou nele por uma semana, usando um palito de picolé afiado para moldar os olhos levemente saltados, cavanhaque, brinco e cabelos compridos. Quando terminado, parecia exatamente com Shakespeare.

Naquela noite, estávamos todos sentados vendo Lori dar os últimos toques no cabelo de Shakespeare, quando papai chegou em casa bêbado.

— Isso realmente lembra o velho Billy — disse papai. — Só que, como já disse a vocês, ele era uma maldita farsa.

Durante anos, sempre que mamãe falava das peças de Shakespeare, papai repetia que não haviam sido escritas por William Shakespeare de Avon, mas por um grupo de pessoas, incluindo alguém chamado conde de Oxford, pois uma só pessoa na Inglaterra elisabetana não poderia ter o vocabulário de trinta e quatro mil palavras de Shakespeare. Todo aquele falatório sobre o pequeno Billy Shakespeare, dizia papai, o grande gênio a despeito de sua formação escolar ruim, seu pouco latim e ainda menos grego, era um monte de mitologia sentimental.

— Você está ajudando a perpetuar essa fraude — disse ele a Lori.

— Papai, é apenas um busto — disse Lori.

— Esse é o problema — falou papai.

Ele estudou a escultura, e, de repente, esticou o braço e amassou a boca de Shakespeare com o polegar.

— Que diabos você está fazendo? — gritou Lori.

— Já não é *apenas* um busto. Agora tem valor simbólico. Pode chamá-lo de *Bardo Mudo*.

— Eu trabalhei dias nisso! — gritou Lori. — E você o destruiu!

— Eu o elevei — falou papai. Disse a Lori que iria ajudá-la a escrever um ensaio demonstrando que as peças de Shakespeare tinham vários autores, como as pinturas de Rembrandt. — Por Deus, você vai abalar o mundo literário.

— Eu não quero abalar o mundo! — berrou Lori. — Eu só quero ganhar uma bolsa de estudos idiota!

— Que maldição, você está em uma corrida de cavalos, mas pensando como uma ovelha — disse papai. — Ovelhas não ganham corridas de cavalos.

Lori não teve disposição de refazer o busto. No dia seguinte, amassou a argila em uma grande bola e a deixou na escrivaninha. Eu disse a Lori que se ela não fosse aceita em uma escola de arte quando se formasse, deveria ir para Nova York de qualquer maneira. Poderia se sustentar com o dinheiro que havíamos poupado até encontrar um emprego, e depois se candidatar a uma escola. Esse se tornou nosso novo plano.

Todos estavam furiosos com papai, o que o deixou ressentido. Disse que não sabia sequer por que se preocupava em ir para casa, já que ninguém sentia o menor apreço por suas ideias. Insistiu que não estava tentando impedir Lori de ir para Nova York, mas se ela tinha a ideia de que Deus iria ajudar, não iria a lugar nenhum.

— Nova York é um buraco lamentável, cheio de bichas e estupradores — disse mais de uma vez. Alertou que ela iria ser roubada e se veria nas ruas, levada à prostituição, e acabaria como viciada em drogas como todos aqueles adolescentes fugidos. — Só estou dizendo isso porque a amo. E não quero que se machuque.

Certa noite de maio, quando estávamos poupando dinheiro havia quase nove meses, cheguei em casa com dois dólares que ganhara como babá e entrei no quarto para colocá-los em Oz. O porquinho não estava na velha máquina de costura. Comecei a procurar em meio ao lixo do quarto e finalmente o encontrei no chão. Alguém o cortara com uma faca e roubara todo o dinheiro.

Sabia que havia sido papai, mas ao mesmo tempo não conseguia acreditar que tivesse tido uma atitude tão baixa. Obviamente, Lori ainda não sabia. Estava cantarolando na sala enquanto trabalhava em um cartaz. Meu primeiro impulso foi esconder Oz. Tive a ideia louca de que poderia de algum modo devolver o dinheiro antes de Lori descobrir que havia desaparecido. Mas sabia como isso era ridículo; nós três havíamos passado quase um ano acumulando o dinheiro. Seria impossível, para mim, devolvê-lo no mês anterior à formatura de Lori.

Fui à sala e fiquei em pé ao lado dela, tentando pensar no que dizer. Estava trabalhando em um cartaz que dizia Tammy! Em cores fluorescentes. Depois de algum tempo, ela ergueu os olhos.

— O que houve?

Lori viu pela minha expressão que havia algo errado. Levantou tão de repente que derrubou um frasco de nanquim e correu para o quarto. Eu me preparei, esperando ouvir um berro, mas só houve silêncio e depois um pequeno gemido irregular.

Lori ficou acordada a noite toda para enfrentar papai, mas ele não voltou para casa. Ela faltou à escola no dia seguinte, caso ele retornasse, mas papai ficou ausente três dias antes que o ouvíssemos subindo os degraus instáveis até a varanda.

— Seu desgraçado! — gritou Lori. — Você roubou nosso dinheiro!

— Que diabos você está falando? E cuidado com suas palavras — reagiu papai.

Ele se apoiou na porta e acendeu um cigarro. Lori ergueu o porquinho cortado e o jogou com toda a força sobre papai, mas, como estava vazio e quase sem peso, bateu de leve no ombro dele, depois caiu no chão. Ele se curvou cuidadosamente, como se o piso abaixo pudesse se mover a qualquer momento, recolheu nosso porquinho atacado e o virou nas mãos.

— Alguém certamente estripou o velho Oz, não é mesmo? — disse, e se virou para mim. — Jeannette, sabe o que aconteceu?

Ele estava me dando um meio sorriso. Depois da surra, papai jogara charme para cima de mim, e, embora eu estivesse planejando partir, ele me fazia rir quando tentava, e ainda me considerava uma aliada. Mas eu agora queria socar sua cabeça.

— Você pegou nosso dinheiro — disse. — Foi o que aconteceu.

— Isso é demais — falou papai.

Ele começou a falar sobre como um homem volta para casa depois de matar dragões, tentando manter a família segura, e tudo o que quer em troca por seu esforço e sacrifício é um pouco de amor e respeito, mas que parecia que, atualmente, era demais esperar por isso. Disse que não pegou nosso dinheiro de Nova York, mas, se Lori estava determinada a morar naquela cloaca, ele mesmo iria financiar sua viagem.

Enfiou a mão no bolso e sacou algumas notas amassadas de um dólar. Simplesmente o encaramos, e ele deixou o dinheiro amassado cair no chão.

— Façam bom uso — disse.

— Por que está fazendo isso conosco, papai? — eu perguntei. — Por quê?

O rosto dele endureceu de raiva, depois ele cambaleou para o sofá e desmaiou.

— Eu nunca vou sair daqui — Lori ficou repetindo. — Nunca vou sair daqui.

— Você vai. Eu juro — falei. Acreditava que sim. Porque sabia que se Lori não saísse de Welch, eu também não sairia.

Eu voltei à G. C. Murphy no dia seguinte e examinei a prateleira de cofrinhos. Eram todos de plástico, porcelana ou vidro, facilmente quebráveis. Estudei uma coleção de caixas de metal com cadeados e chaves. As dobradiças eram frágeis demais. Papai podia abri-los. Comprei uma bolsa de trocados azul. Eu a usava em um cinto sob minhas roupas o tempo todo. Quando ficava cheia, colocava o dinheiro em uma meia, que escondia em um buraco na parede abaixo do meu beliche.

Começamos a poupar de novo, mas Lori estava desanimada demais para pintar, e o dinheiro não entrou tão rapidamente. Uma semana antes do fim das aulas, tínhamos apenas trinta e sete dólares e vinte centavos na meia. Uma das mulheres para quem eu trabalhava de babá, uma professora chamada sra. Sanders, me disse que estava se mudando com a família para sua cidade natal em Iowa e perguntou se eu queria passar o verão com eles lá. Se fosse e ajudasse a cuidar de seus dois bebês, ela me pagaria duzentos dólares no final do verão e compraria uma passagem de volta para Welch.

Pensei na oferta dela.

— Leve Lori no meu lugar. E, no final do verão, compre para ela uma passagem de ônibus para Nova York.

A sra. Sanders concordou.

* * *

Nuvens baixas cor de estanho pousavam no alto das montanhas ao redor de Welch na manhã da partida de Lori. Elas estavam lá na maioria das manhãs, mas quando as notei, elas me lembraram de quão isolada e esquecida era a cidade, um lugar triste e perdido à deriva nas nuvens. As nuvens normalmente se dissolviam na metade da manhã, quando o sol se erguia acima dos picos altos, e em certos dias, como aquele no qual Lori partiu, se aferravam às montanhas. Formou-se no vale uma névoa fina, que encharcou cabelos e rostos.

Quando a família Sanders estacionou sua perua, Lori estava pronta. Tinha colocado suas roupas, os livros preferidos e o material artístico em uma única caixa de papelão. Abraçou a todos nós, exceto papai — ela se recusara a dizer uma só palavra a ele desde que saqueara Oz —, e prometeu escrever. Depois, subiu na perua.

Ficamos todos observando enquanto o carro descia a Little Hobart e sumia. Lori nunca olhou para trás. Considerei isso um bom sinal. Quando subi a escadaria para a casa, papai estava em pé na varanda, fumando um cigarro.

— Esta família está desmoronando — disse.

— Certamente está — respondi.

Naquele outono, quando eu faria a décima série, a srta. Bivens me fez editora de *The Maroon Wave*. Depois de trabalhar como revisora na sétima série, eu começara a diagramar páginas na oitava e, na nona, a fazer reportagens, escrever matérias e tirar fotografias. Mamãe comprara uma câmera Minolta para tirar fotos de suas pinturas a fim de mandá-las a Lori, que poderia mostrá-las em galerias de arte de Nova York. Quando mamãe não a estava usando, eu levava a Minolta por toda parte, porque nunca sabia quando veria algo que fosse notícia. O que mais gostava sobre ser repórter era que isso me dava uma desculpa para aparecer em qualquer lugar. Como nunca tivera muitos amigos em Welch, raramente ia a jogos de futebol, bailes ou encontros da escola. Eu me sentia desconfortável sentada sozinha quando todos estavam com amigos. Mas trabalhando para o *Wave*, eu tinha uma razão para estar lá. Trabalhando, membro da imprensa, com bloco de anotações na mão e a Minolta no pescoço.

Comecei a ir a praticamente todos os eventos extracurriculares da escola, e as crianças que antes me rejeitavam passaram a me aceitar e mesmo a me procurar, posando e fazendo palhaçadas na esperança de ter sua foto publicada no jornal. Sendo alguém que podia torná-los famosos entre seus pares, eu não era mais uma pessoa a desprezar.

Embora o *Wave* saísse apenas uma vez por mês, eu trabalhava nele diariamente. Em vez de me esconder no banheiro na hora do almoço, eu a gastava na sala da srta. Bivens, onde escrevia meus artigos, editava as matérias escritas pelos outros alunos e contava os toques nas manchetes para ter certeza de que caberiam nas colunas. Finalmente, tinha uma boa desculpa para nunca almoçar. "Estou no fechamento", dizia. Também ficava depois das aulas para revelar minhas fotografias no laboratório, e isso tinha uma vantagem oculta. Podia me esgueirar para o refeitório quando todos haviam saído e revirar as latas de lixo. Encontrava latas de milho tamanho industrial quase cheias e enormes recipientes de salada de repolho e pudim de tapioca. Já não tinha de vasculhar o lixo do banheiro em busca de comida, e raramente passei fome de novo.

Quando cheguei à penúltima série, a srta. Bivens me tornou editora-chefe, embora o cargo devesse ser de alguém na última série. Só um punhado de alunos queria trabalhar para o *Wave*, então terminei escrevendo tantas matérias que eliminei a assinatura; parecia um pouco ridículo ter meu nome quatro vezes na primeira página.

O jornal custava quinze centavos, e eu mesma o vendia, indo de turma em turma e ficando nos corredores, anunciando-o como um pequeno jornaleiro. A escola secundária Welch tinha quase mil e duzentos alunos, mas vendíamos apenas duzentos exemplares do jornal. Tentei várias estratégias para aumentar a circulação: fiz concursos de poesia, acrescentei uma coluna de moda e escrevi editoriais polêmicos, incluindo um questionando a validade de provas padronizadas, que provocou uma carta irada do diretor do Departamento de Ensino do Estado. Nada funcionou.

Certo dia, um aluno que eu tentava convencer a comprar o *Wave* disse que não tinha o que fazer com ele, pois eram os mesmos nomes que apareciam sempre no jornal: atletas e animadoras de torcida da escola e um punhado de garotos conhecidos como réguas de cálculo, que sempre ganhavam os prêmios acadêmicos. Criei uma coluna chamada "Canto do Aniversário", com o nome das cerca de oitenta pessoas que faziam aniversário no mês seguinte. A maioria dessas pessoas nunca tinha saído no jornal, e elas ficaram tão excitadas de ver seus nomes impressos que compraram vários exemplares. A circulação dobrou. A srta. Bivens pensou em voz alta se "Canto do Aniversário" era jornalismo sério. Eu disse a ela que não me importava — vendia jornais.

Chuck Yeager visitou a escola secundária Welch naquele ano. Eu passara a vida toda ouvindo sobre Chuck Yeager por papai, sobre como nascera na Virgínia Ocidental, na cidade de Myra, perto do rio Mud, município de Lincoln; como entrara para a Força Aérea durante a Segunda Guerra Mundial e havia derrubado onze aviões alemães aos vinte e dois anos; como se tornara piloto de testes da Base da Força Aérea de Edwards no deserto de Mojave, Califórnia; e como, em certo dia de 1947, se tornara o primeiro homem a quebrar a barreira do som em seu X-1, embora na noite anterior tivesse bebido e sido derrubado de um cavalo, quebrando algumas costelas.

Papai nunca admitiria ter heróis, mas o bagos de ferro, apreciador de álcool e calculista frio Chuck Yeager era o homem que ele mais admirava entre todos os outros no mundo. Quando soube que Chuck Yeager iria fazer um discurso na escola secundária Welch, e concordara em me dar uma entrevista depois, papai mal conseguiu disfarçar sua excitação. Estava me esperando na varanda com caneta e papel quando voltei da escola para casa na véspera da grande entrevista. Ele se sentou para me ajudar a fazer uma lista de perguntas inteligentes, para que eu não me constrangesse diante daquele que era o maior dos filhos de Virgínia Ocidental.

- O que passava por sua cabeça quando quebrou Mach I?
- O que estava passando por sua cabeça quando A. Scott Crossfield quebrou Mach II?
- Qual sua aeronave preferida?
- O que pensa da plausibilidade de voar à velocidade da luz?

Papai escreveu vinte e cinco, ou trinta perguntas, e depois insistiu que ensaiássemos a entrevista. Ele fingiu ser Chuck Yeager e me deu respostas detalhadas para as perguntas que havia formulado. Seus olhos ficaram úmidos ao descrever como era quebrar a barreira do som. Depois decidiu que eu precisava de bases sólidas sobre a história da aviação e passou metade da noite me informando, à luz de um lampião a querosene, sobre o programa de testes de voo, a aerodinâmica básica e o físico austríaco Ernst Mach.

No dia seguinte, o sr. Jack, o diretor, apresentou Chuck Yeager no auditório. Ele parecia mais um caubói que um nativo da Virgínia Ocidental, com passo de vaqueiro e rosto magro curtido, mas assim que começou a falar, sua voz reverberou. Enquanto falava, os alunos inquietos se acomodaram em suas cadeiras dobráveis e se mostraram fascinados com o lendário homem do mundo, que nos contou como sentia orgulho de suas raízes na Virgínia Ocidental e como nós devíamos nos orgulhar dessas raízes, raízes que todos partilhávamos; e como, independentemente de onde vínhamos, cada um de nós podia e devia correr atrás de nossos sonhos, assim como ele correra atrás do sonho dele. Quando terminou, os aplausos quase partiram os vidros nas janelas.

Eu subi ao palco depois que os alunos saíram.

— Sr. Yeager, sou Jeannette Walls, do *The Maroon Wave* — disse, estendendo a mão.

Chuck Yeager tomou minha mão e sorriu.

— Escreva meu nome certo, madame, para que meu pessoal saiba sobre quem está escrevendo.

Nós nos sentamos em cadeiras dobráveis e conversamos por quase uma hora. O sr. Yeager levou a sério todas as perguntas e agiu como se tivesse todo o tempo do mundo para mim. Quando mencionei as várias aeronaves que ele havia pilotado, as aeronaves sobre as quais papai me falara, ele sorriu novamente e disse:

— Ora, acredito que temos aqui uma especialista em aviação.

Depois, nos corredores, os outros garotos ficaram me dizendo como eu tinha sorte. "Como ele é de verdade?", "O que ele disse?" Todos me trataram com a deferência concedida somente aos maiores atletas da escola. Mesmo o zagueiro do time principal me olhou nos olhos e anuiu. Eu era a garota que havia conversado com Chuck Yeager.

Papai estava tão ansioso para saber como havia sido a entrevista que não apenas estava em casa quando voltei da escola como estava até mesmo sóbrio. Insistiu em me ajudar com a matéria, para garantir a precisão técnica.

Eu já tinha um *lead* na cabeça. Sentei diante da Remington de minha mãe e datilografei:

As páginas de história ganharam vida este mês quando Chuck Yeager, o primeiro homem a quebrar a barreira do som, visitou a escola secundária Welch.

Papai olhou por sobre o meu ombro.
— Ótimo — disse —, mas vamos colocar algum molho.

Lori nos escrevia regularmente de Nova York. Estava adorando. Morava em um hotel para mulheres em Greenwich Village, trabalhava como garçonete em um restaurante alemão e fazia aulas de arte e esgrima. Conhecera um grupo de pessoas fascinante, cada uma delas um gênio bizarro. As pessoas em Nova York adoravam tanto arte e música que os artistas vendiam pinturas na calçada ao lado de quartetos de cordas tocando Mozart. Nem o Central Park se mostrara tão perigoso quanto as pessoas na Virgínia Ocidental pensavam. Nos fins de semana, era tomado por patinadores, jogadores de *frisbee*, malabaristas e mímicos com o rosto pintado de branco. Ela sabia que eu iria adorar Nova York assim que chegasse. Eu também sabia.

Desde que entrara para a décima primeira série, eu contava os meses — vinte e dois — até poder me juntar a Lori. Fizera um plano. Assim que me formasse no ensino médio, me mudaria para Nova York, entraria para uma faculdade da cidade e conseguiria um emprego na AP ou na UPI, as agências de notícias cujas matérias saíam dos teletipos do *Welch Daily News*, ou em um dos famosos jornais de Nova York, sobre cujos colunistas pomposos eu ouvia os repórteres do *Welch Daily News* fazer piadas. Estava determinada a me tornar um deles.

Na metade do meu penúltimo ano, procurei a srta. Katona, a orientadora da escola secundária, para pedir o nome de universidades em Nova York. A srta. Katona ergueu os óculos que balançavam em uma corda em seu pescoço e me examinou através deles. Disse que a faculdade estadual de Bluefield ficava a apenas cinquenta e oito quilômetros e que, com minhas notas, provavelmente conseguiria bolsa integral.

— Quero ir para uma faculdade em Nova York — falei.

A srta. Katona me olhou confusa.

— Por quê?

— É onde quero morar.

A srta. Katona disse que de seu ponto de vista era má ideia. Era mais fácil entrar para uma faculdade no estado onde você cursara o ensino médio. Você era considerado local, significando que a aceitação era mais provável e a anuidade, mais barata.

Pensei nisso por um minuto.

— Talvez devesse me mudar para Nova York agora e me formar no ensino médio lá. Assim, seria considerada local.

A srta. Katona apertou os olhos na minha direção.

— Mas você mora aqui. Esta é sua casa.

A srta. Katona era uma mulher de ossos finos, que sempre usava suéteres abotoados até em cima e sapatos pesados. Estudara na escola secundária Welch e aparentemente nunca lhe ocorrera morar em nenhum outro lugar. Deixar a Virgínia Ocidental, e até mesmo deixar Welch, seria inimaginavelmente desleal, como abandonar a família.

— Só porque moro aqui agora não significa que não possa me mudar.

— Isso seria um equívoco terrível. Você vive aqui. Pense no que iria perder. Sua família e seus amigos. E o último ano é o ápice de toda a sua experiência no ensino médio. Você perderia o Dia dos Veteranos. Perderia o baile de formatura.

Naquela noite, caminhei para casa lentamente, pensando no que a srta. Katona dissera. Era verdade que muitos adultos em Welch falavam sobre como o último ano do ensino médio havia sido o ápice de suas vidas. No Dia dos

Veteranos, algo que a escola criara para impedir o êxodo escolar no penúltimo ano, os alunos vestiam roupas engraçadas e matavam aula. Não era exatamente uma razão convincente para permanecer mais um ano em Welch. Quanto à formatura, eu tinha tanta chance de conseguir companhia quanto papai tinha de acabar com a corrupção nos sindicatos.

Um ano antes, eu estava falando hipoteticamente sobre me mudar para Nova York. Mas enquanto caminhava, me dei conta de que, se quisesse, poderia ir. Poderia mesmo fazê-lo. Talvez não imediatamente, não naquele minuto — era metade do ano letivo —, mas poderia esperar concluir o penúltimo ano. Teria dezessete anos. Já tinha poupado quase cem dólares, o suficiente para começar em Nova York. Poderia sair de Welch em menos de cinco meses.

Fiquei tão excitada que comecei a correr. Corri, cada vez mais rápido, ao longo da estrada velha coberta por galhos de árvore nus, depois para Vista Grande e subindo a Little Hobart, passando pelos cachorros latindo nos quintais e pelas pilhas de carvão cobertas de gelo, pela casa dos Noe, a dos Parish, a dos Hall e a dos Renko, até parar, ofegante, na frente de nossa casa. Pela primeira vez em anos, notei minha pintura amarela pela metade. Eu passara muito tempo em Welch tentando tornar as coisas um pouquinho melhores, mas nada funcionara.

A casa estava ficando pior. Um dos pilares de sustentação começara a ceder. O vazamento no teto acima da cama de Brian ficara tão grave que, quando chovia, ele dormia sob um barco inflável que mamãe ganhara em uma rifa, depois de mandar cem maços de Benson & Hedges que havíamos catado em latas de lixo. Se eu partisse, Brian poderia ficar com minha antiga cama. Eu tomara minha decisão. Iria para Nova York assim que o ano letivo chegasse ao fim.

Escalei a colina até os fundos da casa — os degraus estavam totalmente podres — e passei pela janela dos fundos que usávamos como porta. Papai estava à escrivaninha, fazendo cálculos, e mamãe estudava suas pilhas de pintura. Quando contei a eles meus planos, papai apagou o cigarro, levantou-se e saiu pela janela dos fundos sem dizer uma palavra. Mamãe anuiu e baixou os olhos, tirando poeira de uma de suas pinturas, falando sozinha em voz baixa.

— O que acha? — perguntei.

— Legal. Vá.

— O que há de errado?

— Nada. Você deve ir. É um plano bom — disse ela, parecendo prestes a chorar.

— Não fique triste, mamãe. Eu escrevo.

— Não estou chateada porque vou sentir sua falta. Estou chateada porque você vai para Nova York e eu fico presa aqui. Não é justo.

Quando telefonei para Lori, ela aprovou meu plano. Disse que poderia morar com ela se arrumasse um emprego e ajudasse no aluguel. Brian também gostou da ideia, especialmente quando observei que ele poderia ficar com minha cama. Começou a fazer piadas com a boca quase fechada sobre como eu ia me tornar uma daquelas nova-iorquinas que vestiam peles, esticavam o mindinho e andavam de nariz em pé. Começou a contar as semanas até minha partida, assim como eu contara para Lori.

— Em dezesseis semanas você estará em Nova York — disse. E na semana seguinte: — Em três meses e três semanas você estará em Nova York.

Papai mal falara comigo desde que anunciara minha decisão. Certa noite, naquela primavera, ele entrou no quarto enquanto eu estava estudando no meu beliche. Tinha papéis enrolados debaixo do braço.

— Tem um minuto para ver uma coisa? — perguntou.

— Claro.

Eu o segui até a sala, onde ele esticou os papéis sobre a escrivaninha. Eram as velhas plantas do Castelo de Vidro, sujas e amassadas. Não conseguia lembrar quando as vira pela última vez. Tínhamos parado de falar sobre o Castelo de Vidro quando a fundação que havíamos cavado foi preenchida por lixo.

— Acho que finalmente descobri como lidar com a falta de luz do sol na encosta — disse papai. Tratava-se de instalar espelhos curvos especiais nas células solares. Mas o que ele queria conversar comigo era sobre os planos para meu quarto. — Agora que Lori partiu, estou mudando o projeto, e seu quarto será muito maior.

As mãos de papai tremiam levemente enquanto desenrolava diferentes plantas. Havia desenhado vistas frontais, laterais e aéreas do Castelo de Vidro. Fizera diagramas de fios e canos. Desenhara o interior de cômodos, dera nomes a eles e especificara suas dimensões em centímetros, em sua caligrafia compacta e precisa.

Olhei para as plantas.

— Papai, o senhor nunca vai construir o Castelo de Vidro.

— Está dizendo que não tem fé no seu velho?

— Mesmo que o faça, eu terei partido. Partirei para Nova York em menos de três meses.

— O que eu estava pensando era que você não precisa ir imediatamente — papai falou. Eu poderia ficar, me formar na escola secundária Welch e ir para a faculdade estadual de Bluefield, como a srta. Katona sugerira, depois arrumar um emprego em *The Welch Daily News*. Ele me ajudaria com as matérias, como me ajudara com aquela sobre Chuck Yeager. — E vou construir o Castelo de Vidro, juro. Todos vamos morar juntos nele. É muito melhor que qualquer apartamento que possa encontrar em Nova York, posso garantir, diabos.

— Papai, assim que as aulas terminarem, eu pegarei o primeiro ônibus para fora daqui. Se os ônibus pararem de circular, pegarei carona. Andarei se for preciso. Vá em frente e construa o Castelo de Vidro, mas não faça isso por mim.

Papai enrolou as plantas e saiu da sala. Um minuto depois, eu o ouvi descendo a encosta.

Havia sido um inverno ameno, e o verão chegou cedo às montanhas. No final de maio, os corações-sangrentos e os rododendros haviam florescido, e a fragrância de madressilva descia pela encosta e penetrava na casa. Tivemos os primeiros dias quentes antes que as aulas terminassem.

Naquelas duas semanas, eu passava de excitada para nervosa, depois em pânico e de volta a excitada em minutos. No último dia de aula, limpei meu armário e fui me despedir da srta. Bivens.

— Tenho um pressentimento sobre você — disse ela. — Acho que vai se sair bem lá. Mas você me deixou com um problema. Quem vai editar o *Wave* no ano que vem?

— Tenho certeza de que encontrará alguém.

— Estive pensando em chamar seu irmão.

— As pessoas poderão achar que os Walls estão se tornando uma dinastia.

A srta. Bivens sorriu.

— Talvez estejam.

Em casa naquela noite, mamãe limpou uma mala que usara para sua coleção de sapatos de dança, e eu a enchi com minhas roupas e meus exemplares encadernados de *The Maroon Wave*. Queria deixar para trás tudo do passado, mesmo as coisas boas, e dei meu geodo a Maureen. Estava empoeirado e fosco, mas disse a ela que, se esfregasse bem, iria cintilar como um diamante. Enquanto eu limpava a caixa na parede junto à cama, Brian falou:

— Adivinhe? Mais um dia e você estará em Nova York. — E depois começou a imitar Frank Sinatra cantando "New York, New York" desafinado e fazendo sua dança de parasita social.

— Cale a boca, seu grande idiota! — falei e o soquei forte no ombro.

— Você é a idiota! — retrucou e me acertou de volta. Trocamos mais alguns socos, depois nos olhamos sem jeito.

O único ônibus para fora de Welch saía às sete e dez da manhã. Eu precisava estar na rodoviária antes das sete. Mamãe anunciou que, como eu era madrugadora por natureza, não iria se levantar para me ver partir.

— Sei como você é e sei como a rodoviária é. E essas grandes despedidas são sentimentais demais.

Mal consegui dormir naquela noite. Como Brian. De tempos em tempos, ele rompia o silêncio anunciando que em sete horas eu iria deixar Welch, em seis horas eu iria deixar Welch, e começávamos a gargalhar. Adormeci apenas para ser acordada à primeira luz por Brian, que, como mamãe, não era madrugador. Estava puxando meu braço.

— Não é mais brincadeira — disse ele. — Em duas horas você terá partido.

Papai não voltara para casa naquela noite, mas quando passei pela janela dos fundos com minha mala, o vi sentado na base dos degraus de pedra, fumando um cigarro. Insistiu em carregar a mala para mim, descemos a Little Hobart e seguimos pela estrada velha.

As ruas vazias estavam úmidas. De vez em quando, papai olhava para mim e piscava, ou fazia um barulho com a língua como se eu fosse um cavalo e ele estivesse me estimulando. Isso parecia fazê-lo sentir-se como um pai deveria ser, estimulando a coragem da filha, ajudando-a a enfrentar os terrores do desconhecido.

Quando chegamos à rodoviária, papai se virou para mim.

— Querida, a vida em Nova York pode não ser tão fácil quanto você acha que será.

— Posso dar conta — respondi.

Papai enfiou a mão no bolso e pegou o canivete preferido, aquele com cabo de chifre e a lâmina de aço azul alemão que havíamos usado na Caça ao Demônio.

— Vou me sentir melhor se você estiver com isto — disse, e colocou o canivete em minha mão.

O ônibus entrou na rua e parou com um sibilo de ar comprimido em frente à rodoviária Trailways. O motorista abriu o bagageiro e colocou minha mala com as outras. Abracei papai. Quando nossas faces se tocaram e senti o cheiro de fumo, loção e uísque, notei que ele se barbeara por mim.

— Se as coisas não derem certo, você sempre pode voltar para casa — falou. — Estarei aqui esperando você. Sabe disso, não sabe?

— Eu sei.

Eu sabia que, do jeito dele, estaria. Também sabia que nunca iria voltar.

Havia poucos passageiros no ônibus, então peguei uma boa poltrona na janela. O motorista fechou a porta, e partimos. No início, resolvi não me virar. Queria olhar para a frente, para onde estava indo, não para trás, para o que estava deixando, mas acabei me virando.

Papai acendia um cigarro. Eu acenei, e ele acenou de volta. Depois enfiou as mãos nos bolsos, o cigarro pendurado na boca, e ficou em pé ali, ombros levemente caídos e olhar distraído. Fiquei pensando se estaria lembrando como também ele deixara Welch cheio de empolgação aos dezessete anos e tão convencido quanto eu estava de que nunca voltaria. Fiquei pensando se ele estaria esperando que sua garota preferida voltasse, ou esperava que, ao contrário dele, fosse embora para sempre.

Enfiei a mão no bolso e toquei o canivete de cabo de osso, depois acenei de novo. Papai só ficou ali em pé. Ficou cada vez menor, fizemos uma curva, e ele desapareceu.

IV. Nova York

Era crepúsculo quando tive meu vislumbre dela a distância, atrás de um pico. Tudo o que podia ver eram as espirais e os pesados topos dos prédios. E chegamos ao alto do pico, e lá, do outro lado de um rio largo, estava uma ilha enorme abarrotada de ponta a ponta com arranha-céus, o vidro brilhando como fogo ao pôr do sol.

Meu coração acelerou, e as palmas de minhas mãos ficaram úmidas. Segui pelo corredor do ônibus até o pequeno banheiro nos fundos e me lavei na pia de metal. Estudei meu rosto no espelho e fiquei pensando o que os nova-iorquinos achariam quando me vissem. Veriam uma caipira dos Apalaches, uma garota alta e desajeitada, com cotovelos, joelhos e dentes projetados? Durante anos, papai me dissera que eu tinha beleza interior. A maioria das pessoas não a via. Eu mesma tinha dificuldade em vê-la, mas papai sempre me dizia que conseguia ver muito bem, e era isso o que importava. Esperava que assim que os nova-iorquinos olhassem para mim, vissem seja lá o que for que papai via.

Quando o ônibus parou na rodoviária, peguei minha mala e andei até o meio da estação. Um borrão de corpos apressados passou por mim, deixando-me como uma pedra em um riacho, e ouvi alguém chamar meu nome. Era um cara pálido com óculos grossos de armação escura, que faziam seus olhos parecer pequenos. Seu nome era Evan, amigo de Lori. Ela estava trabalhando, e pedira que fosse me receber. Evan se ofereceu para levar minha mala e me conduziu até a rua, um lugar barulhento com multidões esperando para atravessar o cruzamento, carros presos no engarrafamento e papéis voando para todos os lados. Eu o segui para o meio daquilo.

Depois de um quarteirão, Evan pôs minha mala no chão.

— Isso é pesado — falou. — O que tem aqui dentro?

— Minha coleção de carvão.

Ele olhou para mim sem entender.

— Só estou brincando com você — eu disse, dando um soquinho no ombro dele.

Evan não era rápido demais para entender, mas considerei isso um bom sinal. Não havia motivo para que eu ficasse automaticamente assombrada com a esperteza e o intelecto daqueles nova-iorquinos.

Peguei a mala. Evan não insistiu que a devolvesse. Pareceu meio que aliviado por eu a estar levando. Continuamos a descer aquele quarteirão, e ele me olhava de lado.

— Vocês, garotas da Virgínia Ocidental, são uma raça durona — falou.

— Você entendeu tudo — respondi.

Evan me deixou em um restaurante alemão chamado Zum Zum. Lori estava atrás do balcão, carregando quatro canecas de cerveja em cada mão, os cabelos presos em tranças enroladas e falando com um forte sotaque alemão, porque, como explicou depois, isso aumentava as gorjetas.

— *Êsta é mein irmã!* — anunciou aos homens em uma de suas mesas.

Eles ergueram as canecas de cerveja e gritaram:

— *Velkomen a New Yorken!*

Eu não sabia nada de alemão, então disse:

— *Grazi!*

Todos deram risada com isso. Lori estava no meio do turno, por isso saí para vagar pelas ruas. Eu me perdi duas vezes e tive de pedir informações. As pessoas haviam passado meses me avisando que os nova-iorquinos eram grosseiros. Naquela noite, aprendi que era verdade, que se tentasse pará-los na rua, muitos continuariam andando, balançando a cabeça; os que paravam inicialmente não me olhavam. Desviavam o olhar para o quarteirão, com o rosto fechado. Mas assim que percebiam que não estava tentando roubar ou pedir algo, tornavam-se calorosos. Olhavam nos meus olhos e davam instruções detalhadas, como seguir nove quarteirões, virar à direita e andar mais dois quarteirões para chegar ao Empire State Building, e assim por diante. Até desenhavam mapas. Percebi que os nova-iorquinos fingiam ser inamistosos.

Mais tarde, Lori e eu pegamos um metrô para Greenwich Village e caminhamos até Evangeline, uma pensão feminina onde ela morava. Na primeira noite, acordei às três da manhã e vi o céu aceso em um laranja brilhante. Fiquei pensando se haveria algum grande incêndio em algum lugar, mas de manhã Lori me contou que o brilho laranja era causado pela poluição do ar refratando a luz das ruas e dos prédios. Explicou que o céu noturno ali sempre tinha aquela cor. O que significava que em Nova York nunca se podiam ver as estrelas. Mas Vênus não era uma estrela. Fiquei pensando se conseguiria vê-lo.

Já no dia seguinte eu consegui um emprego em uma hamburgueria na rua 14. Descontando impostos e seguridade social, eu levaria para casa mais de oitenta dólares por semana. Passara muito tempo imaginando como Nova York seria, mas uma coisa que nunca me ocorrera era que as oportunidades surgiriam tão facilmente. Afora ter de vestir aqueles constrangedores uniformes vermelho e amarelo com chapéu caído combinando, eu adorava o trabalho. A agitação do almoço e do jantar era sempre excitante, com as filas se formando no balcão, os caixas gritando pedidos ao microfone, os chapeiros jogando hambúrgueres na grelha, todos correndo do balcão de acompanhamentos para o posto de bebidas e de lá para o aquecedor infravermelho de batatas fritas, preparando os pedidos, o gerente ajudando sempre que surgia a ameaça de uma crise. Tínhamos desconto de vinte por cento nas refeições, e nas primeiras semanas comi um hambúrguer e tomei um milk-shake de chocolate todos os dias na hora do almoço.

* * *

No meio do verão, Lori encontrou um apartamento em um bairro que poderíamos pagar — South Bronx. O prédio *art déco* amarelo deveria ter sido bastante elegante ao ser inaugurado, mas, no momento, grafites cobriam as paredes externas, e os espelhos rachados no saguão eram sustentados por fita adesiva. Ainda assim era o que mamãe chamava de boa estrutura.

Nosso apartamento era maior que a casa inteira da Little Hobart, e mais elegante. Tinha pisos de tacos de carvalho reluzentes, um hall com dois degraus que levava à sala de estar abaixo — onde eu dormia — e, ao lado, um quarto que se tornou o de Lori. Também tínhamos cozinha com geladeira funcionando e um fogão a gás, não precisávamos de fósforos; bastava virar o registro, ouvir o estalo e ver o círculo de chama azul subir pelos furinhos do queimador. Meu aposento preferido era o banheiro. Tinha piso de ladrilhos preto e branco, um vaso sanitário que dava uma descarga poderosa, uma banheira tão funda que se podia submergir inteiramente, e água quente que não acabava nunca.

Não me incomodava que o apartamento ficasse em um bairro ruim; sempre havíamos morado em bairros ruins. Garotos porto-riquenhos passavam horas no quarteirão, tocando música, dançando, sentados em carros abandonados, agrupados na entrada da estação elevada do metrô e em frente ao bar que vendia cigarros por unidade, chamados de soltos. Fui atacada algumas vezes. As pessoas sempre me diziam que se fosse assaltada deveria dar meu dinheiro em vez de correr o risco de morrer. Mas de jeito nenhum ia dar a um estranho meu dinheiro suado, e não queria ser conhecida no bairro como um alvo fácil, sempre lutava. Às vezes ganhava, outras perdia. O que funcionava melhor era ficar atenta. Uma vez, quando estava entrando no trem, um cara tentou agarrar minha bolsa, mas puxei-a de volta, e a alça arrebentou. Ele caiu de mãos vazias no chão da plataforma, e enquanto o trem partia, olhei pela janela e dei um grande aceno sarcástico.

Naquele outono, Lori me ajudou a encontrar uma escola pública em que, em vez de assistir às aulas, os alunos faziam estágios por toda a cidade. Um dos meus estágios foi em *The Phoenix*, um jornal semanal produzido em uma loja decadente na Atlantic Avenue, centro do Brooklyn, perto da velha fábrica do chocolate laxante Ex-Lax. O dono, editor e diretor era Mike Armstrong. Ele se via como um caçador de escândalos e empenhara sua casa cinco vezes para sustentar *The Phoenix*. A equipe inteira usava máquinas de escrever manuais Underwood com fitas gastas e teclas amareladas. O "e" da minha estava quebrado, e no lugar eu usava o @. Nunca tínhamos papel, e escrevíamos em *press releases* descartados que catávamos no lixo. Pelo menos uma vez por mês, o cheque de pagamento de alguém era devolvido pelo banco. Os repórteres estavam sempre indo embora, insatisfeitos. Na primavera, enquanto o sr. Armstrong entrevistava uma jornalista formada para uma vaga, um rato passou correndo sobre o pé dela, e ela gritou. Depois que a garota saiu, o sr. Armstrong olhou para mim. A comissão de zoneamento urbano do Brooklyn ia se reunir naquela tarde, e ele não tinha ninguém para cobrir o evento.

— Se você começar a me chamar de Mike em vez de sr. Armstrong, o emprego é seu — falou.

Eu acabara de fazer dezoito anos. Larguei meu emprego na lanchonete no dia seguinte e me tornei repórter de *The Phoenix* em tempo integral. Nunca fora mais feliz na vida. Trabalhava noventa e quatro horas por semana, meu telefone tocava sem parar, eu vivia correndo para entrevistas e conferindo o Rolex de dez dólares que comprara na rua para ter certeza de que não atrasaria, correndo de volta para escrever a matéria e ficando ali até quatro da manhã para compor o texto, quando o tipógrafo se demitiu. E levando para casa cento e vinte e cinco dólares por semana. Se o cheque fosse compensado.

Eu escrevia a Brian longas cartas descrevendo a doce vida em Nova York. Ele escrevia de volta dizendo que as coisas em Welch continuavam a piorar. Papai vivia bêbado o tempo todo, a não ser quando estava na prisão; mamãe se recolhera totalmente a seu próprio mundo; e Maureen meio que morava com vizinhos. O teto no quarto desabara, e Brian transferira sua cama para a varanda. Fizera paredes pregando tábuas na balaustrada, mas também chovia muito ali, e ele dormia sob o bote inflável.

Eu disse a Lori que Brian deveria vir morar conosco em Nova York, e ela concordou. Mas eu temia que Brian quisesse ficar em Welch. Ele parecia mais um garoto do interior que da cidade. Estava sempre vagando pela floresta, mexendo com um motor dois tempos que havia sido descartado, cortava madeira ou esculpia uma cabeça de animal em um bloco de madeira. Nunca se queixou de Welch e, diferentemente de Lori e de mim, tinha muitos amigos lá. Mas eu achava que, no longo prazo, seria bom para Brian sair da cidade. Fiz uma lista de motivos pelos quais ele deveria se mudar para Nova York, para poder argumentar com Brian.

Liguei para ele na casa de vovô e fiz minha proposta. Ele teria de arrumar um emprego para pagar sua parte do aluguel e da comida, expliquei, mas sobravam empregos na cidade. Poderia dividir a sala de estar comigo — havia muito espaço para uma segunda cama —, o vaso sanitário tinha descarga, e o teto nunca pingava.

Quando terminei, Brian ficou em silêncio por um instante. Depois perguntou:

— Quando posso ir?

Assim como eu, Brian pegou o ônibus na Trailways na manhã seguinte depois de concluir a penúltima série. Com um dia em Nova York, ele conseguiu um emprego em uma sorveteria do Brooklyn, não longe de *The Phoenix*. Dizia gostar mais do Brooklyn que de Manhattan ou do Bronx, mas criou o hábito de passar em *The Phoenix* ao sair do trabalho e esperar por mim até três ou quatro da manhã, para podermos pegar o metrô juntos para South Bronx. Nunca dizia nada, mas acho que pensava que, como quando éramos crianças, tínhamos mais chances se enfrentássemos o mundo juntos.

Eu não via sentido em ir para a faculdade. Era caro, e meu objetivo de estudar seria conseguir um diploma para trabalhar como jornalista. Mas eu tinha um emprego em *The Phoenix*. Quanto ao aprendizado, imaginei que não era necessário um diploma universitário para me tornar uma das pessoas que sabiam o que realmente estava acontecendo. Se prestasse atenção, captaria as coisas sozinha. Quando ouvia uma menção a algo que ignorava — hábitos *kosher*, Tammany Hall, alta-costura —, pesquisava depois. Certo dia, entrevistei um ativista comunitário que descreveu determinado programa de empregos como um retorno à era progressista. Eu não tinha ideia do que seria a era progressista e, de volta à redação, peguei a *World Book Encyclopedia*. Mike Armstrong quis saber o que estava fazendo, e quando expliquei, ele perguntou se já havia pensado em ir para a universidade.

— Por que deveria abrir mão deste emprego para fazer faculdade? Você tem aqui jornalistas formados que fazem o que estou fazendo.

— Talvez você não acredite, mas há empregos melhores do que o que você tem agora. Talvez queira um desses um dia. Mas não sem um diploma universitário.

Mike me prometeu que, se eu fosse para a universidade, poderia voltar a *The Phoenix* quando quisesse. Porém, acrescentou, achava que eu não iria querer.

Amigos de Lori me disseram que a Columbia University era a melhor de Nova York. Como na época aceitava somente homens, eu me candidatei à sua instituição irmã, a Barnard, e fui aceita. Recebi bolsas e empréstimos para cobrir a maior parte da anuidade, que era alta, e havia poupado algum dinheiro trabalhando em *The Phoenix*. Mas para pagar o restante, tive de passar um ano atendendo telefonemas em uma empresa de Wall Street.

Mal comecei a faculdade e não pude mais pagar minha parte no aluguel, mas uma psicóloga me deixou ocupar um quarto em seu apartamento no Upper West Side em troca de cuidar de seus dois filhos pequenos. Consegui um emprego durante o fim de semana em uma galeria de arte, concentrei todas as minhas disciplinas em dois dias e me tornei editora de notícias do *Barnard Bulletin*. Mas desisti disso ao ser contratada como assistente editorial três dias por semana em uma das maiores revistas da cidade. Colunistas de lá haviam publicado livros, coberto guerras e entrevistado presidentes. Eu cuidava da correspondência deles, verificava suas despesas e contava palavras de seus originais. Senti que começava a acontecer.

Mamãe e papai nos telefonavam de tempos em tempos da casa de vovô para dar notícias da vida em Welch. Comecei a temer esses telefonemas, já que sempre que os recebíamos era um problema novo: uma avalanche levara o que restara da escada; nossos vizinhos, os Freeman, estavam tentando condenar a casa; Maureen caíra da varanda e abrira a cabeça.

Quando Lori ouviu isso, declarou que era hora de Maureen também se mudar para Nova York. Mas Maureen tinha apenas doze anos, e eu temia que fosse jovem demais para sair de casa. Tinha quatro anos quando nos mudamos para a Virgínia Ocidental, e ali era tudo o que ela realmente conhecia.

— Quem vai cuidar dela? — perguntei.

— Eu cuido — disse Lori. — Ela pode ficar aqui comigo.

Lori ligou para Maureen, que gritou de animação com a ideia, e depois Lori falou com mamãe e papai. Mamãe achou um ótimo plano, mas papai acusou Lori de roubar seus filhos e declarou que estava rompendo relações. Maureen chegou no começo do inverno. Nessa época, Brian havia se mudado para um apartamento em um prédio sem elevador perto do terminal rodoviário da Autoridade Portuária, e, usando o endereço dele, matriculamos Maureen em uma boa escola pública de Manhattan. Nos fins de semana nos reuníamos no apartamento de Lori. Fazíamos costeletas de porco fritas ou pratos enormes de espaguete com almôndegas e conversávamos sobre Welch. Ríamos tanto de toda aquela loucura que chegávamos a chorar.

Certa manhã, três anos depois de ter me mudado para Nova York, eu estava me arrumando para as aulas e escutando o rádio. O locutor falava de um engarrafamento terrível na rodovia de New Jersey. Uma van quebrara, espalhando roupas e móveis por toda a estrada, criando um grande bloqueio. A polícia estava tentando limpar o caminho, mas um cachorro saltara da van e corria pela estrada enquanto dois policiais o perseguiam. O locutor explorou bem a matéria, falando sobre os caipiras com sua lata-velha e o cachorro latindo que estavam deixando milhares de nova-iorquinos atrasados para o trabalho.

Naquela noite, a psicóloga disse que havia um telefonema para mim.

— Jeannettezinha! — disse mamãe, em uma voz transbordando de excitação. — Adivinhe só! Papai e eu nos mudamos para Nova York!

A primeira coisa em que pensei foi na van que havia quebrado na rodovia naquela manhã. Quando perguntei isso a mamãe, ela admitiu que sim, ela e papai haviam tido algumas dificuldades técnicas com a van. Alguma correia se partira em uma grande rodovia superlotada, e Zumbido, que estava enjoado e cansado de ficar preso, você sabe como é, conseguira se soltar. Os policiais apareceram, papai tivera uma discussão com eles, que ameaçaram prendê-lo, e isso foi um drama.

— Como você sabia disso? — perguntou.

— Deu no rádio.

— No rádio? — reagiu mamãe, incrédula. — Com tanta coisa no mundo atualmente, uma van velha com problemas é notícia? Acabamos de chegar aqui e já somos famosos — disse, com uma alegria genuína na voz.

Depois de falar com mamãe, olhei ao redor em meu quarto. Era o quarto de empregada junto à cozinha, e pequeno, com uma janela estreita e um banheiro que servia de armário. Mas era meu. Eu tinha um quarto agora e também uma vida, e em nenhum dos dois havia espaço para mamãe e papai.

Ainda assim, no dia seguinte fui ao apartamento de Lori para vê-los. Todos estavam lá. Mamãe e papai me abraçaram. Papai tirou uma garrafa de uísque de um saco de papel enquanto mamãe descrevia suas várias aventuras durante a viagem. Tinham dado um giro pela cidade mais cedo e andado pela primeira vez de metrô, que papai chamou de um maldito buraco no chão. Mamãe disse que os murais *art déco* do Rockefeller Center eram desapontadores, nem de longe tão bons quanto algumas de suas próprias pinturas. Nenhum dos filhos fazia algum esforço para ajudar na conversa.

— Qual é o plano? — Brian finalmente perguntou. — Estão se mudando para cá?

— Já mudamos — disse mamãe.

— Definitivamente? — perguntei.

— Isso mesmo — respondeu papai.

— Por quê? — perguntei. A pergunta saiu seca.

Papai pareceu confuso, como se a resposta devesse ser óbvia.

— Para podermos ser uma família novamente — disse, e ergueu sua garrafa. — À família.

Mamãe e papai conseguiram um quarto em uma pensão a alguns quarteirões do apartamento de Lori. A senhoria de cabelos prateados os ajudou a mudar, e dois meses depois, quando atrasaram o aluguel, colocou os bens deles na rua e trancou o quarto. Mamãe e papai mudaram para um cortiço de seis andares em um bairro mais decadente. Duraram alguns meses lá, porém, quando papai incendiou seu quarto ao adormecer com um cigarro aceso nas mãos, foram colocados para fora. Brian acreditava que mamãe e papai precisavam ser forçados a ser autossuficientes ou dependeriam de nós para sempre, e se recusou a ficar com eles. Mas Lori se mudara de South Bronx para um apartamento no mesmo prédio de Brian e deixou que ficassem com ela e Maureen. Seria por apenas uma semana ou duas, mamãe e papai lhe garantiram, no máximo um mês, enquanto se aprumavam e procuravam outro lugar.

Um mês na casa de Lori se transformou em dois meses, depois três e quatro. Cada vez que eu visitava o apartamento, estava mais abarrotado. Mamãe pendurara pinturas nas paredes, empilhara na sala de estar coisas achadas na rua e colocara garrafas coloridas nas janelas para dar o efeito de vitrais. As pilhas chegaram ao teto, depois a sala se encheu, e as coleções e a arte encontrada de mamãe cobriam a cozinha.

Era papai, no entanto, quem realmente dava nos nervos de Lori. Embora não tivesse conseguido trabalho fixo, sempre tinha formas misteriosas de pegar trocados e voltava para casa à noite bêbado, provocando briga. Brian viu que Lori estava prestes a surtar, então convidou papai a morar com ele. Colocou um cadeado no armário de bebidas, porém papai estava lá havia uma semana quando Brian chegou em casa e descobriu que papai usara uma chave de fenda para soltar a porta das dobradiças e entornara todas as garrafas.

Brian não perdeu o controle. Disse a papai que cometera um erro deixando álcool no apartamento. Permitiria que papai ficasse, entretanto ele teria de seguir algumas regras, e a primeira delas era parar de beber enquanto estivesse ali.

— Você é o rei do seu castelo e é assim que deve ser — retrucou papai. — Mas o inferno ficará gelado antes que eu me curve ao meu próprio filho.

Ele e mamãe ainda tinham a van branca com a qual tinham vindo da Virgínia Ocidental, e ele começou a dormir nela.

Nesse meio-tempo, Lori dera a mamãe um prazo para limpar o apartamento. Mas o prazo venceu, assim como um segundo e um terceiro. Papai também estava sempre indo visitar mamãe, porém eles tinham brigas tão escandalosas que os vizinhos batiam nas paredes. Papai começou a brigar com eles.

— Eu não aguento mais! — Lori me disse um dia.

— Talvez você tenha de colocar mamãe para fora — falei.

— Mas ela é minha mãe!

— Não importa. Ela está enlouquecendo você.

Lori finalmente concordou. Quase morreu ao dizer a mamãe que teria de partir, chegando a se oferecer para fazer o que pudesse para ajudá-los a se instalar, mas mamãe insistiu que ficaria bem.

— Lori está fazendo a coisa certa — disse-me mamãe. — Às vezes, você precisa de uma pequena crise para ter uma descarga de adrenalina que a ajude a perceber seu potencial.

Mamãe e Zumbido se mudaram para a van com papai. Moraram alguns meses nela, mas um dia a deixaram em uma área de estacionamento proibido. Como a van não era registrada, não a conseguiram de volta. Naquela noite, dormiram em um banco do parque. Agora eram sem-teto.

Mamãe e papai ligavam regularmente de telefones públicos para saber como estávamos, e uma ou duas vezes por ano todos nos encontrávamos na casa de Lori.

— Não é uma vida tão ruim — disse-nos mamãe depois de dois meses morando nas ruas.

— Não se preocupem nem um pouco conosco — acrescentou papai. — Sempre conseguimos cuidar de nós mesmos.

Mamãe explicou que estavam ocupados aprendendo os truques. Visitaram as várias cozinhas comunitárias, provando a comida, e tinham suas preferidas. Sabiam quais igrejas davam sanduíches e quando. Encontraram bibliotecas públicas com bons banheiros onde era possível escovar os dentes, barbear-se e lavar-se totalmente.

— Lavamos o mais baixo possível e o mais alto possível, mas não lavamos todo o possível — foi como mamãe definiu.

Eles pegavam jornais em latas de lixo e procuravam eventos gratuitos. Iam a peças, óperas e concertos nos parques, escutavam recitais de quartetos de cordas e piano em saguões de prédios comerciais, iam a sessões de cinema e visitavam museus. Quando se tornaram sem-teto, era começo de verão, e eles dormiam em bancos de parque ou nos arbustos que margeavam os caminhos nos parques. Às vezes, um policial os acordava e mandava-os embora, mas eles achavam outro lugar para dormir. Durante o dia, guardavam seus colchonetes nos arbustos.

— Vocês não podem simplesmente viver assim — falei.

— Por que não? — retrucou mamãe. — Ser um sem-teto é uma aventura.

Quando chegou o outono, os dias ficaram mais curtos e o clima esfriou, mamãe e papai começaram a passar mais tempo nas bibliotecas, que eram quentes e confortáveis, algumas das quais permaneciam abertas durante a noite. Mamãe estava se dedicando a Balzac. Papai se interessara pela teoria do caos e lia *Los Alamos Science* e o *Journal of Statistical Physics*. Disse que isso já ajudara seu jogo de sinuca.

— O que farão quando o inverno chegar? — perguntei a mamãe.

Ela sorriu e respondeu:

— O inverno é uma das minhas estações preferidas.

Eu não sabia o que fazer. Parte de mim queria fazer o que fosse possível para tomar conta de mamãe e papai, e parte de mim queria apenas lavar as mãos. O frio chegou cedo naquele ano, e sempre que eu saía do apartamento da psicóloga, me via olhando no rosto dos sem-teto pelos quais passava nas ruas, sempre pensando que um deles seria mamãe ou papai. Normalmente, dava aos sem-teto os trocados que tinha, mas não conseguia deixar de sentir que tentava aplacar minha consciência por mamãe e papai estarem vagando pelas ruas enquanto eu tinha um emprego fixo e um quarto quente ao qual retornar.

Certo dia, estava andando pela Broadway com outra estudante chamada Carol, quando dei uns trocados a um jovem sem-teto.

— Você não deveria fazer isso — disse Carol.

— Por quê?

— Isso os encoraja. São todos vigaristas.

Eu quis perguntar: "O que você sabe sobre isso?". Senti vontade de contar a Carol que meus pais também estavam nas ruas, que ela não tinha ideia de como era estar com azar, sem ter para onde ir nem ter o que comer. Mas isso implicaria explicar quem eu realmente era, e não estava disposta a isso. Na esquina seguinte, tomei meu caminho sem dizer nada.

Eu sabia que devia defender mamãe e papai. Eu fora bastante brigona quando criança, e em nossa família sempre lutamos uns pelos outros, mas na época não tínhamos escolha. A verdade é que eu estava cansada de aturar gente que nos ridicularizava pelo modo como vivíamos. Simplesmente não tinha força para defender mamãe e papai perante o mundo.

Por isso, não assumi meus pais diante da professora Fuchs. Ela era uma de minhas professoras preferidas, uma pequena mulher negra apaixonada e com olheiras, que lecionava ciências políticas. Certo dia, a professora Fuchs perguntou se viver nas ruas era resultado de abuso de drogas e programas equivocados de apoio, como os conservadores alegavam, ou decorria, como defendiam os liberais, de cortes nos programas sociais e da incapacidade de criar oportunidades econômicas para os pobres. A professora Fuchs me chamou.

Eu hesitei.

— Acho que, às vezes, nem uma coisa, nem outra.

— Poderia se explicar?

— Penso que talvez, às vezes, as pessoas levem a vida que desejam.

— Está dizendo que os sem-teto querem morar nas ruas? — perguntou a professora Fuchs. — Está dizendo que não querem camas quentes e um teto sobre a cabeça?

— Não exatamente — respondi, procurando palavras. — Até querem. Mas se alguns deles estivessem dispostos a trabalhar duro e fazer acordos, poderiam não ter uma vida ideal, mas poderiam ganhar a vida.

A professora Fuchs saiu de trás do púlpito.

— O que você sabe sobre a vida dos despossuídos? — perguntou, praticamente tremendo de perturbação. — O que sabe sobre as dificuldades e os obstáculos que as classes inferiores enfrentam?

Os outros alunos me encaravam.

— Boa pergunta — falei.

NAQUELE MÊS DE JANEIRO FICOU TÃO FRIO que era possível ver blocos de gelo do tamanho de carros flutuando no rio Hudson. Naquelas noites em pleno inverno, os abrigos de sem-teto se enchiam rapidamente. Mamãe e papai odiavam abrigos. Cloacas humanas, papai os chamava, malditos buracos de vermes. Mamãe e papai preferiam dormir nos bancos de igrejas que abriam as portas aos sem-teto, mas algumas noites todos os bancos de todas as igrejas estavam ocupados. Nessas noites, papai acabava em um abrigo, enquanto mamãe aparecia na casa de Lori com Zumbido. Em momentos como esses, a fachada alegre dela se partia, e começava a chorar e confessar a Lori que a vida nas ruas podia ser dura, realmente dura.

Por algum tempo, pensei em largar a Barnard para ajudar. Parecia insuportavelmente egoísta, completamente errado me permitir uma formação liberal em uma faculdade particular elegante enquanto mamãe e papai estavam nas ruas. Mas Lori me convenceu de que sair da faculdade era uma ideia idiota. Não faria nenhum bem, disse, e ademais a desistência partiria o coração de papai. Ele sentia um enorme orgulho de ter uma filha na faculdade, ainda por cima uma da Ivy League.* Sempre que conhecia alguém, ele dizia isso nos primeiros minutos de conversa.

* Ivy League é o grupo das mais elitistas universidades privadas dos Estados Unidos. (N. E.)

Mamãe e papai tinham escolha, destacou Brian. Poderiam voltar à Virgínia Ocidental ou a Phoenix. Mamãe podia trabalhar. E ela não era despossuída. Tinha sua coleção de joias indígenas antigas, que guardava em um depósito. Havia o anel de diamantes de dois quilates que Brian e eu havíamos encontrado sob a madeira podre em Welch; ela o usava mesmo dormindo nas ruas. Ainda tinha uma propriedade em Phoenix. E as terras no Texas, fonte de seus *royalties* de extração de petróleo.

Brian estava certo. Mamãe tinha opções. Eu a encontrei em uma cafeteria para discuti-las. Para começar, sugeri que poderia conseguir um arranjo como o meu: um quarto no belo apartamento de alguém em troca de cuidar de crianças ou idosos.

— Passei a vida cuidando de outras pessoas — respondeu mamãe. — Agora é hora de cuidar de mim.

— Mas não está cuidando de si.

— Por que estamos tendo esta conversa? Tenho visto alguns filmes bons. Não podemos conversar sobre filmes?

Sugeri a mamãe vender as joias indígenas. Ela nem sequer considerou a hipótese. Adorava aquelas joias. Faziam parte da herança e tinham valor sentimental.

Mencionei as terras no Texas.

— Aquelas terras estão na família há gerações e continuarão na família. Você nunca vende terras como aquelas.

Perguntei sobre a propriedade em Phoenix.

— Estou guardando para um dia de chuva.

— Mamãe, está caindo uma tempestade.

— É só uma garoa. Pode haver monções à frente! — disse, e bebeu seu chá. — As coisas costumam dar certo no final.

— E se não for assim?

— Significa apenas que você ainda não chegou ao fim.

Ela olhou para mim e me deu aquele sorriso que se dá às pessoas quando se tem respostas para todas as perguntas. Então, conversamos sobre filmes.

MAMÃE E PAPAI SOBREVIVERAM AO INVERNO, mas, sempre que os via, eles pareciam mais desgastados: mais sujos, machucados, com os cabelos mais desgrenhados.

— Não se preocupe nem um pouco — disse papai. — Já viu seu velho se meter em uma situação com a qual não conseguisse lidar?

Eu dizia a mim mesma que papai estava certo, que eles sabiam como cuidar de si mesmos e um do outro, mas, na primavera, mamãe me ligou e disse que papai pegara tuberculose.

Papai quase nunca ficava doente. Estava sempre levando golpes e se recuperando quase imediatamente, como se nada pudesse feri-lo de verdade. Uma parte de mim ainda acreditava em todas aquelas histórias de infância que ele nos contara sobre como era invencível. Papai pediu que ninguém o visitasse, porém mamãe disse achar que ficaria bastante contente se eu aparecesse no hospital.

Esperei no posto das enfermeiras enquanto um auxiliar ia avisá-lo de que tinha visita. Pensei em papai em uma tenda de oxigênio ou deitado em uma cama tossindo sangue em um lenço branco, mas, depois de um minuto, ele veio apressado pelo corredor. Estava mais pálido e magro que de hábito, entretanto, apesar de todos os seus anos de vida dura, envelhecera muito pouco. Ainda tinha todo o cabelo, que era preto como carvão, e os olhos escuros cintilavam acima da máscara cirúrgica que usava.

Ele não me deixou abraçá-lo.

— Opa, Nelly, para trás. Você é um bálsamo para olhos cansados, querida, mas não quero que pegue este bicho maldito.

Papai me acompanhou de volta à ala de tuberculose e me apresentou a todos os seus amigos.

— Acreditem ou não, o velho Rex Walls produziu alguma coisa de que se vangloriar, e aqui está — disse a eles. Depois, começou a tossir.

— Papai, vai ficar bem? — perguntei.

— E ainda assim nenhum de nós sairá disto vivo, querida — falou papai. Era uma expressão que ele usava muito e, naquele momento, parecia extrair uma satisfação especial dela.

Papai me levou até seu leito. Ao lado, havia uma pilha arrumada de livros. Disse que seu confronto com a doença o deixara refletindo sobre a mortalidade e a natureza do cosmo. Estava totalmente sóbrio desde que fora internado e vinha lendo muito mais sobre teoria do caos, particularmente o trabalho de Mitchell Feigenbaum, um físico de Los Alamos que fizera um estudo da transição entre ordem e turbulência. Papai disse ter certeza de que Feigenbaum levava à conclusão de que a turbulência não era aleatória, mas seguia um padrão regular que implicava a existência de um criador divino, e assim começava a repensar seu credo ateu.

— Não estou dizendo que há um velho maluco barbado chamado Javé nas nuvens, decidindo qual time de futebol americano vai vencer o Super Bowl. Mas se a física, a física quântica, sugere que Deus existe, estou bastante disposto a acalentar a ideia.

Papai me mostrou alguns cálculos nos quais estava trabalhando. Viu que eu olhava seus dedos trêmulos e os ergueu.

— Falta de álcool ou medo de Deus, não sei o que está causando isso — falou. — Talvez ambos.

— Prometa que vai ficar aqui até melhorar — pedi. — Não quero ver você dando no pé.

Papai caiu numa gargalhada, que terminou em outro acesso de tosse.

PAPAI PASSOU SEIS SEMANAS NO HOSPITAL. A essa altura, ele não apenas derrotara a tuberculose como estava mais sóbrio que em qualquer momento desde a desintoxicação em Phoenix. Ele sabia que se retornasse para a rua, voltaria a beber. Um dos administradores do hospital conseguiu-lhe um emprego na manutenção de um *resort* no norte do estado, com cama e comida incluídos. Tentou convencer mamãe a ir com ele, mas ela se recusou categoricamente.

— O norte é inculto — disse.

Papai foi sozinho. Ligava de tempos em tempos e parecia ter arrumado uma vida que funcionava para ele. Tinha um apartamento de um quarto sobre uma garagem, gostava de fazer consertos e cuidar da velha construção, adorava estar de volta a pouca distância de terra selvagem e continuava sóbrio. Papai trabalhou no *resort* por todo o verão e até o outono. Quando começou a esfriar novamente, mamãe ligou para ele e mencionou como era mais fácil duas pessoas se manterem quentes no inverno, e quanto o cão Zumbido sentia sua falta. Em novembro, depois da primeira onda de frio, recebi um telefonema de Brian, dizendo que mamãe conseguira convencer papai a largar o emprego e voltar à cidade.

— Acha que ele vai continuar sóbrio? — perguntei.

— Ele já voltou para o álcool — respondeu Brian.

Algumas semanas depois da volta de papai, eu o vi na casa de Lori. Estava sentado no sofá com um braço em volta de mamãe e uma garrafa na mão. Ele riu.

— Essa maluca da sua mãe, eu não consigo viver com ela, não consigo viver sem ela. E que se dane se ela não sentir a mesma coisa por mim.

Na época, todos nós tínhamos nossa vida. Eu estava na faculdade, Lori se tornara ilustradora em uma editora de quadrinhos, Maureen morava com Lori e fazia o ensino médio, e Brian, que queria ser policial desde que chamara a polícia à nossa casa em Phoenix para interromper uma briga entre mamãe e papai, tornara-se supervisor de um armazém e participava da força auxiliar até ter idade para fazer a prova de ingresso na polícia. Mamãe sugeriu que todos festejássemos o Natal no apartamento de Lori. Comprei uma cruz de prata antiga para mamãe, mas foi mais difícil encontrar um presente para papai; ele sempre dissera não precisar de nada. Como parecia que ia ser outro inverno duro, e papai não usava nada além de sua jaqueta, mesmo no clima mais frio, decidi dar roupas quentes a ele. Comprei em uma loja de excedentes do exército camisas de flanela, roupa de baixo térmica, meias de lã grossas, calça de trabalho azul que mecânicos usam e um novo par de botas com biqueira de aço.

Lori decorou o apartamento com luzes coloridas, galhos de pinheiro e anjos de papel; Brian fez eggnog; e, para mostrar que estava com ótimo comportamento, papai se preocupou muito em garantir que não havia álcool na bebida antes de aceitar um copo. Mamãe distribuiu seus presentes, cada um embrulhado em jornal e amarrado com barbante. Lori ganhou uma luminária rachada que poderia ser da Tiffany; Maureen, uma antiga boneca de porcelana que perdera a maior parte do cabelo; Brian, um livro de poesia do século XIX sem a capa nem as primeiras páginas. Meu presente foi um suéter laranja de gola redonda, levemente manchado, porém, como destacou mamãe, feito de legítima lã de Shetland.

Quando dei a papai minha pilha de caixas cuidadosamente embrulhadas, ele protestou dizendo que não precisava nem queria nada.

— Vá em frente — disse. — Abra.

Observei enquanto ele desembrulhava cuidadosamente. Ergueu as tampas e olhou para as roupas dobradas. Seu rosto ganhou aquela expressão ferida que sempre manifestava quando alguém pagava para ver seu blefe.

— Você deve sentir muita vergonha de seu velho — falou.

— O que quer dizer? — perguntei.

— Acha que eu sou um maldito caso de caridade.

Papai se levantou e vestiu a jaqueta. Estava evitando nossos olhos.

— Aonde está indo? — perguntei.

Papai simplesmente ergueu a lapela e saiu do apartamento. Ouvi o som de suas botas descendo a escada.

— O que eu fiz? — perguntei.

— Veja do ponto de vista dele — falou mamãe. — Você compra para ele todas essas belas coisas novas, e tudo o que ele tem para você é lixo das ruas. Ele é o pai. Ele é quem deveria cuidar de você.

A sala ficou em silêncio por um instante.

— Acho que você também não quer seus presentes — eu disse a mamãe.

— Ah, não — falou. — Eu adoro ganhar presentes.

No verão seguinte, mamãe e papai estavam entrando em seu terceiro ano nas ruas. Haviam descoberto de que modo não ter onde morar podia funcionar para eles, e eu paulatinamente aceitei a ideia de que, gostasse disso ou não, era como seria.

— Acho que é um pouco culpa da cidade — mamãe me disse. — Ela torna fácil demais ser um sem-teto. Se fosse realmente insuportável, faríamos algo diferente.

Em agosto, papai ligou para examinar minha escolha de disciplinas para o semestre. Também queria discutir alguns dos livros das listas. Desde que fora para Nova York, ele pegava na biblioteca pública os livros do meu currículo. Disse que lera todos eles para poder responder a qualquer pergunta que eu tivesse. Mamãe disse que era sua maneira de receber uma formação universitária junto comigo.

Quando ele me perguntou quais disciplinas eu escolhera, respondi:

— Estou pensando em largar a faculdade.

— Vai porra nenhuma — papai reagiu.

Contei que, embora a maior parte da anuidade fosse coberta por recursos públicos, empréstimos e bolsas, a escola esperava que eu entrasse com dois mil dólares por ano. Mas durante o verão, eu conseguira poupar apenas mil dólares. Precisava de outros mil, e não tinha como conseguir.

— Por que não me disse antes? — perguntou papai.

Papai ligou uma semana depois e pediu que me encontrasse com ele na casa de Lori. Quando chegou com mamãe, carregava um grande saco plástico de lixo e tinha um pequeno saco de papel pardo debaixo do braço. Imaginei que fosse uma garrafa de bebida, mas ele abriu o saco e o virou de cabeça para baixo. Centenas de notas de dólar — de um, cinco, dez, vinte, todas amassadas e gastas — caíram no meu colo.

— São novecentas e cinquenta pratas — disse papai. Ele abriu o saco plástico, e um casaco de pele caiu dele. — Isto é marta. Você deve conseguir empenhá-lo por pelo menos cinquenta.

Fiquei olhando para o conjunto.

— Onde conseguiu tudo isso? — finalmente perguntei.

— Nova York está cheia de jogadores de pôquer que não sabem diferenciar seu traseiro de um buraco no chão.

— Papai, vocês precisam mais desse dinheiro do que eu.

— É seu — falou papai. — Desde quando é errado um pai cuidar de sua garotinha?

— Mas eu não posso aceitar — falei, olhando para mamãe.

Ela se sentou ao meu lado e deu um tapinha na minha perna.

— Eu sempre acreditei no valor de uma boa educação — disse.

Quando me matriculei para o último ano na Barnard, paguei o que devia em minha anuidade com as notas amassadas de papai.

Um mês depois, recebi um telefonema de mamãe. Estava tão excitada que tropeçava nas palavras. Ela e papai haviam encontrado um lugar para morar. Disse que sua nova casa ficava em um prédio abandonado em Lower East Side.

— É um pouco decrépito — reconheceu. — Mas só precisa de um pouco de amor e carinho. E o melhor de tudo, é de graça.

Outras pessoas estavam se mudando para prédios abandonados, disse. Eram chamados de ocupantes, e os prédios eram chamados de ocupações.

— Seu pai e eu somos pioneiros. Assim como meu trisavô, que ajudou a domesticar o oeste selvagem.

Mamãe ligou algumas semanas depois e disse que, embora a ocupação ainda precisasse de alguns toques finais — uma porta da frente, por exemplo —, ela e papai estavam oficialmente aceitando visitas. Peguei o metrô para Astor Place em um final de tarde de primavera e segui para leste. O apartamento de mamãe e papai ficava em um prédio de seis andares sem elevador. A argamassa estava caindo, e tijolos haviam se soltado. Todas as janelas do primeiro andar haviam sido fechadas com madeira. Tentei abrir a porta da frente do prédio, mas onde deveriam estar cadeado e maçaneta havia apenas um buraco. Do lado de dentro, uma única lâmpada pendia de um fio no corredor. Em uma das paredes, pedaços de reboco haviam caído, revelando a estrutura de madeira, canos e fios. No terceiro andar, eu bati à porta do apartamento de mamãe e papai e ouvi a voz abafada de papai. Em vez de a porta se abrir para dentro, surgiram dedos dos dois lados, e ela foi erguida do batente. Lá estava papai, radiante e me abraçando enquanto dizia que ainda tinha de instalar dobradiças. Ele acabara de conseguir a porta, que encontrara no porão de outro prédio abandonado.

Mamãe veio correndo atrás dele, um sorriso tão largo que era possível ver seus molares, e me deu um grande abraço. Papai expulsou um gato de uma cadeira — já tinham colocado alguns móveis ali — e me convidou a sentar. A sala estava lotada de móveis quebrados, fardos de roupas, pilhas de livros e o material artístico de mamãe. Quatro ou cinco aquecedores elétricos funcionavam. Mamãe explicou que papai ligara cada ocupação do prédio a um cabo isolado, puxado de um poste mais abaixo do quarteirão.

— Estamos com luz gratuita graças ao seu pai — falou mamãe. — Ninguém no prédio conseguiria sobreviver sem ele.

Papai deu um risinho modesto. Disse como o processo havia sido complicado pelo fato de a instalação do prédio ser tão antiga.

— A mais infernal instalação elétrica que já vi — explicou. — O manual deve ter sido escrito em hieróglifos.

Olhei ao redor e percebi que, substituindo os aquecedores elétricos por um fogareiro a carvão, aquela ocupação em Lower East Side parecia muito com a casa de Little Hobart. Eu escapara de Welch uma vez, e naquele momento, respirando os mesmos velhos aromas de terebintina, pelos de cachorro e roupas sujas, de cerveja azeda, fumaça de cigarro e comida sem refrigeração estragando lentamente, senti necessidade de fugir. Mas mamãe e papai estavam orgulhosos, e enquanto eu os escutava falar — um interrompendo o outro em sua excitação para corrigir pontos e preencher lacunas — sobre seus colegas ocupantes, os amigos que haviam feito no bairro e a luta comum contra a Secretaria de Habitação da cidade, ficou claro que eles haviam encontrado toda uma comunidade de pessoas como eles mesmos, pessoas que levavam vidas selvagens lutando contra a autoridade. E gostavam disso. Depois de tantos anos vagueando, eles haviam encontrado um lar.

Eu me formei na Barnard naquela primavera. Brian foi à cerimônia, mas Lori e Maureen tinham de trabalhar, e mamãe disse que haveria apenas um monte de discursos tediosos sobre a longa e sinuosa estrada da vida. Eu queria que papai fosse, porém as chances eram de que ele aparecesse bêbado e tentasse debater com o orador.

— Não posso correr esse risco, papai — disse a ele.

— Que diabos, não preciso ver minha Cabra-Montesa agarrando um canudo para saber que se formou na faculdade.

A revista para a qual estivera trabalhando dois dias por semana me oferecera um emprego em período integral. Eu precisava de um lugar para morar. Havia anos, eu namorava um homem chamado Eric, amigo de um dos gênios excêntricos amigos de Lori, que vinha de família rica, dirigia uma pequena empresa e morava sozinho no apartamento da Park Avenue, onde fora criado. Era um cara desapegado, quase enlouquecidamente organizado, que mantinha registros detalhados de administração de tempo, e era capaz de recitar intermináveis estatísticas de beisebol. Mas era decente e responsável, nunca apostava nem perdia o controle, e sempre pagava as contas em dia. Quando soube que eu estava procurando alguém para dividir um apartamento, sugeriu que fosse morar com ele. Falei que não podia pagar metade do aluguel e não moraria ali a não ser pagando. Ele sugeriu que começasse pagando o que pudesse, e à medida que meu salário subisse, eu aumentaria o valor. Fez com que soasse uma boa proposta comercial, e, depois de pensar bastante, eu concordei.

Quando contei meus planos a papai, ele perguntou se Eric me fazia feliz e me tratava bem.

— Porque, caso contrário, por Deus, eu chutaria o traseiro dele com tanta força que a bunda se encaixaria entre as omoplatas.

— Ele me trata bem, papai — respondi.

Eu queria dizer mesmo que sabia que Eric não tentaria roubar meu pagamento ou me jogar pela janela, que eu sempre morrera de medo de me apaixonar por um alcoólatra e criador de caso carismático como você, papai, mas acabara me envolvendo com um homem que era exatamente o oposto.

Todos os meus pertences cabiam em dois engradados plásticos de leite e um saco de lixo. Eu os arrastei para a rua, chamei um táxi e levei tudo até o prédio de Eric, do outro lado da cidade. O porteiro, de uniforme azul com dragonas douradas, saiu de debaixo do toldo e insistiu em carregar os engradados para o saguão.

O apartamento de Eric tinha vigas no teto e uma lareira com moldura *art déco*. Eu realmente moro na Park Avenue, fiquei dizendo a mim mesma enquanto pendurava minhas roupas no *closet* que Eric esvaziara para mim. Depois comecei a pensar em mamãe e papai. Quando eles se mudaram para sua ocupação — uma viagem de metrô de quinze minutos rumo ao sul e meia dúzia de mundos de distância —, parecia que finalmente haviam encontrado seu lugar, e fiquei pensando se comigo havia acontecido o mesmo.

Convidei mamãe e papai para visitar o apartamento. Papai disse que se sentiria deslocado e nunca apareceu, mas mamãe fez uma visita quase imediatamente depois do convite. Virou pratos para ler o nome do fabricante e levantou o canto do tapete persa para contar os nós. Ergueu a louça à luz e passou o dedo sobre a antiga arca de campanha. Depois, foi à janela e olhou para os prédios residenciais de tijolos e calcário do outro lado da rua.

— Eu realmente não gosto da Park Avenue — disse. — A arquitetura é monótona demais. Prefiro a da Central Park West.

Eu disse a mamãe que era a ocupante mais esnobe que já conhecera, e isso a fez rir. Sentamos no sofá da sala de visitas. Havia algo que queria discutir com ela. Disse que tinha um bom emprego e estava em posição de ajudar a ela e papai. Queria comprar algo que melhorasse a vida deles. Poderia ser um pequeno carro. Um depósito de segurança e alguns meses de aluguel de um apartamento. Ou a entrada de uma casa em um bairro barato.

— Não precisamos de nada. Estamos bem — disse mamãe, pousando a xícara de chá. — É com você que estou preocupada.

— *Você* está preocupada *comigo*?

— Sim. Muito preocupada.

— Mamãe, estou me saindo muito bem. Estou muito, muito confortável.

— É com isso que fico preocupada. Veja o modo como vive. Você se vendeu. Pelo que sei, acabará se tornando republicana — disse, balançando a cabeça. — Onde estão os valores com os quais foi criada?

Mamãe ficou ainda mais preocupada com meus valores quando meu editor me ofereceu uma coluna na qual escreveria sobre o que chamava de bastidores dos poderosos. Mamãe achava que eu deveria escrever denúncias contra senhorios opressores, injustiça social e luta de classes no Lower East Side. Mas agarrei a oportunidade, pois significava que poderia me tornar uma daquelas pessoas que sabiam o que realmente estava acontecendo. Ademais, a maioria das pessoas em Welch conhecia bem a má situação da família Walls, mas elas também tinham seus problemas — apenas eram melhores que nós em disfarçar isso. Eu queria fazer o mundo saber que ninguém tinha uma vida perfeita, que mesmo as pessoas que assim pareciam tinham seus segredos.

Papai achou ótimo eu escrever uma coluna semanal sobre, como definiu, as damas esqueléticas e os gatos gordos. Ele se tornou um dos meus leitores mais fiéis e ia à biblioteca pesquisar as pessoas da coluna, depois me telefonava com dicas.

— Esse liberal Astor tem um passado infernal — disse-me ele uma vez. — Talvez devêssemos vasculhar nessa direção.

No final, até mesmo mamãe reconheceu que eu me saíra bem.

— Ninguém esperava muito de você — confessou. — Lori era a inteligente, Maureen, a bonita, e Brian, o corajoso. Você nunca teve muito a seu favor, a não ser sempre ter dado duro.

Eu adorava meu novo trabalho ainda mais do que adorava meu endereço na Park Avenue. Era convidada para dezenas de festas toda semana: *vernissages* em galerias, bailes beneficentes, *premières* de filmes, festas literárias e jantares privativos em salões com piso de mármore. Conhecia construtores, agentes, herdeiros, administradores de fundos, advogados, estilistas, jogadores profissionais de basquete, fotógrafos, produtores de cinema e correspondentes de emissoras de TV. Conhecia pessoas que tinham coleções de casas e gastavam mais em uma refeição do que minha família havia pagado pela casa na Little Hobart. Verdade ou não, estava convencida de que se todas aquelas pessoas descobrissem sobre mamãe e papai, e quem eu realmente era, seria impossível manter meu emprego. Evitava, portanto, falar sobre meus pais. Quando não era possível, mentia.

Um ano depois de começar a coluna, eu estava em um pequeno restaurante lotado, diante de uma senhora elegante, que usava turbante de seda e supervisionava a Lista Internacional dos Mais Bem-Vestidos.

— De onde você vem, Jeannette?

— Virgínia Ocidental.

— De que cidade?

— Welch.

— Que adorável. Qual a principal atividade econômica de Welch?

— Mineração de carvão.

Enquanto fazia perguntas, ela estudava o que eu vestia, avaliando o tecido, estimando o custo de cada peça e julgando meu gosto em geral.

— E sua família é dona de minas de carvão?

— Não.

— O que seus pais fazem?

— Minha mãe é artista.

— E seu pai?

— Empreendedor.

— Fazendo o quê?

Respirei fundo.

— Ele está desenvolvendo uma tecnologia para queimar com maior eficiência carvão betuminoso de nível inferior.

— E eles continuam na Virgínia Ocidental?

Decidi revelar tudo.

— Eles adoram aquilo. Têm uma grande casa velha na colina, debruçada sobre um belo rio, que passaram anos restaurando.

Minha vida com Eric era calma e previsível. Eu gostava disso, e quatro anos após ter me mudado para seu apartamento, nós nos casamos. Pouco depois do casamento, o irmão de mamãe, meu tio Jim, morreu no Arizona. Mamãe foi ao apartamento me dar a notícia e pedir um favor.

— Precisamos comprar as terras de Jim — falou.

Mamãe e o irmão haviam herdado metade das terras do Texas que haviam sido do pai. O tempo todo que nós crescíamos, mamãe fora misteriosamente vaga sobre quão grandes e valiosas eram as terras, mas eu ficara com a impressão de que eram algumas dezenas de hectares de deserto mais ou menos inabitáveis, a quilômetros de qualquer estrada.

— Precisamos manter aquelas terras na família — mamãe me disse. — É importante por razões sentimentais.

— Vamos ver se podemos comprar. Quanto vai custar?

— Você pode pegar dinheiro emprestado de Eric, agora que ele é seu marido — mamãe disse.

— Eu tenho algum dinheiro. Quanto vai custar? — perguntei novamente. Eu tinha lido em algum lugar que terras distantes de estradas no Texas esturricado eram vendidas por valores tão baixos quanto vinte e cinco dólares por mil metros quadrados.

— Você pode pegar emprestado com Eric — repetiu mamãe.

— Quanto?

— Um milhão de dólares.

— Como?

— Um milhão de dólares.

— Mas as terras de tio Jim são do mesmo tamanho das suas terras — disse. Eu falava lentamente, porque queria ter certeza de que entendia as implicações do que mamãe acabara de me dizer. — Ambos herdaram metade das terras de vovô Smith.

— Mais ou menos — disse mamãe.

— Se as terras de tio Jim valem um milhão de dólares, isso significa que suas terras valem um milhão de dólares.

— Eu não sei.

— O que quer dizer com "não sabe"? São do mesmo tamanho das suas.

— Não sei quanto valem porque nunca avaliei. Eu nunca iria vendê-las. Meu pai me ensinou que nunca se vendem terras. Por isso, temos de comprar as terras de tio Jim. Temos de mantê-las na família.

— Quer dizer que você é dona de terras valendo um milhão de dólares?

Eu estava atordoada. Todos aqueles anos em Welch sem comida, sem carvão, sem água corrente, e mamãe sentada em terras que valiam um milhão de dólares? Todos aqueles anos, assim como o tempo passado por mamãe e papai nas ruas — para não falar na vida deles agora em um prédio abandonado —, haviam sido um capricho que mamãe nos impusera? Ela poderia ter resolvido nossos problemas financeiros vendendo terras que nem sequer vira? Ela fugiu das minhas perguntas, e ficou claro que, para mamãe, se aferrar à terra não era uma estratégia de investimentos, mas uma questão de fé, uma verdade tão profunda e inquestionável quanto a que via no catolicismo. E de maneira nenhuma consegui fazê-la me dizer quanto as terras valiam.

— Eu lhe disse que não sei — falou.

— Diga-me quantos hectares tem, onde fica exatamente, e eu descubro quanto um hectare de terra vale naquela região.

Eu não estava interessada no dinheiro dela; só queria saber — precisava saber — a resposta à minha pergunta: quanto aquela maldita terra valia? Talvez ela não soubesse realmente. Talvez tivesse medo de descobrir. Talvez tivesse medo do que todos pensassem se soubéssemos. Mas, em vez de me responder, continuava repetindo que era importante manter na família as terras de tio Jim — terras que haviam pertencido ao pai dela, e ao pai e ao avô dele antes disso.

— Mamãe, não posso pedir um milhão de dólares ao Eric.

— Jeannette, não pedi muitos favores a você, mas agora estou pedindo um. Não faria isso se não fosse importante. E isso é importante.

Eu disse a mamãe que não achava que Eric me emprestaria um milhão de dólares para comprar terras no Texas e, mesmo que o fizesse, não pediria isso emprestado a ele.

— É dinheiro demais — falei. — O que eu faria com as terras?

— Manteria na família.

— Não consigo acreditar que está me pedindo isso. Eu nem mesmo conheço as terras.

— Jeannette, estou profundamente desapontada com você — disse mamãe quando aceitou o fato de que não conseguiria as coisas de seu jeito.

Lori trabalhava como artista *freelancer* especializada em fantasia, ilustrando calendários, tabuleiros de jogos e capas de livros. Brian entrara para a polícia ao completar vinte anos. Papai não conseguia entender o que fizera de errado para criar um filho que crescera para se tornar membro da gestapo. Mas senti muito orgulho do meu irmão no dia em que prestou juramento, em pé lá nas fileiras de novos policiais, ombros eretos em seu uniforme azul-marinho com botões de bronze brilhantes.

Nesse meio-tempo, Maureen se formara no ensino médio e entrara para uma das faculdades da cidade, mas nunca se dedicou e acabou indo morar com mamãe e papai. Trabalhou de tempos em tempos como *bartender* ou garçonete, porém os empregos nunca duraram muito. Desde que era criança, ela procurava alguém para cuidar dela. Em Welch, os vizinhos pentecostais a sustentaram, e em Nova York, com seus cabelos louros compridos e grandes olhos azuis, encontrou vários homens dispostos a ajudar.

Os namorados nunca duravam muito mais que os empregos. Ela falou sobre cursar direito, mas continuavam a surgir distrações. Quanto mais permanecia com mamãe e papai, mais perdida ficava, e depois de um tempo estava passando a maioria dos dias no apartamento, fumando, lendo romances e eventualmente pintando autorretratos nus. A ocupação de dois aposentos era abarrotada, e Maureen e papai brigavam aos berros, com

Maureen chamando papai de bêbado inútil e papai chamando Maureen de filhote doente, o pior da ninhada, que deveria ter sido afogado ao nascer.

Maureen acabou deixando de ler e dormia o dia todo, saindo do apartamento apenas para comprar cigarros. Telefonei e a convenci a ir me visitar e discutir seu futuro. Quando chegou, eu mal a reconheci. Ela descolorira os cabelos e as sobrancelhas, e usava maquiagem escura grossa como um dançarino de cabúqui. Acendia um cigarro no outro e ficava examinando a sala. Quando lhe apresentei algumas possibilidades profissionais, ela me disse que a única coisa que queria fazer era ajudar a combater os cultos mórmons que sequestravam milhares de pessoas em Utah.

— Quais cultos? — perguntei.

— Não finja que não sabe — respondeu. — Isso só significa que é um deles.

Depois telefonei para Brian.

— Acha que Maureen está usando drogas?

— Se não está, deveria — falou. — Ela ficou maluca.

Eu disse a mamãe que Maureen precisava de ajuda profissional, porém mamãe continuou insistindo que Maureen só precisava de ar fresco e sol. Falei com vários médicos, mas me disseram que, como Maureen se recusaria a buscar ajuda espontaneamente, só poderia ser tratada por decisão judicial, caso se mostrasse um perigo a si mesma ou aos outros.

Seis meses depois, Maureen esfaqueou mamãe. Aconteceu após mamãe decidir que era hora de Maureen desenvolver alguma autossuficiência mudando-se e encontrando seu próprio lugar. Deus ajuda àqueles que se ajudam, mamãe disse a Maureen, e para seu próprio bem teria de deixar o ninho e encontrar seu caminho na vida. Maureen não conseguiu suportar a ideia de que a própria mãe ia jogá-la na rua e surtou. Mamãe insistiu que Maureen não queria realmente matá-la — apenas ficara confusa e aborrecida, disse —, mas os ferimentos exigiram pontos, e a polícia prendeu Maureen.

Ela foi levada ao tribunal alguns dias depois. Mamãe, papai, Lori, Brian e eu comparecemos lá. Brian estava furioso. Lori parecia de luto. Papai estava meio embriagado e tentava arrumar briga com os seguranças. Mamãe agiu como ela mesma — impassível diante da adversidade. Enquanto esperávamos nos bancos do tribunal, ela cantarolava aleatoriamente e desenhava os outros espectadores.

Maureen se arrastou para dentro do tribunal, acorrentada, e vestindo macacão laranja. O rosto estava inchado, e ela parecia zonza, mas, quando nos viu, sorriu e acenou. O advogado pediu que o juiz arbitrasse fiança. Eu pegara alguns milhares de dólares emprestados com Eric e estava com eles na bolsa. No entanto, depois de escutar a versão do promotor para o caso, o juiz balançou a cabeça, soturno.

— Fiança negada.

No corredor, Lori e papai tiveram uma discussão em voz alta sobre quem era responsável por levar Maureen além do limite. Lori culpou papai por criar um ambiente doentio, enquanto papai sustentava que Maureen tinha um parafuso a menos. Mamãe interferiu, dizendo que toda a comida de lanchonete que Maureen comera levara a um desequilíbrio químico, e Brian gritou mandando todos calarem a boca ou iria prendê-los. Eu só fiquei olhando de um rosto distorcido para outro, escutando aquele falatório raivoso enquanto os membros da família Walls liberavam todos os anos de dor e raiva, cada um soltando seus próprios rancores acumulados e culpando os outros por permitir que a mais frágil de nós desmoronasse.

O juiz enviou Maureen para um hospital no norte do estado. Ela foi liberada depois de um ano, e imediatamente comprou uma passagem só de ida para a Califórnia. Eu disse a Brian que tínhamos de detê-la. Ela não conhecia ninguém na Califórnia. Como iria sobreviver? Mas Brian achava que era a coisa mais inteligente que ela podia fazer por si mesma. Disse que ela precisava ficar o mais distante possível de mamãe e papai e, provavelmente, do restante de nós.

Concluí que Brian estava certo. Mas esperava que Maureen tivesse escolhido a Califórnia por achar que era seu verdadeiro lar, o lugar ao qual realmente pertencia, onde era sempre quente e se podia dançar na chuva, colher uvas diretamente das parreiras e dormir ao ar livre à noite sob as estrelas.

Maureen não quis que nenhum de nós a visse partir. Eu me levantei assim que clareou na manhã de sua viagem. A partida seria bem cedo, e eu queria estar acordada e pensando nela no momento em que o ônibus saísse, para poder dizer adeus em minha mente. Fui à janela e olhei para o céu frio e úmido. Fiquei imaginando se estaria pensando em nós e se sentiria nossa falta. Sempre tive dúvidas sobre levá-la para Nova York, porém concordara com sua vinda. Quando chegou, eu estava ocupada demais cuidando de mim para cuidar dela.

— Desculpe, Maureen — falei quando chegou a hora. — Desculpe por tudo.

Depois disso, raramente vi mamãe ou papai. Brian também não. Ele se casara e comprara uma casa vitoriana decrépita em Long Island que restaurou, e tinha uma garotinha. Aquela era sua família. Lori, que ainda morava no apartamento perto da Autoridade Portuária, tinha maior contato com mamãe e papai, mas também seguira seu caminho. Não tínhamos nos visto desde a denúncia de Maureen. Algo em todos nós se partira naquele dia, e já não tínhamos disposição para reuniões familiares.

Cerca de um ano depois de Maureen ter ido para a Califórnia, recebi um telefonema de papai no trabalho. Disse que precisava me encontrar para discutir algo importante.

— Não podemos resolver pelo telefone?

— Preciso vê-la pessoalmente, querida.

Papai pediu que fosse ao Lower East Side naquela noite.

— E, se não for trabalho demais, poderia parar no caminho e comprar uma garrafa de vodca?

— Ah, é para isso.

— Não, não, querida. Preciso falar com você. Mas gostaria de uma vodca. Nada chique, apenas a coisa mais barata que houver. Meia garrafa seria bom. Uma inteira seria ótimo.

Fiquei chateada com o pedido malicioso de papai por vodca, feito no fim da conversa, como se a ideia acabasse de surgir, quando eu imaginava que provavelmente era o objetivo do telefonema. Naquela tarde, liguei para mamãe, que ainda não bebia nada mais forte que chá, e perguntei se deveria fazer a vontade de papai.

— Seu pai é quem é. Já é um pouco tarde para mudá-lo agora. Faça a vontade do homem.

Naquela noite, parei em uma loja de bebidas e comprei dois litros — uma garrafa *magnum* — a mais barata e ordinária que havia na prateleira, como papai pedira, depois tomei um táxi para Lower East Side. Subi a escadaria escura e empurrei a porta destrancada. Mamãe e papai estavam deitados na cama, sob uma pilha de cobertores finos. Tive a impressão de que haviam passado ali o dia todo. Mamãe grunhiu quando me viu, e papai começou a se desculpar pela bagunça, dizendo que se mamãe o deixasse jogar fora parte de seu lixo, eles poderiam conseguir se mover ali, o que levou mamãe a acusar papai de ser um vagabundo.

— Bom ver vocês — eu disse enquanto os beijava. — Já faz algum tempo.

Mamãe e papai sentaram-se com esforço. Vi papai de olho no saco de papel pardo e o dei a ele.

— Uma *magnum* — disse papai, a voz engasgada de gratidão enquanto a tirava do saco. Ele a destampou e deu um grande gole. — Obrigado, querida. Você é muito boa com seu velho.

Mamãe usava um suéter de tricô pesado. A pele das mãos estava muito rachada, e os cabelos, emaranhados, mas o rosto tinha um brilho rosado saudável, e os olhos eram claros e brilhantes. Ao lado dela, papai parecia macilento. Os cabelos dele, ainda negros como carvão, a não ser por alguns toques grisalhos nas têmporas, estavam penteados para trás, mas as bochechas eram fundas, e ele tinha uma barba fina. Sempre se barbeara, mesmo durante os dias nas ruas.

— Por que está deixando a barba crescer, papai? — perguntei.

— Todo homem deveria deixar a barba crescer uma vez.

— Mas por que agora?

— É agora ou nunca — respondeu. — O fato é que estou morrendo.

Eu dei um riso nervoso, depois olhei para mamãe, que pegara seu bloco de esboços sem dizer nada.

Papai me olhava atentamente. Ele me passou a garrafa de vodca. Embora eu quase nunca bebesse, tomei um gole e senti a ardência enquanto o álcool deslizava pela garganta.

— Essa coisa pode crescer em nós — falei.

— Não permita — disse papai.

Ele começou a me contar que contraíra uma rara doença tropical depois de ter uma briga sangrenta com traficantes de drogas nigerianos. Os médicos o examinaram, disseram que a doença era incurável e que ele tinha entre semanas e alguns meses de vida.

Era uma história ridícula. O fato era que, embora papai tivesse apenas cinquenta e nove anos, fumava quatro maços de cigarro por dia desde os treze, e, àquela altura, consumia bons dois litros de álcool diariamente. Ele havia sido, como dissera várias vezes, transformado em picles.

Apesar de todo aquele inferno, destruição e caos que ele criara em nossa vida, eu não conseguia imaginar como minha vida — ou o mundo — seria sem ele. Por mais medonho que ele pudesse ser, eu sempre soube que me amara de um modo que ninguém mais amara. Olhei através da janela.

— Não, nada de fungar ou chorar pelo "pobre e velho Rex" — disse papai. — Não quero nada disso, nem agora nem quando tiver partido.

Eu anuí.

— Mas você sempre amou seu velho, não é?

— Amei, papai. E você me amou.

— Essa é a verdade de Deus — disse papai com um risinho. — Tivemos alguns momentos, não foi?

— Tivemos.

— Nunca construímos o Castelo de Vidro.

— Não. Mas nos divertimos planejando.

— Foram belos planos.

Mamãe permaneceu fora da conversa, desenhando.

— Papai, eu lamento, deveria tê-lo convidado para minha formatura.

— Ao inferno com isso! — disse, rindo. — Cerimônias nunca significaram nada para mim.

Ele tomou outro grande gole de sua *magnum*.

— Lamento muita coisa em minha vida. Mas tenho um tremendo orgulho de você, Cabra-Montesa, do que você se tornou. Sempre que penso em você, imagino que devo ter feito alguma coisa certa.

— Claro que fez.

— Está certo.

Conversamos um pouco sobre os velhos tempos, e finalmente chegou a hora de partir. Eu os beijei e, à porta, me virei para papai mais uma vez.

— Ei — disse ele, piscando e apontando para mim. — Eu já deixei você na mão?

Ele começou a rir, porque sabia que só havia um modo de responder àquela pergunta. Eu apenas sorri. E depois fechei a porta.

Duas semanas depois, papai teve um ataque cardíaco. Quando cheguei ao hospital, ele estava em um leito na emergência com os olhos fechados. Mamãe e Lori estavam ao lado dele.

— A essa altura, só as máquinas o mantêm vivo — mamãe disse.

Eu sabia que papai teria odiado aquilo — passar seus últimos momentos em um hospital ligado a máquinas. Teria preferido estar em algum lugar selvagem. Sempre dissera que, quando morresse, deveríamos colocá-lo no alto de uma montanha, para que abutres e coiotes rasgassem seu corpo. Senti uma necessidade louca de pegá-lo e passar correndo pelas portas — uma alta ao estilo Rex Walls, uma última vez.

Em vez disso, segurei sua mão. Estava quente e pesada. Uma hora depois, eles desligaram as máquinas.

Nos meses seguintes, eu me vi sempre querendo estar em algum outro lugar. Se estava no trabalho, desejava estar em casa. Se estava no apartamento, mal conseguia esperar para sair dele. Se o táxi que eu pegava ficava preso no trânsito mais de um minuto, eu saltava e andava. Eu me sentia melhor quando em movimento, simplesmente indo a algum lugar em vez de parada. Comecei a patinar no gelo. Acordava cedo e seguia pelas ruas silenciosas, iluminadas pela alvorada, até o rinque, onde apertava tanto os patins que meus pés latejavam. Gostava do frio anestesiante e até mesmo do golpe de minhas quedas no gelo duro e molhado. As manobras rápidas e repetitivas me distraíam, e às vezes eu voltava para patinar à noite, só retornando para casa quando era tarde, exausta. Demorei algum tempo para me dar conta de que só me movimentar não era suficiente, eu precisava reconsiderar tudo.

Um ano depois da morte de papai, eu deixei Eric. Era um bom homem, mas não o certo para mim. E Park Avenue não era meu lugar.

Achei um pequeno apartamento em West Side. Não tinha porteiro nem lareira, mas grandes janelas que banhavam os cômodos em luz, piso de tacos e um pequeno hall, exatamente como aquele primeiro apartamento que Lori e eu havíamos encontrado no Bronx. Parecia certo.

Passei a patinar com menor frequência, e quando meus patins foram roubados, não comprei outros. Minha compulsão de estar sempre em movimento começou a desaparecer. Mas eu gostava de dar longas caminhadas à noite. Com frequência, andava rumo a oeste até o rio. As luzes da cidade obscureciam as estrelas, porém em noites claras eu podia ver Vênus no horizonte, acima da água escura, brilhando com firmeza.

V. Ação de Graças

Eu estava em pé na plataforma com meu segundo marido, John. Um apito soou a distância, luzes vermelhas piscaram, e um sino tocou quando as cancelas baixaram sobre a estrada. O apito soou novamente, e o trem saiu da curva entre as árvores e roncou na direção da estação, com seus enormes faróis gêmeos, e pálidos, na brilhante tarde de novembro.

O trem parou. Os motores elétricos zumbiram e vibraram, e depois de um longo intervalo as portas se abriram. Passageiros saltaram levando jornais dobrados, bolsas de lona de fim de semana e casacos de cores brilhantes. Em meio à multidão, vi mamãe e Lori saltando do final do trem e acenei.

Haviam se passado cinco anos desde a morte de papai. Eu só vira mamãe esporadicamente desde então, e ela nunca conhecera John ou fora à velha casa de fazenda no interior que havíamos comprado um ano antes. Fora ideia de John convidá-la, e a Lori e Brian, para o dia de Ação de Graças, a primeira reunião da família Walls desde o funeral de papai.

Mamãe deu um grande sorriso e começou a se apressar em nossa direção. Em vez de um sobretudo, ela vestia o que pareciam ser quatro suéteres e um xale, calça de veludo cotelê e tênis velhos. Carregava bolsas de compras recheadas nas duas mãos. Lori, atrás dela, vestia uma capa preta e um chapéu de feltro preto. Eram uma dupla daquelas.

Mamãe me abraçou. Seus cabelos compridos estavam quase totalmente grisalhos, mas a face era rosada, e os olhos brilhavam como sempre. Depois, Lori me abraçou, e eu apresentei John.

— Desculpe por meus trajes, mas planejo trocar meus calçados confortáveis por sapatos sociais para o jantar — disse mamãe. Ela enfiou a mão em uma das sacolas de compras e tirou um par de mocassins baratos detonados.

A estrada sinuosa até a casa passava sob pontes de pedra, florestas e aldeias e lagos, onde cisnes flutuavam em água espelhada. A maioria das folhas havia caído, e rajadas de vento criavam redemoinhos delas ao longo do acostamento. Através dos grupos de árvores nuas era possível ver casas que ficavam invisíveis no verão.

Enquanto dirigia, John contava a mamãe e Lori sobre a região, as fazendas de patos e de flores, e a origem indígena do nome da cidade. Sentada ao lado dele, eu estudava seu perfil e não conseguia deixar de sorrir. John escrevia livros e artigos para revistas. Como eu, mudara-se muito na infância, mas a mãe havia sido criada em uma aldeia apalache no Tennessee, a cerca de cento e sessenta quilômetros de Welch, e podia-se dizer que nossas famílias vinham da mesma área da floresta. Eu nunca conhecera um homem com quem quisesse passar o tempo. Eu o amava por várias razões: ele cozinhava sem receitas, escrevia poemas sem sentido para as sobrinhas, sua grande família calorosa me aceitara como um deles. E quando lhe mostrei minha cicatriz pela primeira vez, ele disse que era interessante. Usou a expressão "textura". Disse que "lisa" era tedioso, mas "com textura" era interessante, e a cicatriz significava que eu era mais forte que aquilo que havia tentado me ferir.

Paramos na entrada. Jessica, a filha de quinze anos do primeiro casamento de John, saiu da casa, junto com Brian e sua filha de oito anos, Veronica, e seu bulmastife, Charlie. Brian também não vira muito mamãe desde o funeral de papai. Ele a abraçou e começou imediatamente a debochar dela por causa dos presentes catados nas caçambas que levara para todos nas sacolas de compras: prataria oxidada, velhos livros e revistas, algumas peças de bela porcelana dos anos 1920 com poucas delas lascadas.

Brian se tornara sargento-detetive condecorado, supervisionando uma unidade especial de investigação de crime organizado. Ele e a esposa haviam se separado mais ou menos na mesma época em que me separei de Eric, mas ele se consolara comprando e reformando uma casa arrasada no Brooklyn. Providenciara novas instalações elétricas e hidráulicas, uma nova fornalha, suportes reforçados para o piso e uma nova varanda, tudo sozinho. Era a segunda vez que ele pegara um lixo e o deixara perfeito. E pelo menos duas mulheres queriam se casar com ele. Ele estava se saindo muito bem.

Mostramos a mamãe e Lori o jardim, que estava pronto para o inverno. John e eu havíamos feito tudo sozinhos: havíamos recolhido e despedaçado as folhas, cortado as perenes mortas e coberto os canteiros, jogado composto orgânico na horta e a preparado, arrancado os bulbos de dálias e os armazenado em um balde com areia no porão. John partira e estocara a madeira de um bordo morto que havíamos derrubado, e subira no telhado para trocar algumas telhas de cedro podres.

Mamãe anuíra para nossos preparativos, ela sempre apreciara autossuficiência. Admirou a glicínia que se enrolara no barracão de jardinagem, a trepadeira no caramanchão e a grande touceira de bambu nos fundos. Quando viu a piscina, sentiu um impulso e correu até a cobertura elástica verde para testar sua resistência, com o cão Charlie pulando atrás dela. A cobertura afundou sob seus pés e ela caiu, gritando de tanto rir. John, Brian e eu tivemos de resgatá-la, enquanto a filha de Brian, Veronica — que não vira mamãe desde que era bebê —, arregalava os olhos.

— Vovó Walls é diferente de sua outra avó — eu disse a ela.

— Muito diferente — concordou Veronica.

A filha de John, Jessica, virou-se para mim e disse:

— Mas ela ri como você.

Mostrei a casa a mamãe e Lori. Eu ainda ia ao escritório na cidade uma vez por semana, mas era ali que John e eu morávamos e trabalhávamos, nosso lar — a primeira casa que eu realmente tivera. Mamãe e Lori admiraram as largas tábuas corridas, as grandes lareiras e as vigas do teto feitas de robínia, com marcas fundas do machado que as derrubara. O olhar de mamãe pousou em um sofá egípcio que havíamos comprado em um mercado de pulgas. Tinha pernas esculpidas e um espaldar de madeira incrustado de triângulos de madrepérola. Ela fez um gesto com a cabeça em aprovação.

— Toda casa precisa de um móvel de muito mau gosto.

A cozinha estava tomada pelo cheiro do peru assado que John preparara, recheado de linguiça, cogumelos, nozes, maçãs e farinha de rosca condimentada. Ele também fizera cebolas cremosas, arroz selvagem, molho de cranberry e refogado de abóbora. Eu assara três tortas com maçãs de um pomar próximo.

— Tesouro! — gritou Brian.

— Hora do banquete! — eu disse a ele.

Ele olhou para os pratos. Eu sabia o que estava pensando, o que pensava sempre que via uma mesa como aquela. Balançou a cabeça e disse:

— Sabe, não é tão difícil pôr comida na mesa quando decidimos fazer isso.

— Nada de recriminações — disse-lhe Lori.

Depois que nos sentamos para jantar, mamãe nos deu as boas-novas. Ela passara quase quinze anos como ocupante, e a cidade finalmente decidira vender os apartamentos a ela e aos outros ocupantes por um dólar cada. Ela não podia aceitar nosso convite para passar um tempo conosco, porque tinha de voltar para uma reunião do conselho de ocupantes. Acrescentou que mantivera contato com Maureen, que ainda morava na Califórnia, e que nossa irmãzinha, com quem eu não falara desde sua partida de Nova York, estava pensando em voltar para uma visita.

Começamos a falar sobre algumas das grandes aventuras de papai: deixar que eu acariciasse o guepardo, levar-nos para a Caça ao Demônio, dar estrelas de Natal.

— Deveríamos fazer um brinde a Rex — disse John.

Mamãe olhou para o teto, fingindo perplexidade.

— Já sei! — disse, erguendo sua taça. — A vida com seu pai nunca foi tediosa.

Erguemos nossas taças. Eu quase podia ouvir papai dando um risinho do comentário de mamãe, como fazia sempre que realmente gostava de algo. Escurecera do lado de fora. Um vento soprou, sacudindo as janelas, e as chamas das velas tremeram de repente, dançando na fronteira entre turbulência e ordem.

Agradecimentos

Gostaria de agradecer ao meu irmão Brian por ficar ao meu lado enquanto estávamos crescendo e eu escrevia este livro. Também sou grata à minha mãe por acreditar em arte e em verdade, e ainda por apoiar a ideia deste livro; à minha irmã mais velha, brilhante e talentosa, Lori, por se aproximar desta história; à minha irmã mais nova, Maureen, que sempre vou amar. E a meu pai, Rex S. Walls, por sonhar todos aqueles sonhos grandiosos.

Um obrigado muito especial à minha agente, Jennifer Rudolph Walsh, por sua compaixão, sua perspicácia, sua tenacidade e seu apoio entusiasmado; à minha editora, Nan Graham, por sua noção precisa de o quanto é suficiente escrever, e por se importar tanto; e a Alexis Gargagliano, por suas leituras atentas e sensíveis.

Minha gratidão pelo constante apoio vai para Jay e Betsy Taylor, Laurie Peck, Cynthia e David Young, Amy e Jim Scully, Ashley Pearson, Dan Mathews, Susan Watson, Jessica Taylor e Alex Guerrios.

Nunca poderei agradecer adequadamente a meu marido, John Taylor, que me persuadiu de que era hora de contar minha história e depois a puxou para fora de mim.

Este livro, composto na fonte Fairfield,
foi impresso em papel Pólen natural 70 g/m², na gráfica Coan.
Tubarão, maio de 2023.